Joe Viera Jazz – Musik unserer Zeit

Joe Viera

JAZZ

Musik unserer Zeit

Collection Jazz

OREOS

COLLECTION JAZZ
Herausgegeben von Peter Niklas Wilson
und Walter Lachenmann
BAND 20

Frontispiz: Louis Armstrong (Foto Josef Werkmeister)

Buchgestaltung: Niklaus Troxler, Willisau/Schweiz
Druck des Einbands: Yamak Siebdruck, Garching
Einbandstoff: Econolin Chlorfrei von Herzog + Idex, Beimerstetten
Layout: Walter Lachenmann
Satz: OREOS GmbH., Schaftlach
Reproduktionen: Repro-Center Färber, München
Druck: Druckerei Wagner GmbH., Nördlingen
Bindung: Ludwig Auer GmbH., Donauwörth
Printed in Germany
ISBN 3-923657-38-2

Inhalt

Einleitung

Von wem und für wen ist dieses Buch? Es ist eine kritische Bestandsaufnahme, geschrieben von einem Jazzmusiker, der auch als Arrangeur und Komponist, als Dozent und Autor viele Erfahrungen gesammelt hat. Es ist aber nicht etwa nur für Jazzmusiker gedacht, sondern wendet sich an alle, die sich für Musik interessieren, insbesondere auch an diejenigen, die sich *noch nie* näher mit dem Jazz beschäftigt haben. Andererseits hoffe ich, daß viele Darstellungen und Erläuterungen auch für schon fachlich Versierte lesenswert sind und zum Nachdenken anregen.

Was ist Jazz? Es ist nicht möglich, eine sinnvolle Definition in wenigen Sätzen zu geben. Nur soviel: Was alles bis zu den 60er Jahren zum Jazz gehört, darüber herrscht heute in der Fachwelt ziemliche Einigkeit. Danach wird es schwieriger. In diesem Buch wird versucht, den Begriff Jazz so weit zu fassen, wie es mit den musikalischen Gegebenheiten vereinbar ist.

Warum Jazz? Weil er eine der wesentlichsten Musikformen des 20. Jahrhunderts ist. Das läßt sich heute anhand zahlloser Tondokumente und vieler Notenbeispiele sowie einer umfangreichen Fachliteratur ohne weiteres beweisen. Darüber hinaus hat er andere Musikformen stark beeinflußt, und er ist vielfach kommerziell ausgebeutet worden. Darum ist es sinnvoll und notwendig, die Sache selbst kennenzulernen. Wir werden dadurch in unseren Hörgewohnheiten kritischer und anspruchsvoller.
Der Jazz ist eine Musik für alle sozialen Schichten und alle Altersstufen. Darin unterscheidet er sich deutlich vom Rock, der sich primär als Musik der Jugend und als Teil einer alternativen Subkultur versteht. Der Jazz hat gezeigt, daß es Möglichkeiten tonaler Musik gibt, von denen die Komponisten klassischer[1] und Neuer Musik[2] nichts ahnten. Und der Free Jazz hat bewiesen, daß Schönbergs Zwölftonmusik nur eine Möglichkeit von vielen ist, freitonal/atonal zu arbeiten. Aber nicht erst der Free Jazz, sondern schon die Anfänge des Jazz in New Orleans um die Jahrhundertwende haben den später so lange erbittert verteidigten Al-

leinvertretungsanspruch der Neuen Musik auf das einzig Neue in der Musik widerlegt.

Wenn wir selbst Jazz spielen, weckt und fördert dies unsere musikalische Kreativität, ebenso auch unser Selbst-Bewußtsein: wir lernen, uns besser zu erkennen und auszudrücken. Doch auch für das Hören anderer Musik gewinnen wir dabei, da es im Jazz bei Rhythmen und Klängen auf kleine und kleinste Nuancen ankommt. Zudem wird unsere Instrumental- und Gesangstechnik um neue Möglichkeiten erweitert. Nicht zuletzt ist der Jazz eine Musik, die zu hören wie zu spielen unheimlichen Spaß macht.

Dieses Buch ist in vier Abschnitte unterteilt, die in zusammengefaßter Form folgende Fragen beantworten:

1. Unter welchen allgemeinen Bedingungen arbeiten wir Jazzmusiker?
   Das Verhältnis des Jazz zur »Außenwelt«
2. Unter welchen besonderen Bedingungen arbeiten wir?
   Jazzmusiker als Beruf
3. Was tun wir, wenn wir spielen?
   Elemente des Jazz
4. Wer tat was wann?
   Einige Schwerpunkte der Jazzgeschichte

Ein Ausblick, ein Schallplatten (CD/LP)-, ein Video- und ein Literaturverzeichnis sowie ein Register bilden den Schluß.
Die Darstellung der Jazzgeschichte erfolgt nicht nach Stilen – über die natürlich auch zu reden sein wird –, weil so viele Querverbindungen undeutlich werden und Zusammenhänge verlorengehen, sondern »tagebuchartig«, ab 1923 Jahr für Jahr.
Am Ende der Einleitung und am Ende jedes Abschnitts, im vierten Abschnitt am Ende der beiden ersten Unterabschnitte, gibt es Hinweise auf empfehlenswerte Schallplatten. Sie sind so ausgewählt, daß sie sich auch zum Einhören für den völligen Neuling eignen.

Die umfassende Thematik dieses Buches in Verbindung mit einem Umfang, der zum Lesen einladen soll, also nicht zu groß sein darf, macht ein Eingehen auf Details, vor allem biographische, in vielen Fällen un-

möglich. Überhaupt mußte bei den Musikern und Gruppen im vierten Abschnitt eine sorgfältige Auswahl getroffen werden.
Im Jazz ist der einzelne Musiker durch seine interpretatorischen und vor allem durch seine improvisatorischen Freiheiten der wichtigste Schöpfer dieser Musik, wichtiger als der Arrangeur und der Komponist, deren Bedeutung keineswegs unterschätzt werden soll. Daher ist die Zahl der kreativen Künstler viel größer als in einer auskomponierten Musik. Jeder von ihnen trägt auf seine ganz persönliche Weise zum »Gesamtergebnis« Jazz bei.
Ich bitte schon jetzt jeden Leser um Verständnis, der den einen oder anderen seiner Lieblingsmusiker vermißt. Andererseits sei ihm versichert, daß durchaus nicht alle der Angeführten zu meinen Lieblingsmusikern zählen.

Es ging darum, bei jedem im Inhaltsverzeichnis genannten Punkt das Wesentliche herauszuarbeiten. Das Buch ist weder Lexikon noch Anekdotensammlung; dafür gibt es Spezialliteratur (siehe Literaturverzeichnis). Anmerkungen und Quellenangaben sind auf das Wichtigste beschränkt. Bei Zitaten wird selbstverständlich immer die Quelle angegeben.
Hinweise auf die Verzeichnisse erfolgen im Text durch Sch (CD/LP), V (Video) und L (Literatur) plus einer Zahl. L 12 heißt also Nr. 12 des Literaturverzeichnisses. Eine hierauf folgende Seitenangabe (L 12 S. 19) bezieht sich auf das betreffende Buch.
Bei den Schallplatten werden nach Möglichkeit CDs genannt, die bei Erscheinen des Buches auf dem deutschen Markt erhältlich waren. Leider werden aber immer wieder Jazzplatten ohne Rücksicht auf ihre musikalische Bedeutung aus kommerziellen Erwägungen aus dem Angebot der Plattenfirmen gestrichen. Zudem sind viele wichtige LPs noch nicht auf CD wiederveröffentlicht worden. Daher ist es möglich, daß schon kurze Zeit nach Erscheinen dieses Buches einige der aufgeführten Platten nicht mehr zu bekommen sind. Man wende sich an Spezialgeschäfte und an öffentliche Musikbibliotheken und beobachte im übrigen den Markt, um eine Neuherausgabe der gesuchten Platten nicht zu versäumen. Eine wertvolle Hilfe bietet der Bielefelder Katalog JAZZ (erhältlich in allen guten Schallplattengeschäften), der jedes Jahr in überarbeiteter Form erscheint.

Besonders bedanken möchte ich mich bei Manfred Scheffner für die Unterstützung bei der Erstellung des Schallplattenverzeichnisses.

Ich danke allen Jazzmusikern in aller Welt und widme ihnen dieses Buch. Vor allem aber danke ich all denen, mit denen ich nächtelang gespielt, diskutiert und gelacht habe.

Schallplattenempfehlungen

Bevor wir weiterlesen, hören wir uns erst einmal eine oder mehrere der folgenden Platten an:

Benny Goodman: *Carnegie Hall Concert 1938* (CBS 450983-2)
Lester Young/Oscar Peterson Trio: *The President Plays* (VERVE 831670-2)
Modern Jazz Quartet: *Django* (ORIGINAL JAZZ CLASSICS OJCCD 057-2)
Oregon: *Distant Hills* (VANGUARD VSD 79341)

Es kann im Rahmen dieses Buches nicht darum gehen, bei Platten und Videos genaue diskographische Angaben (Besetzung usw.) zu machen; sie sind ohnedies zumeist im Begleittext enthalten.
Wenn eine der obengenannten Platten nicht beschafft werden kann, so besorge man sich von dem betreffenden Künstler (der betreffenden Gruppe) eine andere Platte aus derselben Zeit.
Ein Tip fürs Hören: Lassen Sie sich bei älteren Aufnahmen, vor allem bei solchen vor 1950, nicht durch die zwangsläufig schlechtere Tonqualität irritieren. Es geht um Musik, nicht um die Technik. Und man kann im übrigen lernen, durch Plattengeräusche »hindurchzuhören«.

Duke Ellington

Jazz und ...

... Musik

Unter den im 20. Jahrhundert neu entstandenen Musikformen stehen Neue Musik und afroamerikanische Musik – vor allem Jazz, lateinamerikanische Musik und Rock – an der Spitze. Der Begriff »afroamerikanisch« (S. 76) bezeichnet dabei Herkunft und wesentliche Kraftquellen; inzwischen ist eine Ausbreitung dieser Musik über die ganze Welt erfolgt, mit vielerlei regionalen Besonderheiten.

Der Jazz hat einige geniale Künstler hervorgebracht. Louis Armstrong, Duke Ellington, Lester Young, Charlie Parker, Miles Davis und John Coltrane, große Musikerpersönlichkeiten unserer Zeit, gehören auf jeden Fall dazu; Hunderte von weiteren bedeutenden Künstlern haben außerdem die Entwicklung des Jazz maßgeblich beeinflußt. Er hat eine Fülle von Meisterwerken geschaffen, die in erster Linie auf Schallplatten festgehalten sind. Er hat uns Bedeutung und Möglichkeiten der Improvisation wieder zum Bewußtsein gebracht, nachdem diese musikalische Kunst im letzten Jahrhundert immer mehr in Vergessenheit geraten war; er hat gezeigt, wie eine Musik beschaffen ist, in der die Individualität des einzelnen Musikers ein Höchstmaß an Ausdruck erreicht; er hat uns mit neuen rhythmischen und klanglichen Strukturen vertraut gemacht, mit neuen Melodien und mit neuen Spieltechniken auf vielen Instrumenten, und er hat nicht zuletzt ein besonderes Stück Lebensfreude auf die Bühnen dieser Welt gebracht.

Oft wird der Jazz als Unterhaltungs-, Tanz- oder Volksmusik bezeichnet. Aber das ist irreführend. Auch wenn wir diese drei Begriffe so weit wie möglich fassen, paßt zumindest das meiste, was im Jazz seit den 50er Jahren gespielt wurde, nicht hinein. Mit diesen Begriffen muß man überhaupt vorsichtig sein, da sie vor allem Funktionen von Musik bezeichnen, erst in zweiter Linie Inhalte und kaum Wertigkeiten.

Der Jazz hat insbesondere seit den 40er Jahren immer wieder Elemente anderer Musikformen aufgenommen und sich auch dadurch ständig weiterentwickelt, ohne aber für ihn Wesentliches aufzugeben. Erst seit

den 60er Jahren gibt es Mischungen und Collagen, in denen der Jazz nur noch als Baustein vertreten ist, nicht mehr als Charakteristikum.
Der Jazz hat nicht nur andere Musikformen beeinflußt; er ist auch fortwährend rücksichtslos ausgenützt worden. Ein großer Teil der kommerziellen Unterhaltungsmusik – Musik, bei der Funktion und Profit in der Regel wichtiger sind als musikalische Qualität – lebt seit den 20er Jahren vom Jazz. Das hat zu ständigen Verwechslungen geführt.
Oft kann man hören, im Jazz komme es mehr auf das Wie an als auf das Was. Dieser Gegensatz existiert in Wirklichkeit gar nicht. Es gibt in der Kunst nur ein Was. Alles, was wir als Wie empfinden, betrifft die Mikrostrukturen des Was.
Gerne werden heute auch von Leuten, von denen sorgfältiges Recherchieren und ein gewisser Kenntnisstand erwartet werden kann, Jazz, Rock und Pop in einen Topf geworfen, als ob es sich (ungefähr) um dieselbe Musik handeln würde. Das ist zwar bequem, entspricht aber nicht den leicht nachzuprüfenden musikalischen Tatsachen. Schon die Ausgangslage ist bei Jazz und Rock ganz verschieden. Der Jazz entstand um 1900 aus dem Ragtime, der Rock anfang der 50er Jahre aus dem Rhythm and Blues. Somit gibt es Jazzstile (Dixieland, Swing), die mit dem Rock nichts zu tun haben. Gewiß, seit den 60er Jahren kennt man fließende Übergänge zwischen Jazz und Rock (Rockjazz, Jazzrock) und Verschmelzungen (Fusion), aber viele neuere Gruppen konzentrieren sich doch auf einen der beiden Bereiche, was Übernahmen natürlich keineswegs ausschließt. Eine (künftige) Einheit von Jazz und Rock zu postulieren, gar als einzig interessante neue Musikform, und dies noch dazu ideologisch untermauert (»alles ist eines«, »Weltmusik«), stiftet nur Verwirrung bei denen, die nach Klärung und Information suchen. Geschichte ist nun einmal offen, auch und wohl gerade die der Kunst. Wir brauchen keine Propheten als Journalisten und auch keine, die den Musikern vorschreiben wollen, was sie tun sollen, sondern aufmerksame, kritische, auch selbstkritische und lernfähige Beobachter.
Der Ausdruck Pop(musik) bezeichnet heute Songs und Schlager, die unter vielerlei Einflüssen – vor allem des Rock, des Jazz und verschiedener Arten von Folklore – entstanden sind.
Die Beziehungen zwischen Jazz und klassischer Musik waren lange Zeit von Mißverständnissen geprägt. Der Jazz ist kein exotischer Seitenzweig der Klassik, sondern eine selbständige Musikgattung. Die abend-

ländische Musik hat Bausteine zu seiner Entwicklung geliefert, am meisten bei der Harmonik, am wenigsten bei der Rhythmik, die subtil umgeformt und umgedeutet und in neue Beziehungen gestellt wurden. Etwas anderes ist das »Verjazzen« von klassischer Musik – ärgerlich und überflüssig wie das Übermalen fertiger Bilder – durch solche, denen es an Respekt und an Phantasie fehlt, um auf andere Weise Musik zu machen, oder die sich davon viel Geld versprechen.

Das Verhältnis des Jazz zur Neuen Musik war zunächst trotz gelegentlicher Annäherungsversuche seitens der Neuen Musik eigentlich gar keines, dafür waren die beiden Musikformen zu verschieden. Erst mit dem Free Jazz waren in den 50er Jahren engere Kontakte zumindest vom Material her möglich. Ich denke, daß beide voneinander lernen können: die Neue Musik vom Jazz Ursprünglichkeit, Vitalität und Spontaneität, der Jazz von der Neuen Musik kompositorische Phantasie und Konsequenz. Freilich prallen hier immer noch zwei Welten aufeinander. Wo der Jazz gegenüber allen Lebensbereichen offen ist, gibt sich die Neue Musik zumeist nach wie vor exklusiv im wörtlichen Sinne (das lateinische Wort »excludere« bedeutet ausschließen).

Der Jazz ist nicht als Gegenentwurf zur Neuen Musik entstanden, aber er hat sich dazu entwickelt.

... Kunst

Wie lange haben wir deutschen Jazzmusiker gebraucht, bis wir uns ganz selbstverständlich als Künstler bezeichneten! Das war ein großer Fehler, weil uns dadurch die für unsere Arbeit notwendige Anerkennung und ebenso auch die finanzielle Unterstützung weitgehend fehlten. Dahinter verbarg sich ein Mangel an Selbstvertrauen und an Einsicht in größere Zusammenhänge. Erst mit dem Free Jazz und mit der kulturellen Aufbruchsstimmung Ende der 60er Jahre änderte sich das Bewußtsein der Musiker langsam.[1] Das hat auch zu mehr Kontakten zu anderen Kunstformen geführt. Viele Möglichkeiten sind aber immer noch kaum genützt worden.

Die ersten Jazzstile (Dixieland, Swing) waren ursprünglich Tanzmusik. Dazu diente eine Fülle von Tänzen, vom Foxtrott bis zum Jitterbug (L 1).

In den späteren Formen des Jazz spielte der Tanz kaum mehr eine Rolle. Dabei hätten sich für den Bühnentanz eigentlich unerschöpfliche Möglichkeiten geboten, denn der Jazz ist immer eine sehr rhythmische und farbige Musik geblieben. Aber es blieb bei Einzelaktionen. Leider gibt es auch kaum feste Ensembles aus Jazzmusikern und Tänzern.
Eine besondere Form des Tanzens zum Jazz ist der Steptanz. Er paßt ideal zu dieser Musik, und obendrein ist er der einzige Tanz, der sich auf Schallplatten aufnehmen läßt. Aber dies wurde nur selten genützt. Zu den großen Steptänzern des Jazz gehörten Bill Bojangles Robinson, Eddie Rector, die Nicholas Brothers und Baby Laurence, auch Fred Astaire, soweit er zu Jazz tanzte. Eine enge Beziehung besteht zwischen Steptanz und Jazzschlagzeug; manche bedeutenden Schlagzeuger waren in ihrer Jugend Steptänzer, wie Jo Jones und Buddy Rich.
Heute gibt es einen sogenannten »Jazztanz«, im wesentlichen eine Mischung von Elementen schwarzafrikanischer Tanzformen und des Modern Dance, der aber fast immer zu Pop- oder Rockmusik getanzt wird, obwohl er genauso zum Jazz paßt. Der Name »Jazztanz« wird also zumeist irreführend gebraucht.
Eine interessante Entwicklung hat die Fotografie im Jazz genommen. Immer wieder ist es gelungen, die kreative Atmosphäre des Spielens und die Individualität der Spieler in Bildern festzuhalten. Zu den bedeutenden Fotografen auf diesem Gebiet gehören die Amerikaner Duncan P. Schiedt, Frank Driggs, William Gottlieb, William Claxton und Herman Leonard. Auch der Bassist Milt Hinton zahlt dazu, der seit Jahrzehnten seine Kollegen fotografiert. Eine Reihe vorzüglicher Bildbände sind wertvolle Dokumente zur Geschichte des Jazz (L2–8).
Nur selten ist es bisher Malern und Graphikern gelungen, Jazz umzusetzen. Zu den Ausnahmen gehören der Amerikaner Reid Miles (viele Plattenhüllen für BLUE NOTE/L9) und der Schweizer Niklaus Troxler (Plakate für sein Festival in Willisau, Plattenhüllen und Bucheinbände/L10).
Von Zeit zu Zeit wurde seit den 50er Jahren der Versuch gemacht, eine Jazzoper zu schreiben. Doch sind die Chancen nicht groß; zu sehr ist die Gattung Oper mit dem Musik- und Lebensgefühl früherer Jahrhunderte verbunden. Dagegen lägen ganz allgemein im Musiktheater viele Möglichkeiten.
Auch in der Literatur spielt der Jazz bisher nur eine geringe Rolle; außer meist montagehaften Versuchen einer Verbindung von Jazz und Gedich-

ten (Jazz & Lyrik) und der literarisch wenig überzeugenden Behandlung von Leben und Arbeit von Jazzmusikern in einigen Erzählungen und Romanen herrscht Fehlanzeige – bei den sprachähnlichen Strukturen der Jazzmusik und der Fülle von Originalen im Jazz und ihren oft sehr bewegten Lebensläufen erstaunlich.
Aber das Problem ist im Grunde immer das gleiche: Der Jazz muß so genommen werden, wie er tatsächlich ist, und alle Beteiligten müssen ihn gut genug kennen. Daran hat es bisher meistens gefehlt.
Am deutlichsten sieht man dies beim Thema »Jazz und Film«, das wir an anderer Stelle behandeln (S. 43).

... Gesellschaft

In keinem Land der Welt hat der Jazz, als er dort in Erscheinung trat, sofort oder nach kurzer Zeit freundliche Aufnahme gefunden. Nun kann man fragen, ob sich neue künstlerische Entwicklungen je irgendwo schnell durchgesetzt haben. Ein berechtigter Einwand, aber es läßt sich doch feststellen, daß kaum eine andere neue Musikform im 20. Jahrhundert allenthalben so vielen Mißverständnissen, Fehlurteilen und Widerständen ausgesetzt war wie der Jazz. Die Musiker und alle, die als Mittler zwischen Musiker und Publikum tätig waren, ebenso auch viele Hörer, können davon ein langes Lied mit vielen Strophen singen.

Es gab dafür eine Reihe von Ursachen:
- Der Jazz ist in den USA entstanden.
- Schwarze Musiker waren an seiner Entstehung und Entwicklung maßgeblich beteiligt.
- Unter den bedeutenden amerikanischen weißen Musikern waren viele jüdischer Herkunft.

Diese drei Faktoren trafen zumindest in Deutschland und Österreich auf einen schon im 19. Jahrhundert vorhandenen und später immer stärker werdenden Antiamerikanismus, Rassismus und Antisemitismus. Das allein hat hier mindestens bis zum Ende der 40er Jahre zu weitverbreiteter Ablehnung geführt, die sich bis zu Haßausbrüchen steigerte.

Ein Beispiel von vielen: »Jazz ist keine Musik, sondern eine als Musik getarnte internationale Kulturpest und eine den niedersten Instinkten der Masse entgegenkommende Respektlosigkeit mit dem Zweck, die Kulturmusik des Abendlandes und hier im Speziellen des musikreichen Deutschlands zu besudeln und in jeder Form zu zerstören«.[2]

- Der Jazz war zunächst Tanzmusik. Solche Musik wurde von vielen grundsätzlich für weniger wertvoll gehalten als sogenannte »Ernste Musik«.
- Der Jazz paßte nicht in das musikalische Weltbild vieler Vertreter klassischer und Neuer Musik.
- Der Jazz wurde nach den Kriterien der klassischen Musik beurteilt und nicht nach seinen eigenen.
- Die Improvisation in der Musik wurde als künstlerisches Ausdrucksmittel weder verstanden noch akzeptiert.

Es gab aber auch Gründe, sich gerade mit dieser neuen Musikform zu beschäftigen:
- Für Musiker wie für Hörer reizvoll: impulsives Musizieren; Improvisation, neue Rhythmen und Klänge; Möglichkeiten der Selbstverwirklichung, wie sie eine auskomponierte Musik in diesem Ausmaß nicht bieten kann.
- Vielfach wurde im Jazz ein Moment des Exotischen gesehen (und überbewertet). Auch eine Protesthaltung gegen Überliefertes oder gegen bestimmte politische Zustände spielte eine, freilich sehr unterschiedliche, Rolle.
- Freude am Tanz, an der Show.
- Musiker, zu Stars geworden, wurden idolisiert.
- Ein neues Hobby: Schallplattensammeln.

Aus der Überlagerung von Zustimmung und Ablehnung entwickelte sich eine komplexe Situation. Der eine lehnte Jazz als Tanzmusik ab, der andere liebte ihn gerade deshalb... Dem einen war der Jazz zu anspruchsvoll, dem anderen zu anspruchslos... Dem einen war er zu unterhaltend, dem anderen zu ernst (dies aber erst ab dem Be Bop)... Es kam zu einer starken Polarisierung.
Gemeinsam war freilich den meisten, die ihn ablehnten, daß sie sich

überhaupt nicht oder nur sehr oberflächlich mit ihm beschäftigt hatten. Dies führte auch dazu, daß Musik für Jazz gehalten wurde, die gar keiner war, und daß umgekehrt manch einer mit Verwunderung reagierte, wenn er erfuhr, daß Musik, die er gerne hörte, Jazz war.
Jahrzehntelang negierten Musikpädagogen und -wissenschaftler den Jazz beharrlich. Bezeichnend war dafür die Einstellung von Theodor W. Adorno, der den Jazz nicht verstand, ja ihn womöglich gar nicht verstehen wollte.[3]
Zwar sind inzwischen unsinnige und bösartige Angriffe gegen den Jazz weitgehend verstummt, aber viele kulturell Verantwortliche tun doch wenig oder gar nichts für ihn und belassen es bei Lippenbekenntnissen.

Aber auch die Freunde des Jazz haben immer wieder Fehler gemacht:
- Unkritische Verehrung großer – und auch nicht so großer – Musiker.
- Zu wenige Fachkenntnisse und zu wenig Ausdauer bei der Arbeit für diese Musik
- Sinnlose Streitereien zwischen Anhängern verschiedener Stilrichtungen.

Der Jazz teilt heute das Schicksal aller Kunst des 20. Jahrhunderts, die immer von Minderheiten gemacht wird, aber durchaus für Mehrheiten bestimmt ist. Nur wird diesen Minderheiten heute oft genug durch andere Minderheiten der Weg versperrt. Denn auch die kulturell Verantwortlichen, vom Stadtrat bis zum Minister, vom Volkshochschulleiter bis zum Kulturdezernenten, vom Musiklehrer bis zum Hochschuldozenten, vom Rundfunkredakteur bis zum Fachbuchautor, vom Journalisten bis zum Fernsehintendanten, sind allesamt Minderheiten!
Was der Jazz wie jede andere Kunstform braucht, ist die ständige faire Chance.

Schallplattenempfehlungen

Muggsy Spanier (BBC RECORDS CD 687)
Count Basie Orchestra: *Atomic Mr. Basie* (EMI CDP 793273-2)
Art Blakey and the Jazz Messengers: *Moanin'* (BLUE NOTE 746516-2)
Bill Evans Trio: *Exploration* (ORIGINAL JAZZ CLASSICS OJCCD 037-2)

Die Arbeit des Jazzmusikers

Zum Selbstverständnis

Über die Frage, wie Jazzmusiker sich und ihre Arbeit sehen, ist viel theoretisiert worden. Dabei brauchte man nur die Musiker selbst zu fragen. Aber das geschieht selten, und es sind auch häufig die falschen Leute, die die Fragen stellen. Zu oft haben es Jazzmusiker erleben müssen, von inkompetenten Journalisten befragt zu werden. Das hat sie mißtrauisch gemacht, und so muß ein Interviewer außer den selbstverständlichen Fachkenntnissen auch Glaubwürdigkeit mitbringen und Vertrauen erwecken, sonst werden seine Gesprächspartner sich nicht offenbaren und ihn obendrein noch auf den Arm nehmen, ohne daß er es merkt.

Warum ergreift jemand den Beruf des Jazzmusikers? Ganz bestimmt nicht etwa aus einer Protesthaltung heraus. Ich habe nie, weder im In- noch im Ausland jemals einen Kollegen getroffen, der aus anderen als aus rein musikalischen Gründen Jazzmusiker geworden wäre. Das triebhafte Spiel mit Rhythmen und Klängen und ein intensives Ausdrucksbedürfnis waren immer die Gründe, notwendigerweise, muß man hinzufügen – stünden andere an erster Stelle, wäre dies ein ernstes Handicap, um ein guter Musiker zu werden. Doch häufig kann man es anders lesen, vor allem bei Leuten, bei denen offenbar der Wunsch der Vater des Gedankens ist. Da werden schon die Anfänge des Jazz in ein seltsames Licht getaucht. New Orleans Jazz als Protest – was für ein Unsinn! Die ersten Jazzmusiker waren, wie ihre Nachfolger bis in die 40er Jahre hinein, Tanzmusiker, die für, nicht gegen jemanden spielten, allerdings mit (hohen) musikalischen Ansprüchen. Immer war im Jazz die Musik selbst das Hauptantriebsmoment. Auch Charles Mingus und die Free-Jazz-Musiker der 60er Jahre waren zuallererst Musiker. Ihr Protest hatte ein solides musikalisches Fundament.

Dies bedeutet keineswegs, daß wir unkritisch gegenüber gesellschaftlichen Verhältnissen und Problemen sind. Aber der Jazz war von jeher eine Musik der (oft überschäumenden) Lebensfreude; nur im Free Jazz ist davon etwas verlorengegangen, aus welchen Gründen auch immer. Selbst in einem melancholischen langsamen Blues ist von diesem Lebensgefühl noch etwas zu spüren. Der Jazz war nie eine pessimistische Musik, eine Musik der Ausweglosigkeit. Nicht daß sich diese im Jazz nicht ausdrücken ließe. Aber wir haben unsere Musik nie nur als Medium zur Beschreibung unserer Probleme verstanden, sondern stets vor allem als Mittel, sie zu überwinden.

Das Primäre ist für uns der spielerische Umgang mit musikalischen Bausteinen, gestützt und angeregt durch das Arrangement, gespeist durch die Freiheiten der Improvisation, und zwar in erster Linie im Zusammenspiel mit anderen. Reines Solospiel ist im Jazz nach wie vor die Ausnahme.

Rhythmen und Klänge drücken zunächst immer sich selbst aus (objektive Komponente der Musik). Mit ihrer Hilfe – mit ihnen als Träger – drückt der Musiker darüber hinaus seine Empfindungen, seine Persönlichkeit aus (subjektive Komponente der Musik).

Jazzmusiker wollen und müssen von innen heraus spielen. Wenn sie dazu keine Gelegenheit haben, können durchaus Neurosen entstehen. Jeder kreative Künstler braucht Möglichkeiten, kreativ sein zu können. Gibt man sie ihm nicht, oder nimmt man sie ihm, wird er seelisch krank. Nicht-Künstler können das oft nur sehr schwer oder überhaupt nicht verstehen. Wehe dem Künstler, dessen Künstlersein von ihnen abhängt!

Ein Jazzmusiker denkt beim Spielen nicht unbedingt in jedem Moment daran, kreativ zu sein; es ist auch die Frage, ob man das wollen kann oder ob man nicht vielmehr auf die kreative Tätigkeit von Körper und Geist warten muß. Aber er will in jedem Moment spontan sein, und er will sich ausdrücken.

Spontaneität ohne Kreativität kann trotzdem gute Musik ergeben. Kreativität ohne Spontaneität dagegen wirkt – jedenfalls im Jazz – leicht trocken, gelehrt, konstruiert.

Jazzmusiker sind gleichzeitig Realisten – vor allem von ihren Arbeitsbedingungen her – und Romantiker – von ihrer Musik her. Sie träumen von einer idealen Besetzung, bei der gewissermaßen alles von selbst

Lester Young

läuft, und von perfekten Improvisationen und wissen doch zugleich, wie selten so etwas zustande kommt – und wenn, dann ist meistens kein Aufnahmegerät da, um das endlich Erreichte festzuhalten.
Jazzmusiker lieben den satirischen Witz, der nicht selten in eine Art schwarzen Humor mündet. Ich kann mir Künstler ganz ohne Humor eigentlich schwer vorstellen. Bestimmt aber wird ein humorloser Mensch, und noch dazu ein unspontaner, nie ein guter Jazzmusiker werden.
Das Selbstverständnis des Jazzmusikers hat von Stil zu Stil Veränderungen erfahren. Aus dem Tanzmusiker wurde ein konzertierender Künstler, aus dem Entertainer ein Ästhet. Weil die Stile im Jazz einander nicht ablösen, sondern zu dem hinzukommen, was es schon gibt, existieren heute verschiedene Auffassungen nebeneinander. Das heißt, es gibt verschiedene Arten von Jazzmusikern. Manche vereinigen mehrere »Rollen« in sich, manche wechseln sie für kürzere oder längere Zeit. Bei den einen leidet die künstlerische Integrität darunter, bei den anderen nicht. Die Einstellung zu neuen Entwicklungen ist dementsprechend ebenfalls unterschiedlich. Die einen wollen immer wieder etwas Neues machen, anderen geht es mehr um Beständigkeit. Das ist eine Frage der Mentalität; beide Einstellungen haben ihre Berechtigung, beide können zu großer Musik führen.
Jazzmusiker betrachten die Tradition ihrer Musik als wesentliche Kraftquelle und im allgemeinen als (unteilbares) Ganzes. Dies dürfte einer der wesentlichen Gründe für die ständige und stetige Entwicklung dieser Musik sein. Tradition ist zugleich eine Art Vorratslager, aus dem man an musikalischem Material und an Verfahren für die eigene Arbeit entnehmen kann, was man braucht – mit Respekt für die großen Musiker der Vergangenheit, aber ohne jene erstarrte Ehrfurcht, mit der man oft in der klassischen Musik wie in einem Museum zu den zu Göttern hochstilisierten großen Komponisten von einst emporblickt. Auch die Großen des Jazz waren oder sind unsere Kollegen. Man konnte/ kann jederzeit mit ihnen reden und, mit ein bißchen Glück, zumindest bei einer Jam Session auch einmal mit ihnen spielen.

Musiker verstehen sich als Jazzmusiker, wenn sie haupt- oder nebenberuflich oder auch als mehr oder weniger reine Amateure Jazz spielen. Die Zahl der Tage pro Woche oder Monat ist dabei nebensächlich – ausschlaggebend für das Bewußtsein, Jazzmusiker zu sein, ist wie bei allen

Künstlern die Intensität der Beschäftigung. Den Begriff Jazzmusiker in formalistischer Weise nur auf die anzuwenden, die ausschließlich Jazz spielen und davon leben, wäre völlig unrealistisch. Schließlich gibt es zahllose Künstler in anderen Bereichen, zum Beispiel Schriftsteller, Dichter und Maler, die nicht von ihrer Kunst leben; sie fühlen sich aber doch zu Recht als Künstler, bezeichnen sich als Schriftsteller, Dichter oder Maler, und niemand streitet ihnen dies ab.

Die Zahl der Jazzmusiker in Deutschland geht in die Zehntausende. Niemand kann genau sagen, wie viele es sind. Nur ein sehr geringer Teil von ihnen ist Mitglied eines Verbandes oder Vereins. Stolz, Eigensinn, Desinteresse, Mangel an Zeit, an Weitsicht oder an Information sind wohl die Hauptgründe hierfür. Jazzmusiker lassen sich nicht so leicht organisieren, in Trachten stecken und hinter Fahnen stellen wie Blasmusiker oder Chorsänger. Sie sind auch etwas skeptisch gegenüber Feiern, Girlanden, Abzeichen und Ansprachen; letztere sollten möglichst nicht länger als ein Blueschorus sein und zudem keine Erklärungsversuche enthalten, wann, wo und warum der Jazz entstanden ist.

Jazzmusiker spielen nicht nur in Clubs oder Konzertsälen, sondern auch in Hotels und Gasthöfen, in Foyers und Wohnzimmern, in Schulhöfen und Parkanlagen, bei Parties, Galas und auf Faschingsbällen, auf Schiffen und Flößen, und wenn es sich ergibt, auch in Fabriken und auf Friedhöfen, in U-Bahn-Stationen und Schaufenstern. Falls einer der Leser jetzt denkt, ich übertreibe: Ich bin überall dort als Musiker aufgetreten.

Von vielen Jazzmusikern wird man kaum je etwas in der Presse lesen; den Rundfunk- und mehr noch den Fernsehleuten sind sie völlig unbekannt. Dafür gibt es eine Menge Gründe. Die Betreffenden reisen ungern, werden durch ihre Familien festgehalten, haben zuwenig Ehrgeiz oder kein Talent, eine gute Band zu gründen und sie zu leiten, spielen mit den falschen Musikern, das heißt mit solchen, die sie musikalisch nicht weiterbringen, sondern hemmen, oder – eine Hauptursache – sie haben zu wenig Auftrittsmöglichkeiten und zuwenig oder gar keine Gelegenheit, Rundfunkaufnahmen oder gar Platten zu machen. Sie besitzen meist viel Idealismus, kommen mit Zähigkeit über die Runden, auch wenn die Gagen klein sind, werden manchmal im Alter gleichgültig oder auch verbittert – bis jemand vorschlägt, ein Stück zu spielen. Dann hören wir plötzlich einen guten Musiker mit Geschmack und persönlicher Aussage und unser Bild vom Jazz ist wieder um eine Facette reicher geworden.

Jeder, der auf einer Bühne öffentlich auftritt, gehört damit im Grunde genommen automatisch zum Showbusiness, ob er nun eine Opernarie singt, einen wissenschaftlichen Vortrag hält, oder Jazz spielt (und ob er nun dazugehören will oder nicht). Er zeigt sich (show) und er bekommt dafür Geld (business).

Auch wenn Künstler im Showbusiness tätig sind, so bleiben sie doch Künstler. Das Showbusiness ist keineswegs nur auf Unterhaltung beschränkt. Und wenn auch der Begriff in den USA entstanden ist – Showbusiness gibt es überall auf der Welt.

Somit ist es paradox, wenn heute Jazzmusiker, vor allem solche neuerer Richtungen, mit dem Showbusiness nichts zu tun haben wollen. Dementsprechend fehlt es diesen Musikern an der Bereitschaft wie an der Fähigkeit, auf der Bühne mit ihrem Publikum in Kontakt zu treten. Wer öffentlich auftritt, braucht dies aber; schließlich kann man vom Publikum nicht verlangen, daß es die da oben auf der Bühne nicht ansieht und überhaupt so tut, als höre man zu Hause einer Schallplatte zu.

Es geht nicht darum, »sich zu verkaufen«, es geht nicht um künstlerische Kompromisse, um faulen Zauber, um Anbiederung, sondern es geht darum, daß wir als Jazzmusiker (oder der Veranstalter, wie man will, aber irgendwie sind wir immer so etwas wie Mitveranstalter) Leute zum Zuhören und Zuschauen eingeladen haben. Wir sollten sie immer als willkommene Gäste behandeln, nie als »notwendiges Übel«. Hier kann jeder, wie auch beim Umgang untereinander, von schwarzen Musikern viel lernen.

Es gab und gibt Jazzmusiker, die ihre Musik mit einem häufig skurrilen Witz garnieren und die als ausgesprochen komische Talente gelten können. Fats Waller, Slim Gaillard, Eddie Condon und Louis Jordan gehörten dazu, unter den Lebenden vor allem Dizzy Gillespie, in Europa Ronnie Scott und Oscar Klein.

Was empfinden wir im Jazz als schön? Mit dieser Frage sind wir bei der Ästhetik des Jazz; darüber gibt es erstaunlicherweise noch kaum grundsätzliche, fundierte Literatur. Die oft zu hörende Feststellung, im Jazz rangiere Ausdruck vor Schönheit, hilft uns nicht weiter, denn abgese-

hen davon, daß es zweifelhaft ist, ob das überhaupt stimmt, kann auch Ausdruck Empfindungen von Schönheit hervorrufen.
Der Begriff »schön« wird von Musikern wie Hörern im Jazz in erster Linie in bezug auf die Tonbildung verwendet: »Er/Sie hat einen schönen Ton.« In der Bewertung verschmelzen Klang (denn das ist ja der Ton eines Instruments physikalisch) und Ausdruck zu einem Komplex. Dabei ist der Klang im Jazz häufig nicht rein-harmonisch, sondern durch nicht-harmonische Teilschwingungen, Geräuschkomponenten, Vibrato, Tremolo usw. angereichert. Beim Saxophon ist der Unterschied zwischen einem schönen Ton in der klassischen Musik und im Jazz besonders auffällig.

Instrument/Stimme

Zwar hat im Jazz das »Sprechenlassen« der Instrumente in klanglicher wie in ausdrucksmäßiger Hinsicht immer wieder eine Rolle gespielt, aber die Musik ist doch weitgehend Instrumentalmusik geblieben. Kein Sänger, keine Sängerin hat bis heute Entscheidendes zu den stilistischen Entwicklungen beigetragen. Die Instrumente dominierten; sie wurden in ihren Möglichkeiten immer wieder bis in Grenzsituationen erforscht, man denke nur an die Höhen, die auf der Trompete erreicht wurden, oder an die so unterschiedlichen Klangstrukturen auf dem Tenorsaxophon. Veränderungen im Bau der Instrumente wie des Zubehörs (z.B. spezielle Saxophonmundstücke) haben dazu ebenso beigetragen wie Veränderungen des Ansatzes oder des Anschlags bei der Tonerzeugung, spezielle Griffe oder Fingersätze, gleichzeitiges Singen und Spielen und vieles andere mehr. Dazu kommt vor allem bei Tasteninstrumenten, Gitarre und E-Baß in neuerer Zeit eine Vielfalt von Gestaltungsmöglichkeiten durch elektronische Mittel. Schließlich spielen seit den 60er Jahren auch in zunehmendem Maße neue Instrumente auf elektronischer Basis eine Rolle (Sammelbezeichnung Synthesizer). Immer raffiniertere Klangmöglichkeiten und die Erzeugung automatisch ablaufender Rhythmusstrukturen scheinen eine neue faszinierende Phase der Musikgeschichte zu eröffnen. Aber diese Geräte haben ihre Tücken. Die ständige Weiterentwicklung hindert die Musiker daran, sich jahrelang eingehend mit ein- und demselben unveränderten Gerät zu beschäftigen (man stelle sich einen Armstrong, Parker oder Coltrane vor, die es alle zwei Monate mit einem umgebauten oder ganz neuen Instrument zu tun gehabt hätten). Und die Rhythmusmaschinen sind eben genau dies: Maschinen im Sinne von Automaten, im Gegensatz zu den herkömmlichen Instrumenten, die allesamt Werkzeuge sind.

Die traditionelle Unterteilung in Melodieinstrumente und Rhythmusinstrumente (Klavier/Orgel, Gitarre/Banjo, Baß/Tuba/Sousaphon, Schlagzeug) darf man nicht zu wörtlich nehmen. Auch die Instrumente der Rhythmusgruppe einer Band (die so heißt, weil sie oft in begleitender Funktion arbeitet und dabei mehr mit der Verdeutlichung des beat [S. 60] zu tun hat als die übrigen Instrumente) spielen, mit Ausnahme des Schlagzeugs, Melodien, auch beim Begleiten. Aber selbst das Schlagzeug kann mit fein abgestuften Klängen quasi-melodische Strukturen gestalten.

Hauptinstrumente im Jazz waren zunächst Kornett, Klarinette, Posaune, Klavier, Tuba oder Sousaphon, Banjo und Schlagzeug (Dixielandband[1]). Ende der 20er Jahre ersetzte die Trompete das Kornett, der Kontrabaß (Baß) die Tuba und die Gitarre das Banjo. Zudem trat das Saxophon auf den Plan. Neue Instrumente wie Geige und Vibraphon blieben trotz großer Künstler wie Joe Venuti und Lionel Hampton (zunächst) Außenseiter. In den 40er Jahren löste das Saxophon mit seinen drei Hauptformen (Alt-, Tenor- und Baritonsaxophon – das Sopransaxophon wurde damals noch wenig verwendet) die Klarinette ab, deren Gebrauch sehr stark zurückging. Anfang der 50er Jahre erschien die Querflöte. Vereinzelt tauchten auch andere neue Instrumente auf (wie Cello, Horn, Oboe, Fagott). Aber erst der Free Jazz brachte in den 60er Jahren einen Prozeß der Einbeziehung aller möglichen Instrumente und Kombinationen in Gang. Heute kann man tatsächlich mit jeder nur denkbaren Besetzung Jazz spielen (auch mit drei Flöten und einer Tuba, ohne Rhythmusgruppe), allerdings nicht jede Art. Dixieland und Swing verlangen ein bestimmtes Instrumentarium, sonst klingt die Musik nicht. Und zum Lernen sollte man sich auf jeden Fall erst mit den Standardbesetzungen und den grundsätzlichen Spielweisen vertraut machen.

Die meisten großen Musiker haben sich auf ein Hauptinstrument konzentriert, zu dem in der Regel noch Klavier hinzukommt, aber ohne besondere Ansprüche, einfach als unentbehrliches Hilfsmittel zum Akkordstudium und zum Arrangieren. Nur wenige beherrschen zwei oder gar drei Instrumente mit Spitzenleistungen. Zu ihnen gehört Benny Carter (Altsaxophon und Trompete – eine ungewöhnliche Kombination), James Moody (Alt- und Tenorsaxophon und Flöte), Yusef Lateef (Tenorsaxophon, Flöte und Oboe) und Eric Dolphy (Altsaxophon, Flöte und Baßklarinette).

Beim Jazzgesang können wir vier Formen unterscheiden, die heute bisweilen in einem Stück auch gemischt auftreten können: »normaler« Textgesang, Bluesgesang, Scatgesang (Silben ohne Textbedeutung) und »neue Techniken« (Klänge, Geräusche, Nachbildung von Lauten aus der »Außenwelt«). Nur die beiden letzten Formen erlauben eine den Möglichkeiten der Instrumentalisten vergleichbare Form der Improvisation.

Repertoire

»Das Repertoire – gemeint ist das Themenrepertoire – des Jazz bestand bis in die 40er Jahre hinein vorwiegend aus Themen, die nicht von Jazzmusikern komponiert worden waren. Unter ihnen fallen Rags, Blues und Themen aus dem Musical- und Broadway-Show-Bereich besonders auf. Der Grund für diese thematische Konzentration dürfte in erster Linie bei den Erwartungen des Publikums zu suchen sein, die für Musiker wie für Veranstalter, Schallplattenproduzenten und Rundfunkleute mehr oder weniger verbindlich waren.

Erst mit dem Be Bop begann ein Wandel. Von da an überwogen immer mehr die von Jazzmusikern selbst geschriebenen Themen.

Von besonderer Bedeutung ist innerhalb des Jazzrepertoires das sogenannte *Standardrepertoire* (standards[2]). Es besteht aus Themen verschiedener Herkunft, die so oft gespielt wurden, daß sie zum Pflichtrepertoire zumindest der Berufsmusiker wurden. Diese Themen haben bei der Entwicklung des Jazz eine maßgebliche Rolle gespielt. Sie wurden zum Gegenstand ständiger Beschäftigung und Auseinandersetzung und dienten als Basis für unzählige Jam Sessions, bei denen Musiker einander kennenlernten und voneinander lernten und bei denen neue Ideen entstanden und ausprobiert wurden. [. . .]

Das Standardrepertoire des Jazz besteht – alle Stile eingeschlossen – grob geschätzt aus etwa 1000 Themen. Dazu kommt die um ein Vielfaches größere Zahl anderer Themen, die nicht zu einem Bestandteil des Standardrepertoires wurden. Unter ihnen gibt es viele, die auf Grund ihrer Qualität ohne weiteres dazugehören könnten. [...]
Das thematische Material des Jazz ist viel reichhaltiger, als die meisten glauben. Vieles davon ist völlig unberechtigt in Vergessenheit geraten oder überhaupt nie einem größeren Kreis bekannt geworden. Die Programme vieler Jazzkonzerte könnten mit diesem Material interessanter gestaltet werden. Die Möglichkeiten der Bearbeitung und Erneuerung, falls sich eine solche vom Standpunkt der Spielweise einer Gruppe aus als notwendig erweisen sollte, sind ja fast unbegrenzt. [...]
Wie ein Arrangement ist auch ein Thema ein wichtiger Impulsgeber. Ein schwaches Thema wirkt wie ein schwaches Arrangement – das Stück kommt nicht vom Fleck; die Inspiration der Musiker wird gebremst statt freigesetzt«. (L 12, S. 10/12)
Auch kurze Melodien, Ostinatorhythmen u. a. können im Jazz thematischen Charakter haben, das heißt zum Ausgangspunkt eines Stückes werden.
Bei den Texten von Jazzstücken kann man in neuerer Zeit zwei Beobachtungen machen. Einmal werden zu manchen Stücken neue Texte geschrieben, und zum anderen tauchen immer wieder Texte zu Stücken auf, die ursprünglich reine Instrumentaltitel waren.

Einige Bezeichnungen für bestimmte Arten von Jazzstücken:
Ballade: langsam, meist harmonisch sehr farbig
Latin: auf lateinamerikanischen Rhythmen aufgebaut
Rock (Jazz Rock, Rock Jazz): auf Rockrhythmen aufgebaut
up tempo: sehr schnelles Tempo

Zur Terminologie des Jazz

Die Ausdrücke (Begriffe) als Abkürzungen für Sachverhalte sind im Jazz spontan und unsystematisch entstanden. Worte mit anderer Bedeutung (z. B. riff, break) erhielten eine zusätzliche musikalische Bedeutung, neue Wörter wurden erfunden (z. B. Be Bop, fours). Beim Begriff »Jazz« selbst wie auch bei den Stilbezeichnungen haben zudem im Laufe der Zeit noch Bedeutungsveränderungen stattgefunden, was bei der Lektüre älterer Jazzliteratur zu berücksichtigen ist; ein besonders eklatantes Beispiel ist der Ausdruck »Mainstream« (S. 143)

Erst in den 70er Jahren, als sich eine musikwissenschaftlich/pädagogisch fundierte Literatur in größerem Umfang zu etablieren begann, wurde versucht, mit den Begriffen genauer als früher umzugehen. Aber immer noch gibt es beispielsweise Sachverhalte, für die kein eigenes Wort existiert, obgleich ein solches nötig wäre, wie etwa im Falle des jazztypischen Anreißens der Saiten beim Kontrabaß, das ganz anders erfolgt als beim klassischen *Pizzicato*. Und es gibt nach wie vor leider drei Wörter mit doppelter Bedeutung: swing (rhythmisches Element) und Swing (Jazzstil), beat (rhythmisches Element) und Beat (Stil der Popmusik), Blues (Kombinationselement) und Blues (eigenständige Musikform, die sich parallel zum Jazz entwickelt hat). Durch Klein- oder Großschreibung können wir die beiden ersten Begriffe wenigstens schriftlich auseinanderhalten; beim dritten empfiehlt es sich, im Falle der Musikform von Bluesmusik zu sprechen.

Diese Dinge erschweren Lernen wie Gebrauch der Jazzterminologie. Hinzu kommt noch eine häufig anzutreffende Nachlässigkeit im Gebrauch auch eindeutig definierter Ausdrücke. Offenbar wirkt der früher oft zu hörende unsinnige Satz: »Über Jazz kann/soll man nicht reden, man kann/soll ihn nur hören« immer noch nach. In Wirklichkeit kann man über den Jazz genauso präzise Aussagen machen wie etwa über klassische Musik, wenn man sich nur die Mühe nimmt, ein angemessenes und eindeutiges Vokabular zu benützen und die Musik mit dem nötigen Gefühl, aber zugleich so objektiv wie möglich zu hören, ohne irgendwelche Vorurteile.

Freilich ist es bequemer – und für manche offenbar auch lustiger – einfach drauf los zu fabulieren. Wir werden uns vor allem im dritten Abschnitt dieses Buches mit der Terminologie des Jazz näher beschäftigen. Wer sich für mehr interessiert, findet im Literaturverzeichnis entsprechende Hinweise.

Bei Besetzungsangaben auf Schallplattenhüllen und in Verzeichnissen von Aufnahmen (Diskographien) haben sich im Jazz für viele Instrumente Abkürzungen eingebürgert:

as: Altsaxophon
b: Kontrabaß
bcl: Baßklarinette
bj: Banjo
bs/baritone: Baritonsaxophon
bss: Baßsaxophon
btb: Baßposaune
btp: Baßtrompete
c/co: Kornett
cl: Klarinette
dm/dr/d: Schlagzeug
e-b: Elektrobaß
e-p: Elektropiano
fl: Flöte
fh/flh: Flügelhorn
frh: French Horn (Waldhorn)
g: Gitarre
hca: Mundharmonika
kb/keyboards: Tasteninstrumente allgemein
org: Hammondorgel
p: Klavier
perc: Perkussionsinstrumente
rh: Rhythmusgruppe
s: Saxophon
ss/soprano: Sopransaxophon
syn: Synthesizer
tb: Posaune
ts/tenor: Tenorsaxophon
tu: Tuba
v: Geige
vib/vibes: Vibraphon
vtb: Ventilposaune
wb/wbd: Waschbrett

Weitere häufig verwendete Abkürzungen:

feat: Herausstellen eines Solisten
rec...: aufgenommen am...
voc: Gesang

Ein Altsaxophonist heißt im Deutschen auch Altist, ein Tenorsaxophonist Tenorist, ein Musiker, der Kontra- oder E-Baß spielt, Bassist. Horn ist im Jazz eine Sammelbezeichnung für alle Blasinstrumente.
Da der Jazz in den USA entstanden ist, entstammen seine Fachausdrücke der englischen Sprache. Es wäre überflüssig und würde im Ausland nur Spott hervorrufen, wollte man sie ins Deutsche übersetzen. Niemand denkt ja auch daran, die vielen italienischen Bezeichnungen der klassischen Musik zu übersetzen.

Vier Berufe

Im Jazz lassen sich – auch für Sänger und Sängerinnen – vier Berufe unterscheiden[3]:

1. Der *improvisierende Musiker* ist Hauptträger des musikalischen Geschehens. Seine Fähigkeit des spontanen Umgangs mit musikalischem Material erzeugt viel von jener für guten Jazz so typischen Spannung. In der Regel improvisiert er zusammen mit anderen gleichzeitig in einer Gruppe, aber mit unterschiedlichem Freiheitsgrad. Das bedeutet ein ständiges Geben und Nehmen zwischen den an einem solchen Prozeß Beteiligten, mit einem kreative Kräfte erzeugenden Unsicherheitsfaktor, da keiner der Musiker ganz genau weiß, welche Töne/Akkorde/Schläge in welchem Rhythmus die übrigen im nächsten Moment spielen werden. Immerhin sorgt ein von Stil zu Stil verschiedenes Netzwerk von Regeln für Stabilität. Der Unsicherheitsfaktor darf nicht zu klein sein, sonst könnte die Musik spannungslos werden, aber auch nicht zu groß, da sonst kein sinnvolles Zusammenspiel möglich ist und alles auseinanderfällt.

2. Der von Noten spielende Musiker – für ihn hat sich die Bezeichnung *Notist* eingebürgert – ist genauso unentbehrlich. Arrangements, das sind alle Festlegungen vor Beginn des Spielens, werden nun einmal häufig mittels Noten fixiert. Diese bedeuten allerdings zumeist rhythmisch etwas anderes als etwa in klassischer Musik; der Spieler muß, um sie richtig zu deuten, die Notationsregeln des Jazz kennen und anzuwenden verstehen (S. 61). Vor allem in Big Bands gibt es Musiker, die kaum oder nie ein Solo spielen, aber trotzdem eine wichtige Funktion erfüllen.

3. Der *Arrangeur* fixiert das Rahmenwerk, innerhalb dessen die Improvisationen ablaufen. Es kann von wenigen Notenzeilen bis zu umfangreichen Partituren mit nur wenigen Solostellen reichen. Immer ist aber ein gutes Arrangement unentbehrlich, wobei wir nicht vergessen dürfen, daß ein Arrangement auch mündlich abgesprochen (head arrangement) oder sogar nur aus verschiedenen der Spielpraxis

entstammenden und im Gedächtnis gespeicherten Informationen bestehen kann. Der kurze Satz: »Laßt uns einen Blues in F spielen«, enthält eine Fülle von Festlegungen, die bis ins Emotionale reichen.
Ein gutes Arrangement inspiriert die Musiker ständig, ein schwaches bremst und erzeugt kreativitätshemmende Widerstände.

4. Der *Komponist* ist nach dem Gesagten zunächst einmal ein Arrangeur, der keine Stellen zur Improvisation frei läßt. Da keine Regel existieren kann, die irgendein Minimum an Improvisation verlangt (etwa von der Art: »93% Arrangement sind noch erlaubt, 94% ist zuviel«), muß auch ein vollständig ausgeschriebenes Stück im Jazz möglich sein. Es wird ja durch Jazzrhythmik und Jazzklang auf jeden Fall zu Jazz. Die Improvisation ist eben kein Grundelement, sondern ein Kombinationselement, eine bestimmte Art, mit Rhythmen und Klängen umzugehen; die zweite Möglichkeit ist das Arrangement. Die für den Jazz typische Spontaneität kann es auch in einer Jazzkomposition geben, wenn die Musiker sich so verhalten, als ob sie das Gespielte durch Improvisation gefunden hätten. Diese Überlegungen gelten natürlich auch für Arrangements.
Dann gibt es aber noch den *Komponisten von Themen*. Das ist eine besonders schwierige Aufgabe, die vielfältige Fähigkeiten erfordert: rhythmische und klangliche Phantasie, hervorragende harmonische Kenntnisse, Gespür für Melodik, formales Gestaltungsvermögen, Fähigkeit zur Konzentration. Es hat in der gesamten Jazzgeschichte nur sehr wenige wirklich bedeutende Themenkomponisten gegeben, die, sagen wir, mehr als 15 hervorragende Themen geschrieben haben. Vor allem sind hier Duke Ellington, Dizzy Gillespie, Charlie Parker, Thelonious Monk, Miles Davis, Gerry Mulligan, Charles Mingus, Horace Silver und Ornette Coleman zu nennen. Viele große Jazzmusiker haben überhaupt keine bemerkenswerten Themen verfaßt. Diese ganz spezielle Arbeit lag ihnen nicht; ihre Stärke war die Improvisation.

Alle vier Berufe sind erlernbar und lehrbar – es kommt nur auf die richtige Methode an. Von einem guten Jazzmusiker werden heute sowohl umfangreiche Kenntnisse und Fähigkeiten im Improvisieren wie im Notenspiel verlangt. Viele arrangieren auch; Improvisation und Arrangement können sich gegenseitig ständig inspirieren. Aber es gibt eigent-

lich zuwenig gute Arrangeure (und immer noch zu wenige gute Arrangements im Handel). Und gute Themenkomponisten sind wie gesagt sehr selten. Zwar schreiben heute viele Jazzmusiker ihre Themen selbst, weil die GEMA den improvisierenden Musiker als Urheber überhaupt nicht kennt (S. 49), aber man kann immer wieder Gruppen hören, deren Achillesferse die selbstgestrickten Themen sind: mit anderen würden sie bessere Musik machen.
Es ist bemerkenswert, daß kaum einer der großen Jazzmusiker in allen vier Berufen gleich gut war. Louis Armstrong betätigte sich kaum je als Arrangeur oder Themenkomponist, Charlie Parker schrieb zwar eine Menge hervorragender Themen, aber nur ganz einfache Arrangements, John Coltranes Stärke lag weder im Themenschreiben (von wenigen Ausnahmen abgesehen) noch im Arrangieren.
Und dann gibt es eigentlich in diesem Zusammenhang noch einen fünften Beruf, nämlich den des *Bandleaders*. Eine eigene Gruppe zu leiten setzt neben sensiblem Hören Disziplin, Organisationstalent, Geschäftssinn und viel psychologisches Einfühlungsvermögen voraus. Im allgemeinen engagiert der Bandleader die Musiker, schließt Verträge, beeinflußt Stilistik und Repertoire, leitet die Proben, sorgt für einen reibungslosen Ablauf auf der Bühne und macht Ansagen – dies alles konzentriert und »relaxed« zugleich. Sicher läßt sich dies auch auf mehrere oder auf alle Bandmitglieder oder auf zusätzliche Helfer verteilen – ob die Arbeit dann genauso effektiv ist, ist eine andere Frage. Jedenfalls sind schon viele Jazzgruppen am Fehlen eines wirkungsvoll arbeitenden Bandleaders gescheitert – oder trotz entsprechender Pläne erst gar nicht zustande gekommen.
Thad Jones hat im übrigen in einer bisher wohl einmaligen Art gezeigt, wie man mit einer Vielzahl besonderer Handzeichen eine Big Band dirigieren kann; der seltene Fall eines Dirigenten im Jazz.

Wie wird man heutzutage Jazzmusiker? In immer mehr Ländern gibt es für diesen Beruf eine reguläre Ausbildung an verschiedenen Schultypen. Das Lehrprogramm umfaßt Instrumentalunterricht (Hauptfach, dazu Klavier als Nebenfach[4]), Harmonielehre, Improvisation, Arrangement, Geschichte, Analyse von Transkriptionen (von Platten in Noten übertragene Soli bedeutender Musiker), Combo- und Big-Band-Arbeit und anderes mehr. Die Zahl der Bewerber für solche Studiengänge ist hoch, in

Deutschland an den Musikhochschulen und Konservatorien, die dies anbieten (es sind noch nicht viele), um ein Vielfaches höher als die Zahl der Studienplätze.
Daneben gibt es immer mehr Workshops, vom Wochenendkurs bis zum 14tägigen Seminar, die auch zur Berufsausbildung und -weiterbildung dienen können. Fachliteratur aller Art und spezielles Lehrmaterial – vor allem sei hier auf die jetzt rund 50 LPs umfassende Serie von Jamey Aebersold hingewiesen, die eigens zum Üben und Mitspielen zu Hause konzipiert wurde – bieten ebenfalls Möglichkeiten, sich das nötige Wissen und Können anzueignen.
Aber darüber hinaus ist die beste Schulung immer noch, möglichst oft mit möglichst guten Musikern zu spielen. Die Erfahrungen, die man dabei sammelt, sind unersetzlich und unentbehrlich.

Ensembleformen

Jazz ist in erster Linie eine Musik in der Gruppe, die schon bei zwei Musikern anfängt. Meist bestehen die kleinen Gruppen oder *Small Bands* – seit den 40er Jahren hat sich dafür die Bezeichnung *Combo* eingebürgert – aus drei bis sechs, seltener sieben bis acht Musikern. Neben der Dixielandband (S. 26) gibt es als Standardbesetzung vor allem das Klaviertrio (Klavier, Kontrabaß, Schlagzeug), das Klavierquartett (Klaviertrio plus Bläser oder Sänger/Sängerin) und das Klavierquintett (Klaviertrio plus zwei Bläser). Doch finden sich namentlich seit den 60er Jahren auch viele andere Combobesetzungen. Eines freilich gilt auch heute noch: der Baß (Kontra- oder E-Baß) ist das Instrument, auf das man in einer Jazzgruppe am wenigsten verzichten kann. Er liefert das klangliche und harmonische Fundament, bringt die rhythmischen Strukturen in Bewegung und liefert interessante kontrapunktische Melodien, auch wenn er »nur« begleitet. Eine Jazzgruppe ohne Baß ist auch heute noch die Ausnahme.
Die *Big Band* hat sich seit den 20er Jahren schrittweise durch die stetige Vergrößerung ihrer Bläsergruppe entwickelt. Seit den 50er Jahren finden wir hier zumeist vier Trompeten, vier Posaunen, zwei Altsaxophone, zwei Tenorsaxophone, ein Baritonsaxophon, Klavier, Baß und Schlag-

zeug, mit oder ohne Gitarre. Dazu können weitere Instrumente kommen, solistisch oder als Bestandteil des Ensembles, ferner Gesang.
Im Free Jazz gibt es oft auch interessante große Besetzungen, die zwar zahlenmäßig einer Big Band entsprechen oder sie sogar übertreffen, aber weder von der Instrumentierung noch von der Spielweise her als Big Band bezeichnet werden können.
Die Big Band ist zu einer festen Institution im Jazz geworden. Seit den 70er Jahren ist ein ständig wachsendes Interesse am Big-Band-Spiel bei vielen jungen Musikern zu beobachten. Man lernt als Musiker vieles am besten und schnellsten in der Big Band, und es macht besonderen Spaß, einmal mit 15 statt mit drei oder vier anderen zusammen zu spielen. Außerdem werden immer mehr gute Arrangements (auch historische Arbeiten) veröffentlicht, wenn es auch, wie schon zuvor betont, immer noch zu wenige sind.
Ich glaube, daß die Big Band in Zukunft noch an Bedeutung gewinnen wird, falls es gelingt, feste Ensembles auf eine sichere finanzielle Basis zu stellen und erstklassige Arrangeure und Komponisten zur Mitarbeit zu gewinnen. Dann sind neue musikalische Entwicklungen sehr wohl denkbar. Warum sollte es eines Tages nicht neben den städtischen Münchener Philharmonikern auch ein städtisches Münchener Jazzorchester geben? »Das Jahresgehalt von Sergiu Celibidache, dem Dirigenten, beträgt 2 Millionen; die städtischen Subventionen für die Philharmoniker liegen bei 25 Millionen.[5]« Mit einem Bruchteil dieser Summe könnte München ein (zweites) Orchester von Weltrang bekommen, das *neue* Musik spielt – wenn man nur will.
Zwischen Combos und Big Bands gab es seit den 40er Jahren immer wieder *besondere Formen* von Besetzungen, vom Miles Davis Capitol Orchestra von 1949/50 (neun Musiker) bis zu Ernie Wilkins' Almost Big Band unserer Tage (zwölf Musiker). Viele reizvolle Möglichkeiten sind hier noch ungenutzt.
Von einem *Solo* spricht man im Jazz ganz allgemein schon dann, wenn ein Musiker improvisiert und dabei von anderen (mit einem geringeren Freiheitsgrad) improvisierend begleitet wird. Das Begleiten ist im Jazz eine große und bedeutsame Kunst, die leider heute von jüngeren Musikern oft gering geschätzt und dementsprechend auch wenig beherrscht wird. Gute Begleiter (Pianisten, Gitarristen, Bassisten, Schlagzeuger) sind immer gesucht.

In einer Gruppe werden im allgemeinen nur Schlagzeugsoli unbegleitet gespielt, mitunter auch Baßsoli. Beim echten Solospiel, das seit den 70er Jahren für praktisch alle Instrumente an Bedeutung gewonnen hat (vorher gab es fast nur Gitarristen und Pianisten als alleinige Gestalter eines Musikstücks), entfällt das für den Jazz so wichtige und charakteristische Zusammenspiel mit seinen ständigen Spannungen. Es ist nicht einfach, diesen Verlust auszugleichen.
Je nach der Aufgabe und der Lebensdauer eines Ensembles kann man vier Hauptformen unterscheiden:

working band
Eine Gruppe, die längere Zeit, zumindest einige Monate, existiert und in dieser Zeit regelmäßig öffentlich auftritt. Die Vorteile liegen auf der Hand: ein eingespieltes Team von Musikern mit festem Repertoire, was die Chance bietet, sich in absehbarer Zeit einen gewissen Namen zu machen. Das große Problem sind die Finanzen. Subventionen wie für Theaterensembles oder klassische Orchester gibt es so gut wie gar nicht (weshalb eigentlich?).

ad hoc band
Ein für einen oder wenige Auftritte oder für Studioaufnahmen eigens zusammengestelltes Ensemble. Wenn man sehr erfahrene Musiker heranzieht, die sich möglicherweise schon länger kennen, können auch so – ohne viel Proben – sehr gute Ergebnisse erzielt werden. Schade ist es, was aber leider häufig vorkommt, wenn die Musiker gerne zusammenbleiben würden, dies aber wegen anderweitiger Verpflichtungen oder aus finanziellen Gründen nicht möglich ist.

repertory band
So wird eine Gruppe bezeichnet, die für kurze oder längere Zeit sich bestimmte Aufgaben bezüglich Stilistik, Besetzung und Repertoire stellt, zum Beispiel ausschließlich Stücke von Thelonious Monk zu spielen oder in der Besetzung und in der Art wie Louis Armstrongs Hot Five der 20er Jahre. Dies sind reizvolle musikalische Aufgaben – Phantasie, Einfühlungsvermögen und handwerkliches Können vorausgesetzt. Es kann dabei auch etwas entstehen, was es früher in dieser Form nicht gegeben hat, wenn beispielsweise die Gruppe Supersax Themen und Impro-

visationen von Charlie Parker im fünfstimmigen Saxophonsatz spielt. Wichtig ist, über der Aufgabe die Kreativität nicht zu vergessen und auch nicht das, wovon die »Alten« immer genug in ihr Spiel einbrachten: Vitalität.

rehearsal band
Dies ist eine Gruppe, die nur zu Proben zusammenkommt. Vor allem unter den Big Bands findet man sie, da viele Musiker gerne in einer Big Band spielen, es aber aus finanziellen Gründen zu wenige *working bands* gibt. So bietet eine *rehearsal band* eine Möglichkeit, die allerdings viel Idealismus erfordert. Mitunter wird eine solche Gruppe auch zur *working band*, wie etwa das Thad Jones/Mel Lewis Orchestra. Es bestand aus hochqualifizierten Musikern, die sich in New York ab 1966 jeden Montag trafen, und entwickelte sich in den 70er Jahren zu einer der besten Big Bands der Jazzgeschichte.

Auftritte

Auftritte vor Publikum sind für Jazzmusiker, wie für alle musizierenden Künstler, unentbehrlich. Trotz aller technischen Fortschritte bei Ton- und Bildaufnahmen: Die Live-Atmosphäre läßt sich nicht konservieren. Wer Jazz nur von Schallplatten oder vom Fernsehen (schwer genug bei dem kümmerlichen Angebot) her kennt, kennt ihn nur halb.
Heute konzentrieren sich die öffentlichen Auftritte im wesentlichen auf Clubs, Konzerte und Festivals; Jam Sessions sind eine besondere Form. Tanzveranstaltungen mit Jazz sind selten geworden. Mancherorts finden in den Sommermonaten Schiffs- und Floßfahrten mit Jazz statt. Beliebt sind neuerdings Kreuzfahrten (Mittelmeer, Karibik) mit einer Reihe von Jazzgruppen.

Unter einem *Jazzclub* (Jazzlokal) versteht man eine Räumlichkeit, in der Jazz gespielt wird, bestehend aus einer Bühne mit Klavier (leider immer noch selten ein Flügel) und einem Zuschauerraum mit etwa 90 bis 150 Sitzplätzen. Hier spielen – ein verständiges und begeisterungsfähiges Publikum vorausgesetzt – die Musiker oft am besten. Betrieben werden die Clubs zumeist von Vereinen oder Einzelpersonen. Viele arbeiten in Deutschland mit städtischen Subventionen; anders wäre ein gutes Programm, das auch anspruchsvolle und ungewöhnliche Musik präsentiert, kaum zu finanzieren. Neben den reinen Jazzclubs, die nur ein- bis zweimal pro Woche Veranstaltungen durchführen und sonst geschlossen haben (sehr selten sind Clubs mit täglichem Programm), gibt es auch Clubs, die vielerlei Musik anbieten, darunter auch Jazz.

Clubveranstaltungen sind heute fast ausschließlich konzertant. Das war in den frühen 60er Jahren noch anders; damals wurde in fast allen Jazzclubs getanzt. Zehn Jahre später hatte sich das Verhältnis umgekehrt. Das bedeutete für die Musiker den Wandel zu einem aufgeschlosseneren und hörwilligeren Publikum. Inzwischen versuchen manche Clubs, bei sehr motorischer Musik Tänzer zu animieren, doch scheitert dies meist am Platzmangel.

Zu den ältesten deutschen Jazzclubs gehört der Frankfurter Jazzkeller (früher Domicile) in der Kleinen Bockenheimerstraße (seit 1952) und das Nürnberger Jazz-Studio am Paniersplatz (seit 1954), zu den ältesten Jazzclubs überhaupt das Village Vanguard in New York (1935 eröffnet, seit 1957 ständiges Jazzprogramm). Der bedeutendste europäische Jazzclub ist der Ronnie Scott's Club in London (seit 1959).

Konzerte – abgesehen von Jazzclub-Veranstaltungen – finden an den verschiedensten Orten statt, vom Wirtshaussaal bis zum 2000 und mehr Zuhörer fassenden Auditorium. Die räumlichen Dimensionen – wenn sie zu groß sind, kann ein Gefühl der Verlorenheit entstehen – und die Akustik (der Jazz braucht Räume mit weniger Nachhall als die Klassik) sind mitunter nicht leicht in den Griff zu bekommen. Ein Vorteil ist, falls nicht der Veranstalter meint, durch Bewirtung während des Konzerts und anderes »Bewegung« ins Spiel bringen zu müssen, die größere Ruhe während der Veranstaltung. Auch leise Stellen, die in einem unruhigen Club untergehen würden, kommen hier noch zur Geltung.

Die Finanzierung von Konzerten ist heute angesichts der ständig steigenden Unkosten und der berechtigten Gagenforderungen der Künstler, die ohnedies um einiges niedriger sind als in der Klassik und in der Rock- und Popmusik, ohne Subventionen kaum mehr möglich. Es ist auch nicht einzusehen, weshalb für die klassische Musik Millionenbeträge an öffentlichen Geldern zur Verfügung stehen, während die Musik unseres Jahrhunderts zusehen muß, wie sie zurechtkommt. Hier stimmen die Proportionen in keiner Weise.

Ein *Festival* besteht aus mehreren großen Konzerten an aufeinanderfolgenden Tagen mit zumindest einigen Spitzengruppen (sonst wäre diese Bezeichnung nicht angemessen). Manche Veranstalter wollen vor allem Neues, wenn möglich Noch-nie-Dagewesenes bieten, doch ist dies nicht zwingend notwendig. Ein Festival sollte nicht als Neuheitenmesse, sondern als Qualitätsveranstaltung angesehen werden.
Die Zahl der Festivals ist seit den 70er Jahren immer mehr angestiegen. Sie bieten den Besuchern ein umfangreiches und komprimiertes Programm; nicht wenige dürften heutzutage ihre erste eindrucksvolle Begegnung mit erstklassigem Live-Jazz bei einem Festival machen.
Die Organisation eines solchen Unternehmens erfordert viel Vorbereitungsarbeit und für eine reibungslose Durchführung ein eingespieltes Team mit genauer Aufgabenverteilung. Bei der Finanzierung spielen wie bei Einzelkonzerten Subventionen eine unverzichtbare Rolle. Die Tendenz, mit Sponsoren zu arbeiten, betrachte ich mit gemischten Gefühlen. Man muß diese erst einmal finden, und da spielt der Standort eine große, nicht selten ausschlaggebende Rolle. Wo wenig oder keine Industrie ist und die Banken kein Interesse zeigen – was bleibt da noch übrig? Und dann besteht die große Gefahr, daß die öffentliche Hand anfängt, ihre kulturellen Aufgaben zu vernachlässigen und finanzielle Pflichten auf Sponsoren abzuwälzen, deren Engagement zumeist in keiner Weise fixiert ist; sie können jederzeit wieder aussteigen.

Jam Session (auch kurz Session genannt) heißt im Jazz das spontane Zusammenspiel mehrerer Musiker ohne Zeitbegrenzung und im allgemeinen auch ohne schriftliche Arrangements; dabei werden vor allem lange Soli gespielt. Das kann auch als geplante Veranstaltung ablaufen, meist aber kommt der Entschluß zu einer Session aus der momentanen Lust am Spielen heraus zustande. Sessions können sich auch am Ende von Konzerten, vor allem in Clubs, entwickeln, häufig veranlaßt durch Gastmusiker, die »einsteigen«, wie man sagt.
Außer beim Free Jazz bedarf es bei einer Session, als Basis für das gemeinsame Musizieren, der Kenntnis vieler Themen, vor allem solcher

aus dem allen Musikern geläufigen Standardrepertoire. Hochqualifizierte Musiker, vor allem Pianisten, Gitarristen und Bassisten, haben Hunderte von Themen samt Akkorden im Kopf, dazu oft auch noch besondere Ein- und Überleitungen sowie Schlußteile. Bläser kennen häufig auch zweite und weitere Stimmen für die mehrstimmige Vorstellung von Themen, dazu Gegenstimmen.
Es ist sehr schade und von Nachteil, daß heute – wo es mehr Spieler als je zuvor gibt – die Zahl der Sessions abnimmt. Bei Sessions lassen sich Dinge ausprobieren, und es findet ein intensives Kennenlernen und Inspirieren statt, bei dem jeder Musiker wertvolle Erfahrungen sammeln kann. Viele Entwicklungen im Jazz dürften bei den unzähligen Sessions früherer Jahre entstanden oder zumindest eingeleitet worden sein. Die Session ist, etwas überspitzt formuliert, so etwas wie das Bauhaus des Jazz. Man kann dort als Zuhörer die Essenz dieser Musik, wenn es gut läuft, in reinster Form erleben.

Studio

Seit den ersten Jazzaufnahmen auf Schallplatten 1917 ist die Arbeit im Aufnahmestudio für die Musiker immer wichtiger geworden. Nur durch Tonaufnahmen lassen sich Improvisationen, Besonderheiten der Tongebung und Feinheiten der rhythmischen Gestaltung festhalten. Darüber hinaus haben Jazzmusiker auch immer wieder als Studiomusiker gearbeitet. Darunter wird ein Musikertyp verstanden, der ständig in Studios tätig ist und alle möglichen Arten von Musik spielt. Voraussetzungen dafür sind erstklassige Notenkenntnisse, eine ausgefeilte Instrumentaltechnik und Vielseitigkeit, dazu eine rasche Auffassungsgabe, da im Studio Zeit Geld kostet. Studioarbeit ist lehrreich und finanziell lohend; mit der Zeit können freilich die kreativen Fähigkeiten erlahmen, da viel Wiederholung und Routine mit im Spiel ist. Durch neue technische Entwicklungen (Synthesizer mit der Möglichkeit, Instrumentalklänge elektronisch nachzubilden sowie einmal aufgenommene Instrumentalklänge zu speichern, um sie jederzeit abrufen zu können) ist die Arbeit der Studiomusiker in den letzten Jahren stark zurückgegangen. Auch hier sind durch die Technik Arbeitsplätze verlorengegangen.

Der technische Fortschritt erlaubt es heute, erstklassige Tonaufnahmen auch während einer Veranstaltung zu machen. Das hat den Vorteil, daß die Musik gewissermaßen atmosphärisch aufgeladen wird.

Jazzmusiker nehmen ihre Musik für vier Medien auf:

Die *Schallplatte* hat nicht nur in unzähligen Aufnahmen die Geschichte des Jazz dokumentiert und dabei viel Bedeutendes festgehalten, sondern auch entscheidend zu seiner Verbreitung beigetragen. So gibt es Liebhaber dieser Musik heute fast überall auf der Welt, auch dort, wo kein Musiker hinkommt. Und die aktive Beschäftigung mit dem Jazz fängt meistens so an, daß man zu Schallplatten mitspielt.
Bei Studioaufnahmen werden zumeist alle Stücke mehrmals aufgenommen, um dann die beste Version für die Veröffentlichung auswählen zu können; es entstehen mehrere *takes*, wie man dies nennt. Mitunter werden dann später auch die anderen *takes* auf anderen Platten veröffentlicht, oder auch bei großen Musikern nachträglich alle *takes* einer Aufnahmesitzung auf einer Platte, was interessante Vergleiche ermöglicht. Die Beschäftigung mit Schallplatten ist im Jazz zu einer Art Wissenschaft geworden, der wir einen großen Teil eines eigenen Literaturzweiges verdanken, der Besetzung, Ort, Titel der Stücke und Aufnahmedatum katalogisiert (Diskographien[6]). So gut wie alle großen Jazzplattensammlungen der Welt (sie können 30000 und mehr Platten umfassen) befinden sich in Privatbesitz. Die öffentlichen Bibliotheken haben bis auf wenige Ausnahmen bisher den Jazz weitgehend vernachlässigt; das gilt auch für ihre Bestände an Büchern und Noten.
Unzählige Schallplattenfirmen haben seit 1917 Jazzplatten herausgebracht; die wichtigsten waren zunächst die amerikanischen Firmen Gennett, Paramount und Okeh. Später wurden viele Firmen gegründet, die sich auf Jazz spezialisierten; die ersten waren SWING (Frankreich 1937), COMMODORE (USA 1938) und BLUE NOTE (USA 1939, von dem deutschen Emigranten Alfred Lion gegründet; sein Jugendfreund Francis Wolff, ebenfalls aus Deutschland geflüchtet, schloß sich ihm an). BLUE NOTE wurde später zu einer der wichtigsten Firmen der Jazzgeschichte. Ein interessanter Sonderfall sind die V-Discs (Platten für die amerikanische Truppenbetreuung während des Zweiten Weltkriegs), die viele hervorragende Jazzaufnahmen enthielten.

Bei der Wiederherausgabe alter Aufnahmen wurde immer wieder versucht, die Tonqualität zu verbessern. Erstaunliche Ergebnisse erzielte hierbei der australische Ingenieur Robert Parker, der für die Firma BBC arbeitet (nicht mit der englischen Rundfunkgesellschaft zu verwechseln). Von den vielen Firmen, die sich um die Herausgabe alter Aufnahmen verdient gemacht haben, sei noch MOSAIC RECORDS genannt, die Liebhaberausgaben mit allen, auch bisher unveröffentlichten Aufnahmen einzelner Musiker während eines bestimmten Zeitraums in limitierter Auflage herausbringt, jeweils mit einem ausführlichen Begleitheft. Das umfangreichste Projekt war 1990 die Veröffentlichung sämtlicher Aufnahmen einer ganzen Schallplattenmarke: Die drei COMMODORE-Kassetten umfassen 63 Langspielplatten. Sie dokumentieren unter anderem sehr eindrucksvoll, wie viel guter Dixieland in den 40er Jahren in New York gespielt wurde.

Auch der *Rundfunk* hat viel zur Verbreitung des Jazz beigetragen, schon in den 30er Jahren, als die Musik vieler großer Big Bands in den USA jeden Abend aus den Sälen, wo sie spielten, per Leitung in Rundfunkstationen übertragen und gesendet wurde.
Nach dem Zweiten Weltkrieg haben auch die deutschen Rundfunkstationen mit regelmäßigen Jazzsendungen begonnen. Selbst einige Big Bands und Jazzensembles entstanden, die regelmäßige Aufnahmen machen konnten. Vor allem das 1960 gegründete und heute noch bestehende Jazzensemble des Hessischen Rundfunks verdient hier Erwähnung.
Die Situation bei den deutschen öffentlich-rechtlichen Rundfunkanstalten ist heute nicht besonders gut (ideal war sie noch nie). Während beispielsweise NDR und SWF im Oktober 1987 je 42 Sendungen mit Jazz brachten, waren es beim RIAS nur 22.[7] Das Verhältnis zwischen älteren und neueren Jazzformen war nach dieser Untersuchung ebenfalls sehr ungleich. Die Sendezeiten lagen zum Teil sehr spät: beim BR begannen vier der sieben wöchentlichen Sendungen erst um 23.00 Uhr, beim RIAS fing sogar überhaupt keine Sendung vor 23.35 Uhr an; dafür gab es dann noch eine um 1.35 Uhr und eine um 2.35 Uhr. Wer hört da noch zu?
Und die Privatsender? Sie präsentieren sich musikalisch fast ausschließlich als Diskotheken mit eigenem Sender. Amüsement ist Trumpf; von

der versprochenen Programmvielfalt keine Spur. Nur die »Jazzwelle plus« in München und neuerdings auch in Hamburg mit einem Kulturprogramm mit Schwerpunkt Jazz beweist, daß es auch anders geht.
Inhaltlich richten sich die meisten Jazzsendungen an den, der den Jazz schon kennt, ohne aber ein Fachmann zu sein. Es fehlen sowohl Sendungen für ausgesprochene Einsteiger als auch solche mit musikalischen Analysen u. a. m. für ausgesprochene Kenner.
Manchmal tauchen Jazzaufnahmen auch tagsüber in anderen Programmen unter Titeln wie »Oldies« auf. Warum nennt man den Jazz hier nicht beim Namen?
Jede der deutschen öffentlich-rechtlichen Rundfunkanstalten könnte sich heute ein eigenes Jazzensemble leisten, wie es die Frankfurter haben. Die sechs Stücke, stets neues Material, die in Frankfurt monatlich von sechs bis sieben Musikern aufgenommen werden, kosten nämlich nicht mehr als ein einziger Redakteursposten! Wie viele gute Musiker und Arrangeure könnten da beschäftigt werden, und wie viel gute Musik könnte da entstehen!

Das *Fernsehen* hat – auch in den USA – den Jazz immer sehr stiefmütterlich behandelt. Heute ist die Lage in Deutschland unbefriedigend wie eh und je: zuwenig Sendungen, kaum deutsche Gruppen, Sendezeiten spätabends, zuwenig Information für den Zuschauer, mitunter unbefriedigende Tonqualität (warum haben unsere Tontechniker im Fernsehen immer noch Schwierigkeiten, einen Kontrabaß richtig aufzunehmen?). Auch im Fernsehen bleibt das Wesentliche an der Musik – das Akustische – wesentlich. Gibt es niemanden im deutschen Fernsehen, dessen Herz für den Jazz schlägt?
Gerne berufen sich die Fernsehanstalten auf Einschaltquoten – eine bequeme Ausrede. Einschaltquoten sind sehr wenig aussagekräftig.[8] Und sie können keine Befreiung von einem kulturellen Auftrag erwirken.

Noch schlechter sieht es mit dem Jazz im *Film* aus. Zwar haben viele Jazzmusiker in den Aufnahmestudios der Filmgesellschaften Beschäftigung gefunden und einige sich einen Namen als Filmkomponisten gemacht (u. a. Benny Carter und Quincy Jones, in Deutschland Klaus Doldinger), doch gute Filme *über* den Jazz mit erstklassiger Musik, stimmungsvoll und stimmig präsentiert, sind eine Seltenheit geblieben. Und die vielen Hunderte von Kurzfilmen, die in den USA in den 30er und 40er Jahren entstanden, zum Teil für Visual Juke Boxes,[9] enthalten oft sehr guten Jazz, aber häufig in kitschige Handlungen eingebettet. Das war überhaupt oft das Schicksal dieser Musik im Film; auch Streifen wie die *Glenn Miller Story* und die *Benny Goodman Story* machen da keine Ausnahme. Ein anderes Klischee, das dem Jazz aufgedrückt wurde, war in den 50er Jahren seine Verwendung für Kriminalfilme. Jazz und Verbrechen – das war offenbar für Filmregisseure und -produzenten damals eine zwingende Kombination. Die meisten dieser Filme kann man vergessen. Eine der rühmlichen Ausnahmen: der französische Film *Fahrstuhl zum Schaffott* mit der Musik von Miles Davis (1957).

Erst in neuerer Zeit bemühen sich mehr Regisseure, dem Jazz einen ihm angemessenen Platz zu verschaffen. Als Beispiel sei *Round Midnight* genannt, (V 1), in dem der große Tenorsaxophonist Dexter Gordon ganz einfach und hinreißend ausdrucksvoll sich selbst spielt; er hat dabei freilich einen fiktiven Charakter namens Dale Turner darzustellen. Bemerkenswert, daß er – als Laienschauspieler – daraufhin für einen Oscar nominiert wurde. Doch auch dieser Film hätte noch bessere Musik aufzuweisen, wenn Dexter Gordon sich nicht während der Dreharbeiten von einer Krankheit hätte erholen müssen und wenn die Herstellerfirma nicht geglaubt hätte, der besseren Verkaufbarkeit des Filmes wegen Herbie Hancock (Klavier) und John McLaughlin (Gitarre) mit dazunehmen zu müssen, die beide stilistisch nicht unbedingt zu Dexter Gordon passen.

Der Film hat bisher beim Jazz sehr viel versäumt. Ist es wirklich so schwer, Filme zu drehen, in denen die Musik im Mittelpunkt steht oder auch nicht, aber auf jeden Fall *stimmt* und hohe Qualität aufweist, und in denen Jazzmusiker, wenn sie im Bild zu sehen sind, *glaubhaft* dargestellt werden, oder besser noch, sich selbst darstellen?

Mittler

So wollen wir alle die bezeichnen, die die Musik von den Musikern zu den Hörern bringen. Sie sind unentbehrlich, aber sie sind im Jazz eigentlich immer der schwache Punkt in der Kette Musiker–Mittler–Hörer gewesen. Es hat im Grunde stets genügend gute Musiker gegeben, die gerne für ihr Publikum gespielt haben, und genügend Hörer, die gerne zugehört haben – oder besser gesagt, hätten, wenn sie über Konzerte, Rundfunksendungen, Platten usw. besser informiert gewesen wären und wenn sie mehr Gelegenheit gehabt hätten, in diese Musik eingeführt zu werden. Aber viele der Mittler wurden ihrer Aufgabe nicht gerecht. Es lassen sich da drei Gruppen unterscheiden. Die erste versteht zuwenig von der Musik und ist noch dazu oft unfähig, mit Künstlern umzugehen; die zweite versteht zuwenig vom Geschäft. Für eine erfolgreiche Arbeit ist aber beides notwendig. So ist die dritte Gruppe, die der organisatorisch und geschäftlich zuverlässigen Musikliebhaber mit einem Herz für die Musiker, klein – zu klein – geblieben.

Agenturen, die Gruppen und Solisten an Veranstalter vermitteln, oft indem sie Tourneen zusammenstellen, gab es in den deutschsprachigen Ländern im Bereich des Jazz immer zu wenige, anders als etwa in den USA oder in England. Zudem haben dort zumindest die bekannten Künstler noch einen *personal manager*, der die Verbindung zwischen ihnen und den Agenturen aufrecht erhält, so daß sie sich um geschäftliche Dinge kaum zu kümmern brauchen, jedenfalls nicht um zeitaufwendigen Kleinkram. Im Gegensatz dazu sind viele Musiker bei uns gezwungen, sich selbst zu managen. Man kann sich denken, wie viel Zeit da verloren geht und wie viel Lehrgeld für eine Arbeit bezahlt werden muß, die der Musiker nicht gelernt hat und die ihm häufig auch überhaupt nicht liegt.
Die Situation wird in der Bundesrepublik noch dadurch erschwert, daß Arbeitsvermittlung ein Privileg der Bundesanstalt für Arbeit ist, die nur relativ wenige Lizenzen an Agenturen vergibt. Die Künstlerdienste der Arbeitsämter, die eigentlich auch für die Vermittlung von Jazzgruppen zuständig wären, waren mangels Kompentenz bisher nicht instande, dieser Aufgabe nachzukommen. Zudem betreiben sie – anders als Agenturen – nicht die im Bereich der Kunst notwendige Werbung und keinerlei Nachwuchspflege.

Zu den *Veranstaltern* im Jazz gehören vor allem Privatleute, Clubs, Kulturämter und viele andere, die nur gelegentlich Konzerte durchführen, angefangen bei Industriebetrieben über Schulen aller Art bis zu Banken

und Supermärkten. Nicht immer wird die Auswahl der Gruppen von qualitativen Gesichtspunkten bestimmt. Hier spielt auch die leidige Tatsache eine Rolle, daß immer wieder Gruppen, vor allem – aber nicht nur – solche, die aus Amateuren bestehen, bereit sind, zu Dumpingpreisen aufzutreten. Dies wiederum ist allerdings auch eine Folge davon, daß es auf dem Gebiet des Jazz einfach zuwenig Veranstalter gibt, die Zahl der Musiker aber ständig steigt. Es fehlt aber auch an kultureller Verantwortung: die Kulturämter vieler Städte in Deutschland (sogar Großstädte sind darunter, wie etwa Augsburg) tun für den Jazz so gut wie gar nichts.
Daß es zu wenig Veranstalter gibt, liegt, wie schon eingangs gesagt, nicht an einem zu geringen Angebot an guten Musikern oder an einem generellen Mangel an interessiertem Publikum. Veranstalter sein erfordert allerdings einige Voraussetzungen und Fähigkeiten: Ideen, Qualitätsbewußtsein, genaue Kenntnis der Jazzszene, konsequentes Umsetzen von Projekten, kontinuierliches Arbeiten, keine Resignation bei Rückschlägen, durchdachte Werbung, Verhandlungsgeschick beim Umgang mit Behörden.

Als *Produzenten* werden Aufnahmeleiter bei Schallplattenaufnahmen bezeichnet, die bei einer Firma angestellt sein können oder freiberuflich mit einem Werkvertrag arbeiten. Ihre Tätigkeit ist vielfältig; sie müssen mit der Musik wie mit den technischen Vorgängen vertraut sein, und sie müssen mit den Musikern, die sie häufig auch selbst auswählen, ebenso wie mit den Technikern umgehen können. Sollen während der Aufnahme Stücke ausgetauscht oder Arrangements verändert werden, sollen gar Musiker aus triftigen künstlerischen Gründen veranlaßt werden, ihre Improvisation anders zu gestalten – immer ist sehr viel Einfühlungsvermögen notwendig, um Spannungen zu vermeiden.

Journalisten berichten und kommentieren in Zeitungen und Zeitschriften, machen Sendungen in Rundfunk- und Fernsehanstalten. Es gibt im Bereich des Jazz nur relativ wenige, die auf Grund ihrer Kenntnisse als Fachjournalisten gelten können; über ihre Arbeit später mehr (S. 52 ff). Das ist eine für uns Jazzmusiker sehr unbefriedigende Situation, vor allem wenn wir sie mit derjenigen in anderen künstlerischen Berufen vergleichen.

Auch die *Pädagogen* gehören zu den Mittlern. Daß sie bei uns oft wenig geschätzt werden, zeugt von geringer Einsicht in die große Bedeutung dieses Berufes. Musikpädagogen, die auch über den Jazz genügend Bescheid wissen und ihn ihren Schülern nahezubringen verstehen, wie auch Fachpädagogen (Jazzpädagogen), deren Hauptfach der Jazz in all seinen Erscheinungsformen ist und die über fundierte Kenntnisse und Fähigkeiten verfügen, gibt es immer noch zu wenige; obendrein steigt der Bedarf.

Die Behandlung des Jazz in der Ausbildung der Musiklehrer ist weiterhin unzureichend. Dementsprechend ist der Unterricht, den die solchermaßen nicht ausgebildeten Lehrer geben, wobei ihnen auch die meisten Schulbücher keine ausreichende Unterstützung liefern. Es gibt eine Reihe sehr erfreulicher Ausnahmen, die auf hohem persönlichem Engagement und meist auch auf einem Einsatz privater Mittel beruhen. In der Lehrerfortbildung spielt der Jazz eine beschämend geringe Rolle. Hauptursache für alle diese Mängel: Nach wie vor wird die Musik früherer Jahrhunderte für grundsätzlich wertvoller und wichtiger gehalten als die Musik des 20. Jahrhunderts. Wie lange soll das noch so weitergehen? Warum ist das bei anderen Kunstgattungen anders? In einigen Jahren werden wir bereits Musik haben, die im 21. Jahrhundert entstanden ist!

Der Jazz muß Pflichtfach im Ausbildungsprogramm der Musiklehrer *aller* Schulgattungen werden. Das Minimum sind zwei Wochenstunden während zweier Semester: eine Stunde Geschichte und Theorie (schriftliche Prüfung) und eine Stunde Ensemblespiel (Schein).

Vor allem seit den 40er Jahren haben sich manche Musiker auch erfolgreich als Mittler betätigt: mit eigenen Clubs (Eddie Condon in New York, Ronnie Scott in London), eigenen Zeitschriften (Art Hodes mit *The Jazz Record* in den USA, die Feetwarmers in Düsseldorf mit *Fongi – der wilde Jazzgeist*), als Kritiker oder Buchautoren (Dick Sudhalter in den USA, Humphrey Lyttelton in England, André Hodeir in Frankreich), als Veranstalter (George Wein in den USA).

Daß Jazzmusiker heute in irgendeiner Form auch als Lehrer tätig sind, ist schon fast selbstverständlich. Im Zusammenhang damit sind in verschiedenen Ländern von Jazzmusikern geleitete private Schulen entstanden.

Unter einer Musikerinitiative im engeren Sinne wird ein örtlicher Zusammenschluß von Musikern, meist auf Vereinsbasis, verstanden, mit dem Ziel, Veranstaltungen und Kurse durchzuführen. Heute gibt es in Deutschland etwa zwanzig; als Modell kann das Kölner Jazzhaus dienen.

Arbeitsbedingungen / Urheberschutz

Unsere *Arbeitsbedingungen* als Jazzmusiker unterscheiden sich von denen der klassischen Musiker zunächst einmal dadurch, daß sie von Auftritt zu Auftritt sehr differieren. Eine enge Bühne mit einem mittelmäßigen Klavier, kein Aufenthaltsraum während der Pausen, rauchige Luft – das ist die eine Seite. Eine ausreichend große Bühne mit einem guten Flügel, schöne Garderobenräume – das ist die andere Seite. Auf die Clubauftritte zu verzichten geht nicht; hier spielt man oft am besten, und es gibt einfach zuwenig Auftrittsmöglichkeiten in Konzertsälen. Da eine Jazzgruppe heute in einer Stadt fast immer nur einen einzigen Auftritt hat, ist sie gezwungen, sehr viel zu reisen und dabei nicht nur sämtliche Instrumente einschließlich Schlagzeug und Kontrabaß, sondern oft noch eine Saalverstärkeranlage (P.A.) mitzuführen, da viele Veranstalter nicht imstande sind, eine wirklich gute Anlage zu besorgen. Fahrten von mehreren hundert Kilometern am Tag sind eher die Regel als die Ausnahme. Das Zusammenstellen von Tourneen mit möglichst kurzen Reisezeiten wird dadurch sehr erschwert, daß viele Veranstalter das Wochenende bevorzugen oder überhaupt nur an einem bestimmten Tag ein Konzert durchführen wollen. Auch die Hotels, in denen die Musiker untergebracht werden, sind von höchst unterschiedlicher Qualität. Weil die Küche in vielen Gaststätten und Restaurants, vor allem in kleineren Städten, oft schon um 22.00 Uhr schließt, wenn nicht noch früher, ist es nach einem Konzert oft nicht mehr möglich, etwas zu essen zu bekommen.

Kein Veranstalter bezahlt die für Auftritte nötigen Proben extra. Die Gagen müssen versteuert werden (Einkommen- und Umsatzsteuer), dazu kommen die Kosten für Instrumente, Zubehör und Reparaturen, die Beiträge für Krankenkasse, Künstlersozialversicherung und Instrumentenversicherung sowie die Unkosten für den Wagen. Es gibt keine Lohnfortzahlung im Krankheitsfall, kein Urlaubsgeld, keine Weihnachtsgratifikation und kein 13. Monatsgehalt.

Jazzmusiker zu sein erfordert viel Idealismus. Wie viele klassische Musiker würde es wohl geben, wenn sie unter den gleichen Bedingungen arbeiten müßten?

Ist es angesichts der geschilderten Umstände, zu denen noch Schwierigkeiten mit dem Veranstalter, mit einem desinteressierten Publikum und anderes mehr kommen können, verwunderlich, wenn manche Musiker zu Drogen greifen (natürlich gibt es auch andere Gründe)? Doch ist das Drogenproblem heute im Jazz lange nicht mehr so groß wie früher. Die meisten Musiker wissen, daß Drogengebrauch alles in allem nur Nachteile mit sich bringt. Im übrigen bin ich der Meinung, daß Alkohol und Nikotin, die ebenfalls dazugehören, reichen.

Eigene Berufsverbände der Jazzmusiker entstanden erst sehr spät – in den 70er Jahren – in verschiedenen europäischen Ländern. Die Union Deutscher Jazzmusiker (UDJ) vertritt die Interessen der Jazzmusiker bundesweit. Sie hat es wegen der Kulturhoheit der Länder schwerer, direkte Ansprechpartner in einem der Bundesministerien zu finden, als die Landesarbeitsgemeinschaften Jazz, die es schon in einigen Bundesländern gibt; für diese sind die Kultusministerien Adressaten ihrer Wünsche und Probleme.

Einer gewerkschaftlichen Organisation der Jazzmusiker in Deutschland stehen verschiedene Schwierigkeiten entgegen. In den IG Medien sind zwar Künstler, Journalisten und Drucker zusammengeschlossen, aber eben darum sind die Interessen viel zu unterschiedlich, als daß die Jazzmusiker hier in absehbarer Zeit auf eine Verbesserung ihrer Situation hoffen können. Und dann hängen der Vorstand des DGB wie auch die Vorstände der meisten Einzelgewerkschaften nach wie vor zu sehr an der traditionellen Vorstellung einer Gewerkschaft als Zusammenschluß von ganztägig beschäftigten Arbeitern. Die Zusammensetzung der arbeitenden Bevölkerung geht aber immer mehr in andere Richtungen.

Nur sehr einseitig geregelt ist der *Urheberschutz* des Jazzmusikers. Die GEMA als einzige deutsche Verwertungsgesellschaft für musikalische Urheberrechte tritt für ihn als Themenkomponisten ein, als Arrangeur eines fremden Themas nur dann, wenn das Arrangement vom Komponisten bzw. Verleger dieses Themas anerkannt worden ist, als improvisierenden Musiker überhaupt nicht.[10] Es wird zwar eine sogenannte freie

Improvisation anerkannt, doch deckt dies nur einen sehr kleinen Teil der improvisatorischen Tätigkeit von Jazzmusikern ab.
Daß die GEMA die improvisierenden Musiker als eigene Gruppe musikalischer Urheber nicht kennt, ist ein untragbarer Zustand. »Der improvisierende Musiker schafft auch bei Verwendung eines fremden Themas ein neues selbständiges Werk. Improvisationen sind weder Interpretationen noch Bearbeitungen« (L 12, S. 13). Dabei haben improvisierende Musiker einen Rechtsanspruch, denn nach § 6 des Wahrnehmungsgesetzes ist die GEMA verpflichtet, *alle* Rechte und Ansprüche ihrer Mitglieder wahrzunehmen (Wahrnehmungszwang).
Die weltfremde Trennung in U-Musik (Unterhaltungsmusik) und E-Musik ist ein weiteres Ärgernis. Jazz wird bis auf wenige Ausnahmen bei der GEMA als U-Musik eingestuft. Auch das fröhlichste Werk von Mauricio Kagel gilt als E-Musik, auch das schmerzlichste Lied von Billie Holiday als U-Musik. E-Komponisten erhalten von der GEMA für die gleiche Musikdauer ein Vielfaches von dem an Tantiemen, was U-Komponisten bekommen.

Publikum

Zusammensetzung wie Motivationen des Publikums sind im Jazz außerordentlich verschieden. Nicht jeder, der Clubveranstaltungen besucht, geht auch in Konzerte oder zu Festivals, und umgekehrt. Bei fast jeder Jazzveranstaltung trifft man auf Besucher, die zum ersten Mal Jazz live hören, wie auch auf gelegentliche und regelmäßige Besucher. Da der Jazz nicht eine Musik nur für eine bestimmte Altersgruppe oder soziale Schicht ist – jedenfalls ist das unsere Intention als Musiker –, haben wir es in der Regel mit einem vielfältig zusammengesetzten Publikum zu tun. Nur in Clubs überwiegen die jüngeren Besucher, was sehr schade ist, denn den Älteren entgeht damit viel an Atmosphäre und Impulsivität, die den Jazz auszeichnen und die in einem Club, wenn die Arbeitsbedingungen gut sind und ein aufmerksames Publikum vorhanden ist, am ehesten entstehen.
Die Gründe, eine Jazzveranstaltung zu besuchen, sind sehr verschieden: Musik, Show, Spaß, Spannung, Neugierde, Freunde – häufig von allem etwas. Ob dies immer mit den Erwartungen der Musiker überein-

stimmt? Als Musiker wünscht man sich in erster Linie aufmerksame Zuhörer, die die Traditionen des Jazz kennen und schätzen, aber zugleich auch für Neues offen sind, und die es die Musiker auch spüren lassen. Kein solches Publikum zu haben kann vor allem für improvisierende Musiker, die ja gewissermaßen auf Kommando öffentlich kreativ sein sollen, eine Belastung sein. Mancher, der sie nicht erträgt, greift zu irgendwelchen Stimulantia, ohne zu bedenken, daß abgesehen von der Beeinträchtigung seiner Gesundheit (zumindest auf lange Sicht) die Beherrschung des Instruments unweigerlich verringert wird, worunter seine Musik leidet.

Ein Publikum, das die Musiker spüren läßt, daß es sie versteht, Musiker, die dem Publikum zeigen, daß sie nicht nur für sich spielen: daraus entsteht eine Symbiose besonderer Art. Das herzlichste Verhältnis zwischen Künstler und Publikum – weder zu sachlich-kühl noch zu fanatisch – habe ich im Jazz getroffen.

Die Mehrzahl des Publikums interessiert sich nicht für alle Formen von Jazz. Das ist bei deren Verschiedenheit nicht verwunderlich, aber sehr zu bedauern, vor allem wenn man bedenkt, daß eine Ablehnung bestimmter Formen meist nicht nach eingehender Prüfung erfolgt, sondern von Zufälligkeiten und Vorurteilen bestimmt wird, die oft von anderen übernommen wurden.

Der Zugang zum Jazz ist für viele durch verschiedene Hürden sehr erschwert oder gar versperrt: wenige oder (in kleineren Orten) gar keine Veranstaltungen, wenige oder überhaupt keine Möglichkeit, Platten zu kaufen oder auszuleihen, Rundfunksendungen meist nur zu später Stunde, kaum Fernsehsendungen, geringe Berücksichtigung im Musikunterricht der allgemeinbildenden Schulen, kaum Jazzunterricht an vielen Musikschulen ...

Auch der Plattensammler, der Rundfunkhörer, der Fernsehzuschauer und der Filmbesucher gehören zum Publikum. Dem Plattensammler kommt dabei eine besondere Rolle zu. Einerseits wird jeder, der sich eingehender mit dem Jazz beschäftigt, automatisch anfangen, Platten (auch Tonbänder, Kassetten und neuerdings Videos) zu sammeln. Andererseits gibt es heute praktisch überall auf der Welt leidenschaftliche Sammler, die viel Geld und Zeit in umfangreiche Sammlungen investieren und diese auch katalogisieren und mit Hilfe von Diskographien ständig weiter ausbauen. Mit ihrer Hilfe sind vor allem viele 78er Aufnahmen erhalten geblieben, mitunter nur noch in ganz wenigen Exemplaren irgendwo auf der Welt (ebenso auch bei der Bluesmusik). Wiederveröffentlichungen auf LP oder CD (reissues) greifen regelmäßig auf diese Sammlungen zurück, da oft genug die Originalmatrizen nicht mehr existieren. Neben den zum Kauf bestimmten Platten werden auch Testpressungen, Transcriptions (Aufnahmen speziell für Radiosendungen in den USA auf seinerzeit nicht im Handel erhältlichen Platten), V-Discs und auf Platten erschienene, ursprünglich von Liebhabern privat mitgeschnittene Rundfunkaufnahmen (air checks) gesammelt. Zudem wächst seit den 50er Jahren, als erstmals Tonbandgeräte in großer Menge auf den Markt kamen, die Zahl der bisher unveröffentlichten Privataufnahmen ständig. Hier findet ein reger Tausch unter den Sammlern statt; immer wieder werden auch solche Aufnahmen – Jahre und Jahrzehnte nachdem sie entstanden – veröffentlicht.

Fachliteratur

Zwar ist über den Jazz viel geschrieben worden – vor allem in den USA und in Europa, doch ist die wirklich brauchbare Fachliteratur nicht so groß, wie man nach rund 90 Jahren Jazzgeschichte annehmen möchte. Häufig hat es sich gezeigt, daß eine noch so große Liebe zum Jazz Fachkenntnisse nicht unbedingt voraussetzt oder zur Folge hat. Hinzu kam vielfach eine einseitige Betrachtungsweise, die bestimmte Erscheinungen einfach nicht zur Kenntnis nahm, sowie ein Mangel an präzisem Vokabular. Dies führte mitunter zu sinnlosen Richtungskämpfen, besonders in den 40er Jahren, als der Be Bop entstand, und in den 60er Jahren, als sich der Free Jazz entwickelte.

Die ersten Jazz-Zeitschriften von Bedeutung entstanden ab dem Ende der 20er Jahre: *Melody Maker*/England 1926 (auch verwandte Musikformen, ab 1930 – ca. 1982 Jazz, erscheint seit 1935 wöchentlich), *Orkester Journalen*/Schweden 1933, *Down Beat*/USA 1934 (auch verwandte Musikformen), *Jazz Hot*/Frankreich1935, *Metronome*/ USA 1935. Zum Vergleich: *Jazz Podium*/Deutschland 1952. Bei den ersten Büchern über den Jazz, die über Spekulationen hinausgingen, war Europa vorne: *Aux Frontières du Jazz* von Robert Goffin (Belgien 1932), *Hot Discography* von Charles Delaunay (Frankreich 1936). Vielleicht lag dies

gerade an der geographischen Distanz zu den USA, die es erlaubte, aber auch nötig machte, die Dinge genauer unter die Lupe zu nehmen. Mangel (an Gelegenheiten, Jazz jederzeit live zu hören) zwingt dazu, mit dem, was man hat, sorgfältig umzugehen.
Bemerkenswert ist auch, daß es in der Jazzliteratur in den USA wie in Europa seit 1970 einen großen Schub gegeben hat. Vieles, was vor 1970 geschrieben wurde, kann heute als veraltet gelten.
Leider gibt es nur sehr wenig brauchbare Literatur zur Einführung in den Jazz für die große Zahl derer, die noch gar keine Beziehung zu dieser Musik haben. Hier besteht für den Autor das Problem darin, Sachverhalte in vereinfachter Form darzustellen, ohne sie zu verfälschen, und eine klare Sprache zu verwenden, ohne in Floskeln oder Banalitäten zu verfallen.
Stark zugenommen hat in den letzten Jahren die Zahl der Musikerbiographien, meist entstanden auf Grund von Interviews (oral history). Sie haben zu einer differenzierteren Betrachtung der Jazzgeschichte viel beigetragen.
Viele wichtige Bücher sind immer noch nicht ins Deutsche übersetzt worden, so *Jazz – its evolution and essence* (L 14) und *Toward Jazz* (L 15), bei von André Hodeir, *Early Jazz* (L 16) und *The Swing Era* (L 17), beide von Gunther Schuller.
Zur Fachliteratur gehören auch Themensammlungen, Partituren, Instrumentalschulen und Übehefte zu speziellen Aufgaben. Wenn sich auch hier, wie schon erwähnt, vieles gebessert hat, so gibt es immer noch erstaunliche Lücken, auch in den USA. So beispielsweise bei den Instrumentalschulen für Klarinette, Flöte und Geige; brauchbare Gesangsschulen fehlen völlig. Besonders aufpassen muß der Käufer bei »Spielliteratur« zu bestimmten Gegenständen (Ragtime, Blues, Boogie Woogie). Hier werden, mit möglichst bunten Einbänden, viele Imitationen angeboten, die den interessierten Spieler in die Irre führen.

Kritiker

Die Massenmedien haben die Aufgabe, auch über den Jazz sachgerecht und ausreichend zu informieren. Dies geschieht durch festangestelle oder freie Mitarbeiter. Sie beschäftigen sich vor allem mit Auftritten und mit Schallplatten, daneben auch mit Büchern und anderen Publikationen über den Jazz. Das Ergebnis sind Kritiken, Berichte und Aufsätze in Zeitungen und Zeitschriften sowie Rundfunksendungen.

Die Arbeit des Kritikers ist schwierig und verantwortungsvoll. Daher müssen an ihn hohe Anforderungen gestellt werden. Hörerfahrung und Urteilsvermögen entwickeln sich erst langsam nach dem Besuch von Dutzenden von Konzerten und nach dem sorgfältigen Abhören einiger hundert Schallplatten. Aber ebenso wichtig sind Sprachbeherrschung und die Kunst der knappen Formulierung, da meist Platz und Zeit für ausführliche Erläuterungen fehlt. Ferner muß der Kritiker sein Metier nicht nur beherrschen, sondern auch eine tiefe innere Beziehung dazu haben. Wer eine Sache nicht liebt, kann keine lobende Kritik, die von Herzen kommt, aber auch keinen guten, begründeten Verriß schreiben. Er läßt besser die Finger davon.

(*Historischer Exkurs:* Der Jazz entstand um die Jahrhundertwende, aber es dauerte Jahrzehnte, in den USA, England und Frankreich bis zu den 30er Jahren, in Deutschland bis zu den 50er Jahren, ehe eine fachlich fundierte Jazzkritik begann.)

Das Verhältnis zwischen Musikern und Kritikern ist zwiespältig; manchen Kritikern würden die Ohren klingen, wenn sie hörten, was Musiker über sie sagen, wenn sie unter sich sind. Freilich haben diese auch immer wieder Grund genug, sich zu ärgern. Wenn sie feststellen müssen, daß Kritiker wieder einmal nicht verstanden haben, worum es in einem bestimmten Konzert (bei einer bestimmten Platte) ging, wenn eine Kritik von Irrtümern, schiefen Perspektiven und Schreibfehlern durchsetzt ist, in holpriger oder flapsiger Sprache geschrieben, dann sind sie geneigt, Kritiker überhaupt nicht mehr ernst zu nehmen und sich nur über sie lustig zu machen.

Aber – um es nochmals zu betonen – Kritik ist wichtig und notwendig. Sie faßt zusammen und dokumentiert, und sie informiert alle die vielen, die nicht im Konzert waren oder die eine bestimmte Platte nicht gehört haben. Und im günstigsten Fall gibt sie auch noch dem Künstler etwas zum Nachdenken (das ist allerdings sehr selten der Fall). Da ich früher eine Zeitlang selbst viele Kritiken geschrieben haben, weiß ich, wo für den Kritiker die Schwierigkeiten liegen. Er muß wegen der großen Vielfalt von Spielweisen im Jazz, die noch dazu ständig wächst, über ein umfangreiches Wissen verfügen und in der Lage sein, sich auf Unerwar-

tetes sofort einzustellen; er muß die Gefühle spüren, die die Musiker ausdrücken, ohne mit seinen eigenen Gefühlen in Konflikt zu geraten, und er hat im allgemeinen keine Partituren, an die er sich wie sein klassischer Kollege halten könnte. Schwieriger noch als die Besprechung von Platten, die man immer wieder abspielen kann, ist die Kritik von Konzerten, falls nicht hinterher eine Tonaufnahme zur Verfügung steht.
Kritiker sind im Jazz häufig auch in anderen Funktionen tätig, als Schallplattenproduzenten, Veranstalter u.a.m. Ob das richtig ist, darüber habe ich unter Musikerkollegen viele heiße Diskussionen erlebt. Sie hätten damit zuviel Einfluß, war immer wieder der Hauptvorwurf. Ich denke aber, daß sich solche Mehrfachfunktionen nicht verhindern lassen, schon gar nicht bei freien Mitarbeitern, die vom Verfassen von Kritiken allein nicht leben können. Es kommt auf den einzelnen an, wie er seinen Einfluß ausübt.
Es muß freilich auch bedacht werden, daß es bisher überhaupt keine Ausbildung auf diesem Gebiet gegeben hat. Die »klassischen« Musikkritiker zumindest der großen Tageszeitungen haben zum Teil ein musikwissenschaftliches Studium absolviert; es bringt aber für den Jazz nicht viel, dazu sind die beiden Gebiete – klassische Musik und Jazz – zu verschieden. Zudem kommt der Jazz in der musikwissenschaftlichen Ausbildung an unseren Hochschulen immer noch kaum oder gar nicht vor (eine Ausnahme bildet die Universität Gießen, wo Ekkehard Jost eine musikwissenschaftliche Professur hat).

Es gibt, vor allem in kleineren Städte, einige Typen von Kritikern, über die wir Musiker uns immer besonders freuen. Einigen von ihnen begegnen wir schon im Konzert. Da ist

– der *Unerbittliche* (auch 4-Sekunden-Kritiker genannt)
  Er weiß immer schon nach wenigen Sekunden, ob ein Konzert von einer Stunde Dauer gut ist oder nicht (meistens nicht). Bei ihm hat eigentlich kein Musiker eine wirkliche Chance, außer seinen Lieblingsmusikern – falls er überhaupt welche hat.
– der *Unbedarfte*
  (»Wissen Sie, ich habe ja von Jazz keine Ahnung«). Ein überflüssiger Hinweis – man merkt es auch so.
– der *Eilige*
  (»Also ich kann leider nur bis zur Pause bleiben, weil ich noch zu

zwei anderen Veranstaltungen muß. Können Sie mir denn ungefähr sagen, wie das Konzert ablaufen wird?«).
Meistens geht er schon vor der Pause.

- der *Denker*
  (»Ich habe immer gedacht, im Jazz ist es so, daß...«). Hat er überhaupt je über den Jazz nachgedacht oder sich informiert?
- der *Hilfsbereite*
  (»Könnte der Bassist nicht... Wäre es nicht besser, wenn der Schlagzeuger...?«).
  Man möchte ihn direkt einladen, ein Stück mitzuspielen.
- der *Mitteilsame*
  (»Am liebsten höre ich ja Duke Ellington... Mit Free Jazz kann ich gar nichts anfangen...«).
  Letzteres sagt er auch, wenn im ganzen Konzert noch überhaupt nichts irgendwie nach Free Jazz Klingendes gespielt wurde. Daher heißt er auch »der Warner«.

Später – gedruckt – kommen dann noch zwei dazu, die sich meistens gar nicht dazu herablassen, mit den Musikern zu reden, nämlich

- der *Vornehm-Überlegene*
  Er beurteilt alle Arten von Musik nach den Maßstäben der klassischen Musik, der einzigen, die er kennt und schätzt.
- der *Plauderer*
  (»Hart und aggressiv rührt der gewaltige Arthur Blythe im Bodensatz seines Saxophons, schwingt sich klagend in höchste Höhen, ruht sich im sattesten Vibrato aus, verströmt wohlige Wärme... Bob Stewart wuchtet schwere Tubabrocken... Wimmernd legen sich Celloklänge von Abdul Wadud darüber...«)[11]

Ja – und dann gibt es schließlich noch den Kritiker, der seine Sache gut macht. Weshalb?

- Er hört zu.
- Er vermischt nicht Information und Meinung so sehr, daß der Leser/Hörer zwangsläufig beides miteinander verwechselt.
- Er informiert den Leser mehr über die Musik als über sich selbst.
- Er macht denen Appetit auf Musik, die noch keinen haben.
- Er ist nicht einseitig.

- Er kennt die musikalischen Elemente und Techniken, mit denen Jazzmusiker arbeiten. Noten und Akkordsymbole sind für ihn keine böhmischen Dörfer.
- Er hört zu.
- Er kennt die Geschichte des Jazz und verwandter Musikformen sehr genau.
- Er hat sich über die Musiker informiert, bevor er ihr Konzert besucht (ihre Platte hört).
- Die Fragen »Was wollen die Musiker und was haben sie erreicht?« sind für ihn wesentlich.
- Er ist kritisch, auch sich selbst gegenüber.
- Er schreibt sachlich, aber nicht trocken, flüssig, aber nicht geschwätzig, verständlich, aber nicht platt.
- Er hört zu.

Bin ich zu anspruchsvoll? Ich denke nicht. Warum sollte, was in anderen Bereichen der Kunstkritik selbstverständlich ist – Sachverstand, Objektivität so weit wie möglich, Sprachbeherrschung – für den Jazz nicht gelten?

Schallplattenempfehlungen

Honky Tonk Train (STORY OF BLUES CD 3506)
Coleman Hawkins. *Body and Soul* (RCA ND 82 178)
Miles Davis Quintet: *Relaxin'* (ORIGINAL JAZZ CLASSICS OJCCD 190-2)
Niels-Henning Ørsted-Pedersen/Philip Catherine (PABLO PACD 2310894-2)

Elemente des Jazz

Einführung

»Alle Elementarbausteine des Jazz (Rhythmen, Töne, Klänge, Melodien, Akkorde usw.) können in ihren Ausformungen und in ihren Beziehungen zueinander verstanden und in entsprechenden Übungen studiert werden. Sie werden im Jazz entweder strukturiert, bevor ein Musikstück beginnt (Arrangement), oder während des Spielens spontan gestaltet (Improvisation)«.[1]

Die Elemente des Jazz bei seiner Entstehung entstammten der afroamerikanischen Musik und waren somit eine Mischung aus schwarzamerikanischen/schwarzafrikanischen und weißamerikanischen/europäischen Elementen in einem besonderen Mischungsverhältnis, gestaltet durch die Ideen der Musiker. Schon die erste Form des Jazz, der New Orleans Jazz, war eine eigenständige, deutlich identifizierbare und damit unverwechselbare Musik. Damit kam eine Entwicklung in Gang, die bis heute andauert.

Der Jazz hat im Laufe seiner Entwicklungsgeschichte seine eigene Musiklehre (Theorie) entwickelt. Nur mit ihrer Hilfe kann man ihn wirklich verstehen und erklären. Manches stimmt mit der Musiklehre der klassischen Musik überein, manches ist ähnlich, aber das meiste unterscheidet sich deutlich.

Rhythmus und Klang sind die Grundelemente des Jazz. Man kann diese Musik als hochdifferenziertes Spiel mit rhythmisierten Klangfarben – oder mit zum Klingen gebrachten rhythmischen Strukturen – betrachten. Improvisation und ihr Gegenteil, das Arrangement, sind Verfahren, mit diesen Grundelementen umzugehen; sie sind somit Kombinationselemente. Melodie und Harmonie sind so sehr klangbestimmt, daß sie zum Bereich des Klanges gehören. Form und Blues sind weitere Kombinationselemente.

Charlie Parker

Die Jazztheorie besteht, wie jede Musiktheorie, aus einem Netzwerk von Regeln, die in komprimierter Form Schwerpunkte musikalischer Vorgänge beschreiben.
Grundsätzlich gilt, daß kein Begriff aus einer Musikform ohne genaue Prüfung auf eine andere übertragen werden darf.

Rhythmus

Rhythmen im Jazz sind bevorzugt tänzerisch (körperbetont), komplex (mehrdimensional), dicht, perkussiv, mit ständig wechselnden Schwerpunkten und Akzenten. Sie sind selten eindimensional, statisch, verwischt.
Bemerkenswert ist, daß sie nicht nur durch die Aneinanderreihung und Überlagerung von Schlägen entstehen, sondern darüber hinaus durch die Überlagerung von *Tempi*. Ein Rhythmus, der zugleich ein konstantes Grundtempo angibt, wird mit einem anderen überlagert, der sich nicht ständig auf dieses Grundtempo bezieht, sondern ihm immer wieder um einen Moment vorauseilt (seltener nacheilt). Dies geschieht durch *Beschleunigungsakzente* (Bewegungsmomente). Jeder Schlag, der einen solchen Akzent trägt, heißt *off-beat*. Als Ergebnis empfinden wir *swing* (nicht mit dem Jazzstil Swing zu verwechseln).
Der Rhythmus, der das konstante Grundtempo angibt, heißt *beat* (nicht mit der Beatmusik zu verwechseln). Er besteht aus gleichstark betonten Schlägen, die aufeinander folgen wie ein Herzschlag dem vorhergehenden. Der beat ist kein Hilfsmittel, um die Zeit zu gliedern, sondern ein musikalisches Elementarereignis: leicht, locker, federnd – nie schwer, lastend, eckig. Fassen wir den beat zu gleich großen Gruppen zusammen, so kommen wir zum Takt (oder Metrum – im Jazz bedeuten beide Ausdrücke dasselbe). Der Jazz kennt im Grunde keine starken und schwachen Taktteile, daher entfällt eine Grundvoraussetzung für die Synkope. Off-beats sind etwas anderes – und komplizierteres – als Synkopen. Diese sind Schwerpunktsverlagerungen innerhalb einer rhythmischen Ebene, während off-beats durch Überlagerung zweier rhythmischer Ebenen entstehen. So etwas wie synkopische Wirkungen treten bei ihnen auch auf, aber sie sind nur eine Begleiterscheinung. Synkopierte Figuren ohne off-beats swingen nicht.

Wie notieren wir nun off-beats? Dies erscheint zunächst unmöglich, da unsere traditionelle Notenschrift für eine ganz andere Art von Musik entwickelt wurde. Wir haben hier aber das gleiche Problem wie bei verschiedenen Sprachen, die sich derselben Schrift bedienen. Jede Sprache hat ihren besonderen Rhythmus und ihren besonderen Klang. Wir müssen für jede Sprache die richtige Aussprache der Buchstaben und der aus ihnen gebildeten Wörter lernen. Ebenso ist es in der Musik. Noten bedeuten in jeder Musikform etwas anderes, jedenfalls was Rhythmus und Klang betrifft. Wir müssen also für jede Musikform die Bedeutung der Noten neu lernen. Achtelnoten werden beispielsweise im Jazz breiter gespielt als in klassischer Musik, da sie etwas anderes bedeuten – mit einer Ausnahme, aber da geht es auch wieder um etwas anderes, nämlich um einen kurzen off-beat. Das heißt, daß wir im Jazz die Notenbezeichnungen nie wörtlich nehmen dürfen. Eine Achtelnote ist dort nicht halb so lang wie eine Viertelnote. Der Jazz hat seine eigene Rhythmik, und die soll ja mit unserer traditionellen Notenschrift aufgeschrieben werden. Bei Noten ist immer die Frage wesentlich: Um welche Musik handelt es sich, und was bedeuten die Noten dort? Nur so lassen sich die Details einer Musik aus der Notation heraus begreifen. Abbildung 1 verdeutlicht dies.

Noten + Notationsregeln + Hörerfahrung = Bedeutung

Abbildung 1

Wir arbeiten also im Jazz mit besonderen rhythmischen Notationsregeln (insgesamt acht Hauptregeln), die den Unterschied zwischen dem, was man sieht (in den Noten), und dem, was gemeint ist, überbrücken (L 18, S. 17). Zu versuchen, mit vielen Zusatzzeichen eine genaue Notation zustande zu bringen, wäre ein hoffnungsloses Unterfangen. Deshalb arbeiten wir im Jazz mit der genannten Methode. Und wer die Präzision von Jazzensembles, vor allem von Big Bands, kennt, weiß, daß diese Methode hervorragend funktioniert.

Abbildung 2 zeigt die Tempoüberlagerung an einem Beispiel. Nur starke Beschleunigungsakzente erscheinen in der Notation (mit einem x markiert). Sie heißen »vorgezogene Töne«, der erste Ton dieser Art in unserem Beispiel heißt »vorgezogene 3«. Er wird kurz vor der »3« gespielt, und zwar so, daß das Gefühl des Zuvorkommens (vor der »3«) und damit eines momentanen Schnellerwerdens entsteht, wobei aber der beat konstant bleibt. Es gibt ganze Spektren von Beschleunigungsakzenten, was ihre Notation vollends unmöglich macht. Aber die Lösung ist die gleiche wie bei den Feinheiten, sagen wir, der französischen Sprache. Wir lernen die Aussprache des Französischen Wort für Wort und Satz für Satz. Ebenso im Jazz: wir lernen ihn Figur für Figur oder Phrase für Phrase, wie man sagt. Dies ist obendrein eine den rhythmischen Strukturen dieser Musik besonders angemessene Methode, da der Jazz auf Grund seiner schwarzafrikanischen Wurzeln zu den sprachähnlichen Musikformen gehört.

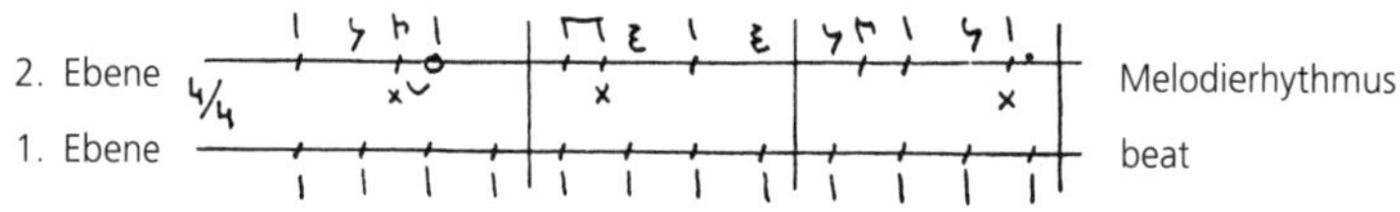

Abbildung 2

Ein Musiker muß natürlich die Figur der zweiten Ebene in Abbildung 2 auch swingend spielen können, wenn der beat nicht zu hören ist, weil keiner ihn spielt. Der swing gehört zum tempogebundenen Jazz wie etwa der Dreivierteltakt zum Walzer. Jede Musikform hat ihre wesentlichen Komponenten, ohne die sie nicht existieren könnte.

Im nicht mehr tempogebundenen Jazz geht die swingende Phrasierung (swing) in die gleitende Phrasierung (glide) über, »ein Legatospiel um unregelmäßig verteilte rhythmische (meist auch zugleich melodische und klangliche) Schwerpunkte, die aus der Improvisation heraus entstehen» (L 19, S. 32).

Auch die Rhythmen jazzverwandter Musikformen swingen, allerdings auf andere Weise (sie lösen andere Empfindungen aus). Die Heimat swingender Rhythmen ist zweifellos Schwarzafrika, aber erst im Jazz wurde der swing als ein wichtiges musikalisches Element bewußt entdeckt.

Jenseits der durch Notationsregeln beschreibbaren Vorgänge liegen Feinheiten der Artikulation, die mit mikrodynamischen Erscheinungen gekoppelt sind und die sich – wie die subtilen Nuancen einer gesprochenen Sprache – jeder detaillierten Fixierung oder Beschreibung entziehen. Wir lernen sie wie die Tönungen einer Sprache durch Orientierung an Vorbildern und durch ständige Praxis.

Hier noch einige wichtige Begriffe der Jazzrhythmik:
break: kurze Pause der Band, während der meist ein Solist weiterspielt
double tempo: Verdopplung des Grundtempos eines Stücks
double time: Spiel von Figuren im doppelten Tempo, während das ursprüngliche Grundtempo weiterläuft
drive: stark motorisches vorwärtstreibendes Spiel mit viel swing
riff: mehrmals wiederholter, intensiv gespielter kurzer Rhythmus
timing: die Fähigkeit, swingende rhythmische Abläufe darzustellen
walking bass: Spiel des beat in Form einer fortlaufenden Baßlinie (so gut wie nie zweimal hintereinander derselbe Ton)

Klang

Es ist sehr schwierig, mit ein paar Worten die Klänge einer bestimmten Musikform zu charakterisieren. Klänge im Jazz sind bevorzugt voll, in bestimmter Weise sehr farbig (obertonreich), expressiv und haben meist ein Fundament in tieferer Lage. All dies kann auf schwarze Gesangstechniken zurückgefuhrt werden. Klänge im Jazz sind selten spitz, dünn, obertonarm.
Der Klang ist – was vielfach übersehen wird – im Grunde fast noch komplizierter als der Rhythmus, denn er tritt in dreierlei Form auf:

Tonbildung der Instrumente
Sie folgt den oben genannten Klangvorstellungen, wobei es zahllose individuelle Nuancen gibt wie bei gesprochener Sprache.[2] Nachdem sich der Klang eines Instruments jeder praktikablen Notation entzieht, ist das bewußte Hören von Schallplatten, die genaue Analyse des Gehörten und ständiges Ausprobieren auf dem Instrument für jeden Jazzmusiker unverzichtbar.
»Die Tonbildung wird von den Möglichkeiten des Instruments bestimmt (was Veränderungen am Instrument einschließt), von der Freiheit, nach

einem persönlichen Ausdruck zu suchen (was zu ganz unorthodoxen Ergebnissen führen kann), und vom Einfluß schule- und stilbildender Persönlichkeiten. Bewährtes zu verwerfen kann ebenso einem Mangel an musikalischem Verständnis entspringen wie der Verzicht auf Neues.
Bei der Tonbildung gibt es einen *konstanten* und einen *temporären* Anteil. Der konstante Anteil ist die Basis; er determiniert den Ton so sehr, daß wir den betreffenden Musiker sofort erkennen – selbst auf einer Schallplattenaufnahme, die wir nie zuvor gehört haben. Der temporäre Anteil besteht aus momentanen Veränderungen des konstanten Anteils. Dabei spielen Differenzierungen eine Rolle, die bis in die Mikrostrukturen der einzelnen Töne reichen« (L 12, S. 19).
Einige klangliche Veränderungen des Tones, die (auch gleichzeitig) konstant und temporär auftreten können:
dirty: stark geräuschhafter Klangcharakter
growl: rauher Bläserklang
shake: Lippentriller bei liegenbleibendem Fingersatz
shout: stark expressiver Klangcharakter (Schrei)

Harmonie

»Akkorde entstehen für den Jazzmusiker durch Aufeinanderschichten von Tönen (Additionsprinzip wie im Rhythmischen).
Akkorde werden im Jazz vor allem als Klangfarben gehört. Es sind Klänge in Akkordform. Der Klang ist das primäre Erkennungsmerkmal eines Akkordes. Er wird zum einzigen, wenn Akkorde nur kurz erklingen, etwa bei der Begleitung eines Pianisten oder Gitarristen.
Die Grundtöne der Akkorde spielen im Jazz die Rolle eines klanglichen Fundaments so wie der beat im Rhythmischen. Wie der beat werden auch die Grundtöne angesteuert, umspielt, verschleiert.
Auch in die Klänge des Jazz spielt ein starkes tänzerisches Moment herein. Rhythmen und Klänge verhalten sich ähnlich wie Bewegungen und Farben (der Kleidung) der Tänzer in Schwarzafrika.
Im Jazz gibt es keine Leittöne, oder anders ausgedrückt: Alle möglichen Töne können im Jazz in bestimmten Situationen Leittoncharakter haben.
Das Begriffspaar Konsonanz–Dissonanz gibt es nicht. Wohl aber Spannung zwischen Akkorden, harmonische Bewegung, harmonische Schwerpunkte ...
Die verminderte Quint ist für den Jazzmusiker ein reizvolles Intervall.

Daher die große Bedeutung von Septakkorden[3] (wichtigste Akkordform mit eigenständigem Charakter, häufig ohne dominantische Funktion). Tonarten wechseln im Jazz häufig innerhalb einer Akkordfolge. Manche Wechsel werden nur angedeutet. Keine vielgliedrigen Modulationen« (L20, S. 6).

Bei Akkorden im Jazz unterscheiden wir zwischen Basis- und Farbtönen. Die *Basistöne* sagen uns, auf welchem Grundton der Akkord aufgebaut ist und zu welcher Hauptgruppe von Akkorden er gehört (zum Beispiel zur Gruppe der Dur-Akkorde). Die *Farbtöne* bestimmen vor allem die Klangfarbe eines Akkordes. Diese kann durch andere oder zusätzliche Farbtöne verändert werden, ferner durch »Auseinanderziehen« (weite Lage) oder »Zusammendrücken« (enge Lange) des Akkordes mittels Oktavtransposition von Tönen oder durch Umkehrungen (ebenfalls durch Oktavtransposition einzelner Töne). All dies geschieht aber immer so, daß die Basis erhalten bleibt, der Akkord also nicht »zusammenbricht«. Abbildung 3 enthält drei Beispiele für einen C-Dur-Akkord mit großer Sept als Farbton.[4]

Abbildung 3

Abbildung 4

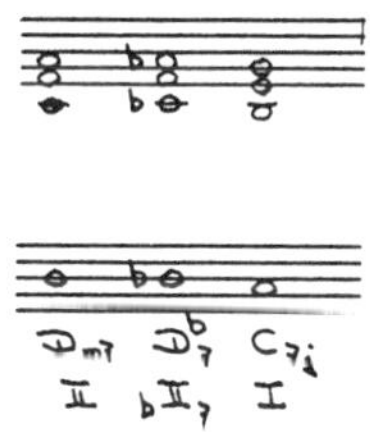

Abbildung 5

Jeder Akkord in einer bestimmten Form stellt ein *voicing* dar. Da jeder Akkord anders klingt, hat er auch eine andere musikalische Bedeutung. Es gibt also zum Beispiel nicht *einen* C-Dur-Akkord, sondern praktisch unzählige, kommen doch zu den vielen möglichen voicings noch zahlreiche Eigentümlichkeiten der Instrumente und besondere Spieltechniken hinzu.

Seit den 50er Jahren werden von Pianisten und Gitarristen immer häufiger Akkorde »ohne« Grundton gespielt. Den fehlenden Grundton fügt der Baß hinzu (falls vorhanden), oder er umspielt ihn auch nur.

Mehrere Akkorde hintereinander ergeben eine Akkordfolge. Damit entsteht ein harmonisches Gefälle mit einem oder mehreren Schwerpunkten, die tonartbestimmend sein können. Wir haben schon oben festgestellt, daß im Jazz Tonarten in einem Stück oft schnell wechseln (Einfluß der Rhythmik auf die Harmonik). Ein einzelner Akkord kann bereits eine Tonart festlegen.

Die einzelnen Akkorde werden durch *Akkordsymbole* gekennzeichnet, die nur das Material angeben, aus dem der Akkord besteht. Seine Position in einer Akkordfolge wird durch Stufensymbole markiert. Die Akkordfolge II–V–I in Abbildung 4 ist die Hauptkadenz im Jazz, da sie am häufigsten vorkommt. Sie bestimmt in unserem Beispiel den Tonartbereich (*key area*) C-Dur. Man sieht das auch daran, daß alle drei Akkorde nur aus Tönen der C-Dur-Tonleiter bestehen.

Da jede kurze, in sich zurücklaufende oder abgeschlossene Akkordfolge Kadenzcharakter hat, gibt es zahllose Kadenzen im Jazz; sie lassen sich nicht auf eine einzige zurückführen.

Eine wichtige Rolle spielt in der Jazzharmonik der Begriff *Substitution* (Ersatz, Austausch). Substituiert werden kann beim Arrangieren/Komponieren und beim Improvisieren. Akkorde mit gleicher Basis, aber verschiedenen Farbtönen können ausgetauscht werden, desgleichen Akkorde mit unterschiedlicher Basis *und* Farbe. Ein Akkord kann durch einen oder mehrere Akkorde ersetzt werden oder mehrere Akkorde durch einen. Man geht gewissermaßen einen anderen *harmonischen Weg* von einem Ausgangs- zu einem Zielakkord, um neue harmonische Spannung ins Spiel zu bringen. Dabei spielen die *Bindekräfte* zwischen Akkorden eine Rolle, die teils durch Beziehungen zwischen den Tönen bestimmt werden, teils rein klanglicher Natur sind, wobei sich beides überlagert.

Abbildung 5 zeigt eine häufig vorkommende Möglichkeit, den mittleren Akkord in Abbildung 4 zu substituieren, womit sich auch dessen Stufensymbol ändert. Die Akkord- und Stufensymbole sind in international üblicher Schreibweise notiert.

Melodie

Eine Melodie ist eine zusammengesetzte Größe, denn sie besteht aus einem Rhythmus und einer Tonfolge.[5]

»*Off-pitches* sind kurzzeitige Veränderungen der Tonhöhe, die im Jazz

wie in verwandten Musikformen eine wichtige Rolle spielen. Ihre kurze Dauer bringt sie in enge Verbindung zur Jazzrhythmik.
Der häufigste Fall des off-pitch ist das Anschneiden von unten. Ein Ton wird tiefer angesetzt und dann nach oben gezogen, und zwar um so schneller, je näher wir dem Zielton kommen (beschleunigte Bewegung). Bei Blas- und Saiteninstrumenten geschieht dies ohne genau fixierten Ausgangspunkt, gewöhnlich aber zwischen einem Viertel- und einem Halbton tiefer. Beim Klavier wird der nächsttiefere Halbton kurz vorher angeschlagen; beide Töne müssen aber als Einheit gehört werden.
Der Zielton kann beim off-pitch erreicht werden oder auch nicht, was eine besondere Spannung ergibt (beim Klavier nicht möglich). Entsprechend können wir auch einen Ton nach oben oder nach unten zu einem meist unbestimmten Ziel ziehen (oft mehr als eine Quint).
Damit wird praktisch der gesamte Tonraum zwischen den Tönen unseres Tonsystems musikalisch bedeutungsvoll« (L 12, S. 20).

Abbildung 6

Die Notation der off-pitches erfolgt mittels besonderer Zeichen. Abbildung 6 enthält eine viertaktige Figur mit verschiedenen off pitches.
Im Grunde sind die *blue notes* (ungefähr auf der Stufe der kleinen Terz und der kleinen Sept, im Be Bop auch die verminderte Quint, jeweils vom Grundton der geltenden Tonart gerechnet), die angeschnitten die starkste melodische Kraft besitzen, nichts anderes als besonders markante Spezialfälle der off-pitches.
Bedenken wir, daß die vorgezogenen Töne starke Beschleunigungsakzente tragen, so ist zu erwarten, daß eine vorgezogene blue note ein Maximum an rhythmisch-melodischer Spannung trägt. Unzählige Aufnahmen beweisen diese Überlegung.
Blue notes können auch in Stücken erscheinen, die keine Bluesform aufweisen.
»Der Jazzmusiker betrachtet den Begriff ›Melodie‹ unter allgemeineren Gesichtspunkten als der europäisch-klassisch ausgebildete Musiker. Er

spricht auch meistens nicht von einer Melodie, außer beim Thema eines Stückes, sondern von *Phrase*. Schon ein einzelner Ton oder Klang kann im Jazz Phrase sein und damit Ausgangspunkt (Motiv) eines Stückes oder eines Teiles davon. Selbst sehr stark geräuschhafte Klänge können für den Jazzmusiker melodischen Charakter besitzen. Seine ausgeprägten Fähigkeiten im Hören differenzierter Klänge befähigen ihn, die dem Begriff ›Melodie‹ innewohnende Komponente ›Balance‹ auch im Inneren geräuschhafter Klänge wahrzunehmen. Zudem kann der Rhythmus, mit dem eine Klangfolge gespielt wird, stabilisierend wirken.
Im allgemeinen gehört für den Jazzmusiker zu jeder Phrase ein Klang (Akkord) oder eine Klangfolge (Akkordfolge) als Basis. Erst im Free Jazz hat sich diese starke Bindung teilweise gelockert« (L 12, S. 22).

Form

»Form – bestimmt durch den zeitlichen Verlauf der verschiedenen Variablen wie Rhythmus, Tonhöhe usw. – läßt sich im Jazz sehr deutlich in *Makroform* (Form im Großen) und *Mikroform* (Form im Kleinen) trennen. Die Mikroformen werden durch das bestimmt, was von Sekunde zu Sekunde oder innerhalb noch kürzerer Zeit geschieht: ein Spektrum sehr rascher Veränderungen, vor allem im Rhythmischen und Klanglichen – für den Jazz typisch und maßgebend. Hier liegt auch ein Teil des Hörproblems: wer zu langsam hört und reagiert, nimmt Wesentliches am Jazz überhaupt nicht wahr! Die Makroformen umfassen mehrere Schläge des beat und gehen von da bis zu Chorusformen und aus diesen zusammengesetzten Teilen eines Stückes bis hin zum Gesamtverlauf« (L 12, S. 14).
Im allgemeinen wird zu Beginn eines Stücks – eventuell nach einer Einleitung (*Intro*) – ein Thema gespielt. Danach wird die diesem Thema zugrundeliegende harmonische Struktur mehrmals wiederholt und über die Harmonien improvisiert (also nicht über das Thema selbst). Jede Wiederholung dieser Struktur (einschließlich des Themas selbst) heißt *Chorus* (Mehrzahl: Chorusse). Eine bestimmte Fassung eines Jazzstücks besteht also im Hauptteil aus einer bestimmten Anzahl von Chorussen. Dieses Chorusprinzip gibt den Stücken ein festes Gerüst, das auch von

einem aufmerksamen Hörer, der das betreffende Stück noch nie gehört hat, schnell erfaßt werden kann. Innerhalb eines Chorus bestehen die vielfältigsten Möglichkeiten der Gestaltung im Detail. Wir erkennen wieder – wie beim beat, bei der Basis eines Akkordes, bei den zu Kadenzen aneinandergereihten Akkorden usw. – ein Grundprinzip des Jazz: ein fester Kern wird in unterschiedlichster Weise überbaut.
Das Chorusprinzip gilt im Free Jazz nicht mehr, und auch bei manchen anderen neueren Entwicklungen nur noch bedingt.
»Zwischen Makro- und Mikroformen gibt es eine wichtige Beziehung. Sie lautet: Die Makroformen des Jazz sind relativ einfach, *weil* die Mikroformen sehr kompliziert sind. Der Grund hierfür ist, daß bei komplizierten Makroformen auch der genialste Musiker beim Improvisieren völlig die Orientierung verlieren würde. Mit Orientierungsproblemen hat im Jazz am Anfang jeder improvisierende Musiker zu kämpfen.
Mit zunehmendem handwerklichem Können, zu dem auch der Umgang mit Makroformen gehört, steigt allerdings die Bereitschaft der Musiker, mit neuen und ungewöhnlichen Makroformen zu arbeiten. Die Entwicklung immer neuer und beim Improvisieren zunehmend schwieriger zu handhabenden Themenstrukturen ist hierfür ein deutlicher Beweis« (L 12, S. 14).

Intro	|| : Thema : ||	Chorus 3–6 ||	Chorus 7–8 ||	Chorus 9–10 ||	: Thema : ||
8	16				
rh	tp + ts	tp	p	dm	tp + ts

Abbildung 7

Ein Beispiel für den Aufbau eines Stückes zeigt Abbildung 7. Die jeweils dominierenden Instrumente sind mit den uns bereits bekannten Abkürzungen bezeichnet (S. 30). Darüber stehen die Taktzahlen von Intro und Chorus. Das ganze Stück besteht aus zwölf Chorussen. Da die Improvisation chorusweise erfolgt, ließe sich in einer zweiten Fassung (am nächsten Abend einer Tournee) ohne weiteres das Stück um einige Chorusse verlängern oder verkürzen. Das geschieht bei Combos auch sehr häufig, während bei Big Bands wegen der größeren Bedeutung des Arrangements oft die Zahl der Chorusse genau festgelegt ist.

Natürlich kann ein Stück auch Zwischenteile enthalten und weitere Themen. Bei neueren Stücken kommt es außerdem vor, daß über eine andere als die dem Thema zugrundeliegende Akkordstruktur improvisiert wird.
Unter *fours* verstehen wir viertaktige Wechselimprovisationen, in der Regel zwischen einem Bläser mit Begleitung der Rhythmusgruppe und dem Schlagzeuger, der dann alleine spielt.
Die häufigsten Chorusformen sind die 12-taktige Bluesform, die 32-taktige AABA-Form (je 8 Takte) und die 32-taktige AA'-Form (je 16 Takte). Davon gibt es eine Reihe verkürzter und verlängerter Varianten, daneben aber seit den 40er Jahren auch immer mehr andere Formen.

Arrangement und Improvisation

Die Bedeutung des Arrangements wird oft unterschätzt. Dabei haben Absprachen verschiedener Art im Jazz von Anfang an eine Rolle gespielt. Ob dabei Noten, andere graphische Zeichen, Handzeichen, Wörter oder andere Methoden der Festlegung verwendet werden, ist eine reine Frage der Zweckmäßigkeit.
»Arrangement und Improvisation müssen als Einheit betrachtet werden, da beides voneinander abhängig ist. Es hat wenig Sinn, über das eine zu sprechen und dabei das andere außer acht zu lassen. Ohne ein tieferes Verständnis beider Begriffe und ihrer Beziehung zueinander wird man kaum in der Lage sein, kompliziertere Vorgänge im Jazz zu überblicken.
Wir wollen unter *Arrangement* alles verstehen, was vor dem Spielen eines Musikstückes festgelegt ist. *Improvisation* ist dann
1. Jede spontane Hinzufügung zum Festgelegten *während* des Spielens.
2. Jede spontane Abänderung des Festgelegten *während* des Spielens.

Dieser Denkansatz gilt für alle Musikformen; er umfaßt die beiden wesentlichen Zeitkomponenten für das Entstehen von Musik. Die oft gebrauchte Bedeutung des Begriffs Arrangement als Bearbeitung einer Melodie ist in unserer Definition als Sonderfall enthalten« (L 12, S. 5).

Das zahlenmäßige Verhältnis Arrangement (A) und Improvisation (I) kann im Jazz – alle Stile zusammengenommen – jeden möglichen Wert annehmen (Abbildung 8).

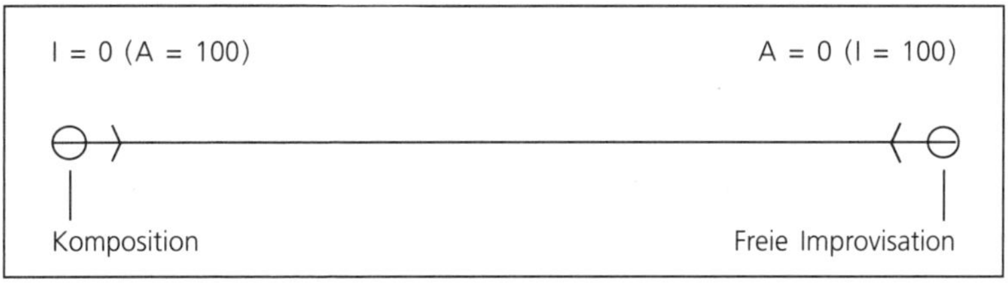

Abbildung 8

»Es gibt zwei Sonderfälle: Alle Bestandteile eines Musikstücks liegen vor dem Spielen fest (*Komposition*) oder es liegt überhaupt nichts fest (*Freie Improvisation*). Beide Fälle sind nicht völlig zu verwirklichen. Ein Musikstück, das von Menschen gespielt wird, kann nicht bis ins letzte festgelegt werden. Ein, wenn auch sehr kleiner Rest bleibt immer: mehr spür- als beschreibbare Veränderungen des Vorgegebenen, also das, was in der Theorie der klassischen Musik als Interpretation bezeichnet wird. Tatsächlich ist dies eine Form der Improvisation (*Improvisation im Kleinen = Mikroimprovisation*). Damit beantworten wir auch die Frage, ob nicht doch bei einer Jazzkomposition ein Widerspruch auftritt, da sie ja keine Improvisation enthält und diese für den Jazz sehr wesentlich ist. Sie enthält zwar nicht das, was allgemein unter Improvisation verstanden wird, nämlich die freie Wählbarkeit von Tönen, Akkorden, Schlägen usw. innerhalb bestimmter Regeln, die von Musikstil zu Musikstil wechseln (*Improvisation im Großen = Makroimprovisation*). Aber sie enthält immer noch, wie jede von Menschen gespielte Musik, Mikroimprovisation. Diese ist zugleich unvermeidlich und notwendig. Musik kann als klingendes Ereignis nur leben, wenn der Musiker sein eigenes Lebendigsein mit einbringt.
Es gibt in dieser Hinsicht also zwei Formen von Improvisation, wobei die Mikromimprovisation in der Makroimprovisation mit eingeschlossen ist« (L 12, S. 5).
Mit Improvisation meint man im Jazz vor allem die Improvisation von Melodien. Es können aber alle Komponenten eines Jazzstücks durch Im-

provisation entstehen: Rhythmen, Melodien, Akkorde, Lautstärkeverläufe..., was ja auch tatsächlich geschieht in einem komplexen Ineinander, zusätzlich noch verschachtelt durch die Vorgaben des Arrangements. Im Grunde ist die Improvisation von Rhythmen die wichtigste Form der Improvisation, denn durch sie gewinnt der Musiker die Möglichkeit, mit der Zeit kreativ umzugehen.

»Aber auch die Freie Improvisation ist nicht völlig zu verwirklichen. Mit ›frei‹ ist hier die Freiheit von äußeren Bindungen gemeint, nicht ›sich frei fühlen‹ – dies kann ich auch, wenn ich ein Arrangement oder eine Komposition spiele. Nehmen wir an, vier Musiker kommen auf die Bühne und spielen ein Musikstück, ohne vorher irgend etwas abgesprochen zu haben. Daß dies geht, hat der Free Jazz – und nicht nur er – hinlänglich bewiesen. Aber was passiert da eigentlich? Nehmen wir dazu weiter an, daß die vier Musiker hintereinander einsetzen. Der erste ist fast völlig frei (seine Grenzen werden weiter unten beschrieben). Aber was er auch spielt – der nächste ist bereits daran gebunden, der übernächste an seine beiden Vorgänger und der letzte an das Spiel seiner drei Mitmusiker. Es muß zu einem Aufeinander-Eingehen kommen, sonst fällt die Musik bereits hier auseinander bzw. es entsteht erst gar keine. Diese Forderung besteht ebenso, wenn die vier Musiker gleichzeitig zu spielen beginnen, sie ist dann nur schwerer zu verwirklichen.

Wenn nun nur ein einzelner Musiker spielt, so fallen zwar die eben geschilderten Bindungen weg. Aber selbst dann bleiben noch Bindungen anderer Art. Sie betreffen die Möglichkeiten des Instruments, die Umgebung des Musikers beim Spielen und die Erinnerung an das, was er früher einmal an Musik gehört bzw. gespielt hat. Wenn wir dies alles beiseite lassen, bleibt eine letzte Bindung, die auf jeden Fall unaufhebbar ist: die an das im Moment zuvor Gespielte. Damit kommen wir zugleich zu einer Minimalforderung an Musik. Es muß Kontinuität vorhanden sein; unzusammenhängende Einzelereignisse ergeben keine Musik (möglicherweise aber eine andere Form akustischer Kunst)« (L 12, S. 6).

»Komposition und Freie Improvisation sind interessante Sonderfälle. Aber die weitaus meisten Möglichkeiten in der Musik liegen dazwischen: in den unzähligen Möglichkeiten der Verbindung von Arrangement und Improvisation. [...]

Arrangement und Improvisation eines Stückes müssen mit der gleichen Überzeugungskraft gespielt werden. Ihr gegenseitiges Verhältnis ist vielschichtig. Mit den darin enthaltenen Möglichkeiten zu arbeiten, ohne einerseits das Spielerische zu vernachlässigen und ohne aber andererseits das gewählte Konzept aus den Augen zu verlieren – das war und ist die Kunst des Jazzmusikers« (L 12, S. 7).

»Aus dem Umstand, daß erst das Arrangement zu einem Stück entsteht, bevor die Improvisation dazukommt, dürfen wir keine falschen Schlüsse ziehen. Das quantitative Verhältnis beider kann ebenfalls nicht zu einem Qualitätsmaßstab gemacht werden. Qualität ist das Integral sämtlicher Eigenschaften eines Musikstücks. Allerdings ist die Improvisation im Jazz oft ausschlaggebend für den Wert, vor allem dann, wenn sie zu unerwarteten Steigerungen führt« (L 12, S. 9).

»In der Improvisation werden die kommunikativen und kreativen Kräfte des Jazzmusikers auf besondere Weise wirksam. Sie befähigen ihn, in sich hineinzuhören und über sich hinauszuwachsen; hört er später die aufgenommenen Resultate, stellt er häufig fest, nicht nur für ihn Neues und sogar Ungewöhnliches gespielt zu haben, sondern obendrein mit handwerklichen Schwierigkeiten fertig geworden zu sein, die ihn bislang überfordert hatten. [. . .]

Die Improvisation kann ein Arrangement – und sei es noch so gut – stark überhöhen. Sie ist ferner für den Musiker der beste Weg, sich mitzuteilen – es gibt keinen besseren. Beim Improvisieren muß Farbe bekannt werden; die Möglichkeiten, sich gewissermaßen zu verstecken, sind geringer als beim Arrangieren und Komponieren und [. . .] bei der Interpretation von Vorgegebenem.

Improvisieren heißt nicht, sich treiben zu lassen. Vielmehr handelt es sich um einen aktiven künstlerischen Prozeß. Er geht, nicht anders als beim Arrangieren und Komponieren, von Einfällen aus. Diese werden *teils* unmittelbar umgesetzt, teils im Gedächtnis gespeichert, um Zehntelsekunden, Sekunden oder Minuten später (oder auch gar nicht) Verwendung zu finden. Aber häufig werden auch Einfälle, wenn man für sich selbst improvisiert, nicht weiter improvisatorisch verarbeitet, sondern notiert und zum Ausgangspunkt für ein Thema oder ein Arrangement gemacht« (L 11, S. 32).

Blues

Der Blues ist – historisch gesehen – zunächst einmal eine Parallelform des Jazz. Dafür wollen wir den Ausdruck Bluesmusik verwenden. Von dort ist der Blues als Kombinationselement in den Jazz eingegangen. Darum geht es im folgenden.

»Der *Blues* ist einer der Grundpfeiler des Jazz. In ihm trifft sich afrikanisches Musizieren mit europäischem Formgefühl auf engstem Raum. Anfangs [. . .] dominierte die (damals) sehr stark von afrikanischen Gesangstechniken beeinflußte Melodik. Allmählich kristallisierte sich dann auf dem Weg über die harmonischen Formeln I–IV und I–V die 12-taktige Grundstruktur heraus. Im Laufe der Zeit entstanden verschiedene Grundgerüste mit zahllosen Abwandlungen, so daß es genaugenommen nicht eine harmonische Form des Blues, sondern unendlich viele Formen gibt, die manchmal nur noch sehr indirekt eines der Grundgerüste durchscheinen lassen. [. . .]

Auch vom Ausdruck her wurde der Blues erweitert. Im Jazz gibt es Blues in jedem Tempo, und auch fröhliche Blues bis hin zum Komischen (Slim Gaillard, Louis Jordan). [. . .]

Das erste Grundgerüst des Blues war I–IV–I–V–I mit einfachen Akkorden, aber mit klanglich und melodisch komplexen Melodien [. . .]. Im Laufe der Jazzgeschichte hat der Blues als Element des Jazz [. . .] all dessen harmonische Entwicklungen mitgemacht, bis hin zur Einführung tonaler Nebenzentren innerhalb der 12-taktigen Chorusstruktur, zu Akkorden mit vielen Farbtönen und bis zu Verkürzungen und Erweiterungen der 12-taktigen Form.

Interessant ist, daß der emotionale Höhepunkt eines Blues eigentlich am Beginn des 5. Taktes liegt. Das war in den alten Bluestexten der Beginn der zweiten Textzeile, die zumeist in einer nachdrücklichen Wiederholung der ersten Textzeile bestand. Dem 5. Takt wurde die IV. Stufe zugeordnet. Und dabei ist es – von wenigen Ausnahmen abgesehen – geblieben. Alle anderen Akkorde im Blues, außer der I. Stufe zu Beginn des Blueschorusses, werden immer wieder durch Substitute der verschiedensten Arten ersetzt« (L 12, S. 71).

Der Blues ist im Grunde weder Dur noch Moll, sondern besitzt eine eigene Tonalität, vor allem, wenn man ihn mit Septakkorden spielt (Abb. 9).

Abbildung 9

Neben den Komponenten Klang (dirty, shout), Melodie (off-pitches einschließlich blue notes), Harmonie und Form ist das Bluesgefühl für Musiker und Hörer entscheidend wichtig. Es ist ein komplexes Gefühl: direkt, emotional, lebensnah, leidenschaftlich, persönlich, befreiend, beschwörend, heilend[6] (L 18, S. 6).
In allen Stilen des Jazz – im Grunde auch im Free Jazz – gibt es Bluesstücke und viele Musiker und Sänger/Sängerinnen mit starkem Bluesempfinden. Wir finden aber auch große Künstler, die kein starkes Verhältnis zum Blues haben, so etwa Fats Waller, Django Reinhardt, Ella Fitzgerald und Paul Desmond. Blues und Jazz sind also nicht so untrennbar miteinander verbunden, wie manche glauben.
Da sich, abgesehen von der 12-taktigen Chorusform, die anderen Komponenten des Blues auch auf Stücke übertragen lassen, die ursprünglich gar nichts mit Blues zu tun haben, sagt man von manchen Musikern, etwa von Charlie Parker, daß sie eigentlich immer Blues gespielt haben.

Schallplattenempfehlungen

Louis Armstrong: *Hot Five* (CBS 465189-2)
Session at Riverside (DORMOUSE DMJ CDX 01)
The Jimmy Giuffre Three (ATLANTIC 790981 2)
Ella Fitzgerald/Joe Pass Duo: *Take Love Easy* (PABLO 2310702)
Zusätzlich für Spieler aller Instrumente:
- für den Einstieg in den Jazz *Major & Minor* (Vol. 24) (JAMEY AEBERSOLD)
- für weitere Studien
  Gettin' it Together (Vol. 21) (JAMEY AEBERSOLD)

Geschichte

Afroamerikanische Musik

Nach vorsichtigen Schätzungen wurden etwa 12 bis 15 Millionen Schwarzafrikaner[1] in den letzten Jahrhunderten als Sklaven auf den amerikanischen Kontinent gebracht, vor allem in die USA, auf die karibischen Inseln und nach Brasilien. Für Afrikaner ist Musik ein untrennbarer Bestandteil ihres Lebens. Es würde zu weit führen, hier die Volksmusik Schwarzafrikas mit ihrer unglaublichen Vielfalt auch nur skizzenhaft beschreiben zu wollen (L21). Einige wesentliche Elemente finden wir auch im Jazz wieder: beat und off-beat (wenn auch ohne Takteinteilung), Sprachklang, off-pitch, Improvisation... gespielt auf zahlreichen, selbstgefertigten Instrumenten, von denen im Grunde keine zwei genau gleich gebaut sind, was eine unerhörte Klangvielfalt bedeutet.
Nicht Musik machen zu können wäre für Afrikaner unerträglich. Daher spielte in ihrem Leben auch unter den härtesten Bedingungen der Sklaverei Musik weiterhin eine wesentliche Rolle, allerdings unter veränderten Umständen. Die Trennung der einzelnen Stämme wurde allmählich aufgehoben, was eine Vermischung und Verschmelzung afrikanischer Musiktraditionen auf amerikanischem Boden zur Folge hatte. Mehr und mehr benützten die Afroamerikaner auch Instrumente der weißen Amerikaner und übernahmen mit deren Handhabung gleichzeitig Elemente weißer amerikanischer Musik. Ihr Gesang wurde im Zuge der Christianisierung ebenfalls von weißer amerikanischer Musik beeinflußt, behielt aber wie ihre Musik seine Kraft und Ausdrucksstärke bei. Zwang (als Sklaven) und Freiwilligkeit (als musikalisch überaus aufgeschlossene und empfängliche Menschen) wirkten in die gleiche Richtung. Es kam zu einem weiteren Verschmelzungsprozeß mit den verschiedensten Ergebnissen. Er bezog im Laufe der Zeit, vor allem mit dem Entstehen von Ragtime und Jazz, auch immer mehr weiße Amerikaner ein. Das war der Be-

Ella Fitzgerald

ginn einer neuen Entwicklung, die wir als afroamerikanische Musik bezeichnen.

In der afrikanischen Musik bilden Sprache, Musik und Tanz eine untrennbare Einheit (»Magisches Dreieck«, Abbildung 10). Ebenso in der afroamerikanischen Musik, vor allem, wenn sie von schwarzen Musikern stammt. Man kann das im Jazz sehr deutlich beobachten.

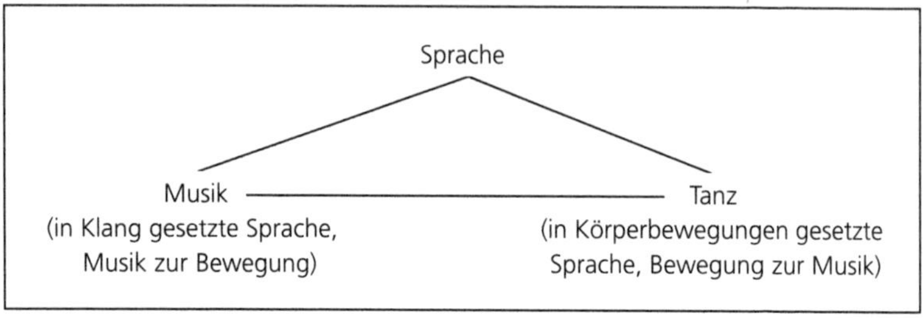

Abbildung 10

Wie in der afrikanischen Musik wird auch in der afroamerikanischen Musik improvisiert, wenngleich nicht immer soviel, wie manche glauben. Damit spielt sich das musikalische Geschehen in den einzelnen Formen wegen der vielfältigen Möglichkeiten nicht in Bereichen ab, sondern in Kristallisationszentren musikalischer Ideen mit Zonen des Übergangs. Abbildung 11 soll dies veranschaulichen. Jeder Punkt steht für einen Musiker/Sänger, der Abstand zu den nächsten Punkten ist ein Maß für die Ähnlichkeit der Spielweise. Die Situation wird dadurch noch komplizierter, daß sich der Platz eines Künstlers sowohl auf Dauer im Laufe seiner persönlichen Entwicklung als auch momentan – sogar von Stück zu Stück in einem Konzert – ändern kann. Wichtig für das Ver-

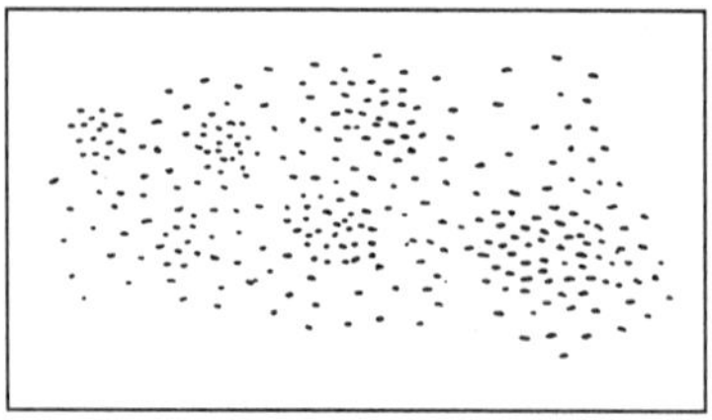

Abbildung 11

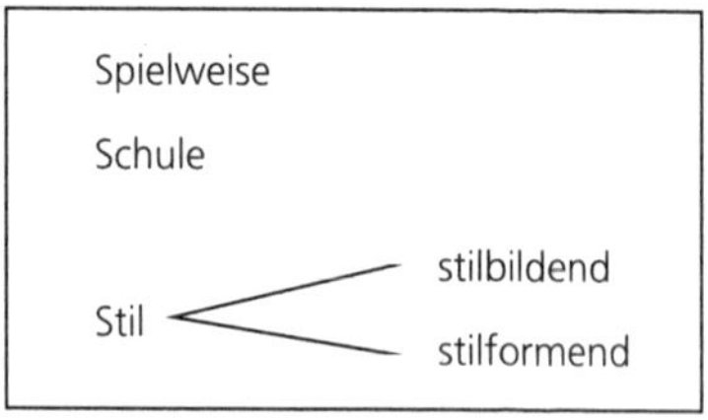

Abbildung 12

ständnis des Ganzen ist das Studium der Zentren der Verdichtung, von denen wesentliche Impulse für Zusammenhalt und Weiterentwicklung ausgehen. Die Zonen des Übergangs schwächen die starken Zentren, die eine Musikform bestimmen, nicht.
Das Verhältnis des einzelnen Künstlers zu seiner Musik läßt sich nach Abbildung 12 weiter veranschaulichen. Im Grunde gibt es in jeder Form der afroamerikanischen Musik so viele *Spielweisen*, wie es Musiker gibt. Jeder spielt auf Grund der improvisatorischen Freiheiten (etwas) anders. Bei allen Instrumenten beeinflussen aber bedeutende Musiker auf Grund ihrer Persönlichkeit und ihrer Ideen die Übrigen; sie sind an der Weiterentwicklung der Musik maßgeblich beteiligt. Sie bilden *Schulen* (Kristallisationszentren musikalischer Ideen im Kleinen, vorzugsweise auf ein bestimmtes Instrument konzentriert) –, ob sie nun tatsächlich Unterricht geben oder nicht. Ihre Ausstrahlung beruht auf Schallplatten, öffentlichen Auftritten und persönlichen Kontakten. Von Zeit zu Zeit tauchen nun gleich eine ganze Reihe neuer Musiker mit neuen Ideen auf; sie arbeiten zusammen, machen Platten und Tourneen, üben einen immer stärkeren Einfluß auf den ganzen Musikbereich aus und werden zum Tagesgespräch. Hier entsteht ein neuer *Stil* (Kristallisationszentrum musikalischer Ideen im Großen, für alle Instrumente von Bedeutung). Schulen gibt es alleine im Jazz einige Hundert, wobei man natürlich in manchen Fällen im Zweifel sein kann, ob ein bestimmter Musiker eine eigene Schule begründet hat oder nicht doch zu einer anderen gehört. Stile kann man im Jazz etwa 12 bis 14 unterscheiden (auch hier mit Grenzfällen), die sich zu fünf Stilgruppen (Hauptformen) ordnen (S. 89). Bei den Stilen ist es angebracht, zwischen *stilbildend* und *stilformend* zu unterscheiden; die beiden Bezeichnungen sind sicher ohne weiteres verständlich. Es ist eine einengende Betrachtungsweise der bisherigen Jazzgeschichtsschreibung, immer wieder stilbildende Musiker in den Vordergrund zu stellen und die stilformenden darüber zu vernachlassigen (wobei auch hier der Übergang fließend ist). Denn es kann durchaus ebenso kreativ sein, in einem bereits entdeckten Raum noch unentdeckte Nischen zu finden, als einen eben entdeckten Weg, der gut zu überblicken ist, weiterzugehen.[2]
Schulen und Stile sind also weder Schubladen noch Phantome. In ihnen bündeln sich musikalische Ideen; ohne sie wäre das musikalische Geschehen weit weniger konzentriert und viel ärmer an Höhepunkten.

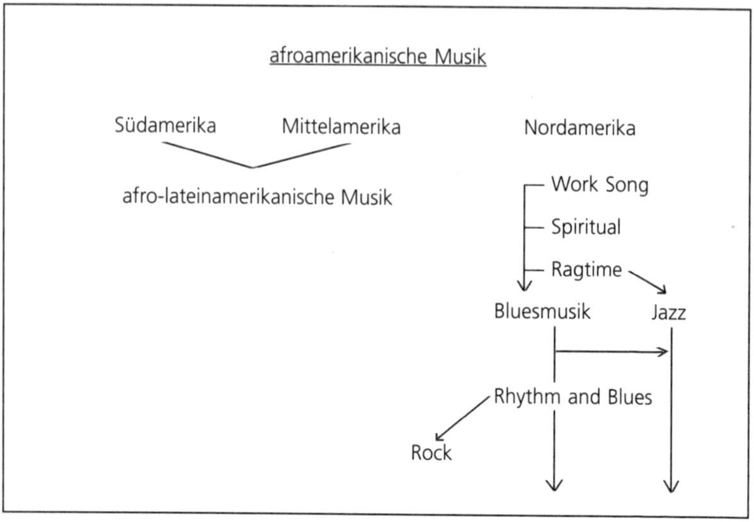

Abbildung 13

Einen kleinen geographisch gegliederten Überblick über die Hauptformen der afroamerikanischen Musik gibt Abbildung 13. Der Begriff afrolateinamerikanische Musik ist ungewöhnlich, aber zutreffend, denn lateinamerikanische Musik schließt als Oberbegriff auch die indianische Musik Mittel- und Südamerikas ein, ferner die rein weiße Musik, und um beides geht es hier ja nicht. Auffällig, aber nicht verwunderlich ist –wenn wir an das zuvor erwähnte »Magische Dreieck« denken –, daß die afro-lateinamerikanischen Musikformen eigentlich alle ebenfalls Bezeichnungen für Tänze sind.

Zu Nordamerika gehört auch Kanada, das aber wegen seiner zahlenmäßig geringen schwarzen Bevölkerung zunächst keine besondere Rolle spielte. Doch inzwischen gibt es einige bedeutende kanadische Jazzmusiker (Oscar Peterson, Maynard Ferguson, Paul Bley, Kenny Wheeler), und außerdem entwickelte sich in den letzten 20 Jahren eine ständig wachsende kanadische Jazzszene: die Big Band von Rob McConnell, der Pianist Oliver Jones, die Zeitschrift *Coda*, die Schallplattenfirma SACKVILLE, die Jazzworkshops im »Banff Centre of the Arts« u. a. m.

Die afroamerikanische Musik ist wohl – alles in allem – die stärkste musikalische Kraft des 20. Jahrhunderts; ihre Geschichte alleine in diesem

Jahrhundert würde viele Bände füllen. Noch hat sich niemand an eine zusammenfassende Darstellung gewagt; nur einzelne Gebiete – vor allem der Jazz – sind bisher mit einem Anspruch auf Wissenschaftlichkeit genauer untersucht worden.
Die afroamerikanische Musik blieb nicht auf den amerikanischen Kontinent beschränkt; sie hat sich im 20. Jahrhundert – unterstützt durch Massenmedien und moderne Transportmittel – über die ganze Welt ausgebreitet, und zumindest Teilbereiche sind vielerorts heimisch geworden. In diesen Fällen bezieht sich der Ausdruck »afroamerikanisch« auf die Wurzeln der betreffenden Musikform. Schließlich sind schon seit geraumer Zeit auch Weiterentwicklungen außerhalb der Entstehungszentren zu beobachten (Jazz in Europa, Salsa als Form afro-lateinamerikanischer Musik in den Vereinigten Staaten u.a.m.). Die afroamerikanische Musik – vor allem Jazz und Rock – ist eine neue Form von »Weltmusik« geworden.

Vorformen des Jazz

In den Vereinigten Staaten entstanden aus der Begegnung zwischen Schwarz und Weiß verschiedene Formen afroamerikanischer Musik mit ziemlich unterschiedlichen Mischungsverhältnissen. Untersuchungen darüber, die weiter zurückgehen als bis zum Beginn des 20. Jahrhunderts, sind durch den Mangel an Dokumenten jeder Art (Tonaufzeichnungen, Noten, Berichte) sehr erschwert. Man darf auch nicht vergessen, daß die afroamerikanische Musik von den Weißen bis zum 20. Jahrhundert kaum ernst genommen wurde.
Für Entwicklung und Verbreitung dieser Musik dürfte das Ende des Sezessionskrieges 1865 ein wesentliches Datum gewesen sein. Wenn auch mit der offiziellen Abschaffung der Sklaverei die Verwirklichung der Bürgerrechte in den Südstaaten nur langsam vor sich ging und oftmals neue Abhängigkeiten an die Stelle der alten traten, so war doch die Möglichkeit viel größer geworden, als Musiker zu arbeiten und auch von dieser Arbeit zu leben. Zudem kam durch die nunmehr erlangte Mobilität vieles an Musik bald in andere Gegenden; es entstand der Typus des Musikers, der häufig oder ständig unterwegs war. Deshalb dürf-

te es kaum ein Zufall sein, daß etwa 30 Jahre (eine Generation) nach diesem Datum, also um die Jahrhundertwende, sich in den Südstaaten mit Ragtime, Blues und Jazz neue Musikformen herausbildeten. Ihre Schöpfer gehörten zur ersten Generation der frei Geborenen, und stand diese Freiheit auch oft nur auf dem Papier, so war sie doch größer als die ihrer Vorfahren. Die neuen Musikformen waren der erste Ausdruck eines neuen Bewußtseins.

Von Anfang an spielte in der afroamerikanischen Musik der Gesang eine tragende Rolle. Dies wird deutlich in den *Field Hollers* und *Worksongs* (Arbeitsliedern), in den *Street Cries* (Rufen von Straßenhändlern), in den *Spirituals* und *Gospel Songs* (Kirchenliedern) und in verschiedenen Arten von *Songs zu Tanz und Unterhaltung*. Daher sind diese Musikformen auch, soweit sie heute noch existieren, eine Domäne schwarzer Künstler geblieben; der Einstieg weißer Musiker erfolgte in erster Linie über die Instrumentalmusik. Neben Noten – mit allen Notationsproblemen, deren Lösung, wie wir sie für den Jazz beschrieben haben, noch in weiter Ferne lag – sorgten zunächst reisende Shows (Minstrel Shows, Vaudeville Shows) für die Verbreitung afroamerikanischer Musikformen (L22).

Aus diesem Spektrum von Musik – vieles haben wir aus Platzgründen, und auch weil es nicht zu unserem Thema gehört, weggelassen – wollen wir die beiden Formen herausgreifen, die bei der Entstehung des Jazz die größte Rolle gespielt haben.

Der *Ragtime* oder *Rag*, eng verwandt mit dem älteren Two-step (L23, S. 272), entstand um 1890, hauptsächlich wohl im Staat Missouri (Sedalia, St. Louis). Es lassen sich vier Arten unterscheiden: instrumentale Rags, Ragtime Songs, Ragtime Waltzes und durch Rag-typische Rhythmisierung umgeformte andere Musikstücke (L23, S. 2). 1896 wurden die ersten Ragtime Songs, die als solche bezeichnet waren, in Noten veröffentlicht, ein Jahr später die ersten Piano Rags. Der Piano Rag ist auch die Form des Ragtimes, die am längsten erhalten blieb, eine mitreißende und durch ihre Geschlossenheit immer wieder beeindruckende Klaviermusik, die nicht zu schnell gespielt werden darf und die am besten so klingt, wie sie gedacht war: als Musik für Klavier solo, ohne Schlagzeug oder andere Begleitinstrumente. Viele Rags waren auskomponiert; als führende Komponisten gelten Scott Joplin[3] (1868 bis 1917) und James Scott (1886–1938).

Der Ragtime besteht im Prinzip aus einer gleichmäßigen Begleitung in Achteln (oft im 2/4-Takt), zu der eine stark synkopierte Melodie einen großen Kontrast bildet; die Harmonik baut auf einfachen Kadenzen auf. Die Bezeichnung Synkope ist hier angebracht; manche Theorien über die Entstehung des Jazz gehen davon aus, daß improvisierende Musiker aus den Synkopen des Ragtime off-beats machten und die Stücke schneller spielten. Der Ragtime ist perkussiv und in charakteristischer Weise atemlos; er brachte bald auch Aufregung in europäische Tanzpaläste. Neu war eben auch, daß er die erste formal geschlossene und ausgefeilte Instrumentalmusik innerhalb der afroamerikanischen Musik darstellte und über Noten und bald auch über Piano Rolls[4] und Schallplatten weite Verbreitung finden konnte. Als Instrumentalmusik bot er zudem weißen Musikern und Komponisten eher die Chance für einen Einstieg; so gehörte auch Joseph Lamb (1887–1960) zu seinen bedeutenden Komponisten.

Der Ragtime war der unmittelbare Vorläufer des Jazz; die Übergänge waren fließend. Bevor wir aber zu den Anfängen des Jazz kommen, müssen wir uns erst noch mit der *Bluesmusik* beschäftigen.

Sie entstand wohl vor allem im Mississippidelta, jedoch nicht an der Mündung des Mississippi selbst, sondern einige hundert Meilen weiter nördlich, dort, wo die Ärmsten der Armen der USA lebten, vor allem schwarze Baumwollpflücker und Kleinbauern. Alle Formen von schwarzer Vokalmusik standen Pate; es gab auch hier fließende Übergänge, was in starkem Gegensatz zur Einstellung vieler schwarzer Familien stand, deren ausgeprägter christlicher Glaube sich nicht mit der Bluesmusik als einer Straßen- und Kneipenmusik, die sie lange Zeit war, vertrug. Erst in der Soul Music ab Mitte der 50er Jahre kam es zu Verschmelzungsprozessen der weltlichen und religiösen Musik der schwarzen Bevölkerung in den USA.

Die Bluesmusik brachte musikalisch und textlich eine neue Note in die afroamerikanische Musik. Solosänger, die sich selbst zur Gitarre, später auch am Klavier begleiteten, erzählten in dichten, farbigen Bildern von allem, was sie bewegte, wie auf der Flucht und gleichzeitig auf der Suche nach jemandem, der sie verstand und ihnen Geborgenheit gab (L 24).

Wann die Bluesmusik entstand, ist schwer zu sagen. Aber es war sicherlich erst zu Beginn des 20. Jahrhunderts.[5] Die ersten gedruckten Blues erschienen 1912, darunter der »Memphis Blues« von W.C. Handy, der schon 1909 in Memphis als »Mr. Crump« gespielt wurde. Allerdings hat Handy dieses Stück wie auch wohl die meisten seiner anderen Kompositionen (1914 veröffentlichte er den »St. Louis Blues«, eines der meistgespielten Bluesthemen im Jazz) aus Phrasen zusammengesetzt, die er von reisenden Bluesmusikern hörte.[6] Die erste Plattenaufnahme eines Blues wurde 1920 von der Sängerin Mamie Smith gemacht (»Crazy Blues«).

Die Bluesmusik ist eigentlich nicht eine Vorform, sondern eher eine Parallelform des Jazz. Sie ist in einem anderen Milieu entstanden als der Jazz und der Ragtime, die beide städtischen Ursprungs sind. Es dauerte bis in die 20er Jahre, ehe es zu einer intensiven Begegnung kam.

Schallplattenempfehlungen (vgl. S. 206)

Prison Worksongs (SEQUEL REC CD 121)
* *The Country Blues* (RBF)
* *Negro Religious Music* (BLUES CLASSICS)
* *Scott Joplin Ragtime* (BIOGRAPH)

Jazz

Die Geschichte des Jazz begann wohl irgendwann bei einer Tanzveranstaltung oder bei einem Umzug in New Orleans, als die Bläser einer kleinen Band mit mehr rhythmischer Intensität als sonst spielten, mehr improvisierten und damit die Rhythmusgruppe zu mehr beatbetontem Spiel herausforderten... als sie manche Rags schneller als sonst spielten und der Trompeter schon beim Thema anfing zu improvisieren... als die Tänzer wilder als sonst auf die Musik reagierten...

Warum gerade in New Orleans? Diese Stadt war – und ist auch heute noch – die untypischste Großstadt der USA. Sie wurde 1718 als französische Ansiedlung in Louisiana gegründet. 1763 wurde Louisiana spanisch, 1803 wieder französisch und im gleichen Jahr amerikanisch. New Orleans war im 19. Jahrhundert ein kulturelles Zentrum mit starkem internationalem Flair; Spanier, Franzosen, Angloamerikaner, Iren, Deutsche und andere lebten hier, dazu kamen mehr Schwarze als in jeder anderen amerikanischen Stadt (L25, S. VIII). Das Musikleben war dementsprechend von einer Vielfalt, wie sie damals nicht einmal New York aufzuweisen hatte. Einen wichtigen Bevölkerungsanteil bildeten die Kreolen,[7] die sich französischer Lebensweise anpaßten (sie sprachen einen eigenen Dialekt), und die vielfach die Tendenz hatten, sich von den »eigentlichen« Schwarzen abzugrenzen. Sie waren finanziell oft besser gestellt als diese und konnten so eher für eine musikalische Ausbildung ihrer Kinder sorgen. Viele der frühen Jazzmusiker in New Orleans waren Kreolen (Sidney Bechet, Alphonse Picou, Barney Bigard, Natty Dominique, George Baquet, Kid Ory u. a. m.).

Eine für unser Thema bedeutsame Einrichtung waren die Brass Bands,[8] die bei Festen und Umzügen aller Art ständig beschäftigt waren. Ihr Repertoire bestand aus Märschen, Rags, Spirituals und anderen populären Stücken. Sie dürften auch die Bildung kleinerer Gruppen mit ähnlichem Repertoire inspiriert haben. Eine solche war die des Trompeters Buddy Bolden (1878–1931), der vielfach als Pionier des Jazz gilt, aber schon 1906 wegen einer Krankheit mit dem Spielen aufhörte. Wie von den anderen frühen Jazzmusikern in New Orleans gibt es auch von ihm keine Plattenaufnahmen. Berichte aus jener Zeit bleiben vage. Ob er also wirklich schon Jazz spielte oder nicht doch noch improvisierten Ragtime, ist somit offen. Die Bezeichnung Jazz für das Spiel einer Band taucht jedenfalls erst 1913 in einem Zeitungsbericht in San Francisco auf. Fraglich ist auch hier, ob es sich wirklich um eine Jazzband gehandelt hat. Sicher ist die Musik älter als die Bezeichnung, aber ich denke, daß die Entstehungszeit des Jazz zwischen 1905 und 1910 liegt. New Orleans mag nicht der einzige Ort gewesen sein, wo der anfangs beschriebene Übergang vom Ragtime zu einer neuen Musikform stattfand, aber er war jedenfalls der wichtigste. Daß schwarze Musiker damals dominierten, jedoch nicht alleine waren, steht außer Frage. Die Herkunft des Wortes Jazz ist trotz vieler Erklärungsversuche nicht mehr eindeutig zu ermitteln. Das ist auch nicht weiter schlimm – wichtig ist, welche Musik damit gemeint ist.[9]

Nach 1910 verließen Jazzmusiker immer öfter New Orleans und trugen ihre Musik vor allem auf den großen Dampfern den Mississippi hinauf nach Norden. 1914 spielte die schwarze Band des Trompeters Freddie Keppard in Los Angeles, 1915 in Chicago und New York. Auch die weiße Band des Posaunisten Tom Brown gastierte 1915 in Chicago und New York (L 26.)[10] 1916 spielte der weiße Schlagzeuger Johnny Stein mit seiner Band in Chicago. Seine Musiker verließen ihn schon zwei Monate später wieder und gründeten mit einem anderen Schlagzeuger eine neue Gruppe mit dem Namen »Original Dixieland Jazz Band« (heute in der Fachliteratur ODJB abgekürzt). Am 15. Januar 1917 begann sie ein Engagement im neueröffneten Reisenweber's in New York, einem großen Restaurant mit Ballsaal. Nach anfänglich schwachem Besuch wurde die Band mit ihrer turbulenten Spielweise zu einer Sensation (zeitgenössische Quellen beweisen die Richtigkeit dieses Ausdrucks). Am 26. Februar nahm sie ihre erste Platte auf mit den Titeln »Livery Stable Blues« und »Dixie Jass Band One-Step«, der bald weitere folgten.[11] Binnen kurzem bildeten sich andere Gruppen mit gleicher oder ähnlicher Besetzung. Die ODJB erhielt zahllose Angebote für Auftritte; schon im April 1919 gastierte sie in England, wo sie über ein Jahr blieb. Auch dort entstanden Gruppen, die Besetzung und Spielweise der ODJB übernahmen.

Aus der Tatsache, daß die ersten Jazzaufnahmen (Sch 1) von einer weißen Band gemacht wurden, schlossen manche Autoren auf eine Priorität weißer Musiker bei der Entstehung des Jazz. Doch Schallplattenaufnahmen sind nicht die einzige, wenn auch eine wichtige Quelle bei der Beurteilung dieser Frage. Aber was hören wir auf diesen Aufnahmen? Eine nervöse, bisweilen hektische Kollektivimprovisation von Kornett, Klarinette und Posaune mit erstaunlich vielen Wiederholungen und mit manchen Gags, dazu Klavier- und Schlagzeugbegleitung im Hintergrund: hocherhitzter Ragtime im Übergang zu etwas Neuem (der Ragtime ging in den 20er Jahren im Jazz auf) mit aufgesetzten Bluesfiguren, gut gemacht in seiner Art, aber rasch ermüdend. Vom hohen Können etwa der Band von King Oliver einige Jahre später kaum eine Spur.

Inzwischen hatte sich der Auszug von Musikern aus New Orleans verstärkt. Das hing wohl auch mit der Schließung des Vergnügungsviertels Storyville im November 1917 – im Zusammenhang mit dem Eintritt der USA in den ersten Weltkrieg – zusammen. Storyville, das nur einige Straßenzüge umfaßte, lag gegenüber dem French Quarter (Vieux Carré) auf der anderen Seite der Basin Street. Es gab dort übrigens wenige Auftritte für Bands; in erster Linie waren in den Etablissements Solopianisten beschäftigt.[12]

Zu den Musikern, die schon frühzeitig New Orleans verlassen hatten, gehörte der Klarinettist (später auch Sopransaxophonist) Sidney Bechet. 1919 kam er mit Will Marion Cooks Southern Syncopated Orchestra nach Europa; erst im November 1922 kehrte er nach New York zurück (L27). Seine ersten Aufnahmen 1923 zeigen ihn bereits als einen vitalen und phantasievollen Solisten auf beiden Instrumenten; auf dem Sopransaxophon war er später jahrzehntelang der führende Musiker im Jazz. Der englische Trompeter Humphrey Lyttelton, Autor einer ganzen Reihe vorzüglicher und witzig geschriebener Bücher, nannte ihn mit Recht »the first great jazz saxophonist« (L28, S. 68).
Der Posaunist Kid Ory ging 1919 nach Kalifornien. Im Juni 1922 nahm er dort mit seiner Band zwei Stücke auf, die ersten Schallplatteneinspielungen einer schwarzen Band (Sch2). Sie wirken etwas blaß, aber daran ist sicher auch die Aufnahmetechnik schuld. Es war damals noch kaum möglich, Baß und Schlagzeug richtig aufzunehmen; die Musiker mußten leise spielen, um die Aufnahmeapparatur nicht zu beschädigen, und damit fehlte den übrigen etwas, so daß sie sich ebenfalls zurückhielten.
Auch auf dem Klavier gab es damals zumindest schon einen bedeutenden Solisten. Das war James P. Johnson in New York, dessen erste Piano Rolls 1917 aufgenommen wurden. Er war ein Meister des Stride Piano und ein Vorbild für viele jüngere Musiker (Sch3). Das Stride Piano ist aus dem Piano Rag entstanden; es wurde zu einer Grundlage des Klavierspiels im Jazz bis zum Be Bop. Der Name beschreibt die Begleittechnik der linken Hand: tiefe Baßtöne (auch Oktaven oder Dezimen) auf »1« und »3« in einem 4/4-Takt wechseln mit höherliegenden Akkorden auf »2« und »4« ab. James P. Johnson hat diese Symmetrie, die seinem Spiel eine starke Geschlossenheit gab, selten durchbrochen, ebenso wie sein Schüler Fats Waller und andere, im Gegensatz etwa zu Earl Hines und Art Tatum.
Wir wollen von jetzt an unsere Betrachtungen Jahr für Jahr weiterführen. Die Länge eines Abschnitts ist dabei nicht notwendigerweise streng proportional zur Bedeutung des betreffenden Jahres für den Jazz. Damit tragen wir der Tatsache Rechnung, daß im Jazz Neues das schon Vorhandene nicht ablöst, sondern zu dem hinzukommt, was es schon gibt. Wegen der vielen an der Entstehung dieser Musik Beteiligten entwickelt sie sich viel schneller, als sich die einzelnen Musiker entwickeln.

Diese müßten sich immer wieder umstellen; die einen wollen das nicht, andere können es ganz einfach nicht. Es würde für sie einen fortwährenden Bruch in ihrer künstlerischen Entwicklung bedeuten, wie er von Künstlern in anderen Bereichen ja auch nicht verlangt wird. Wenn man Jazzmusiker als Künstler anerkennt, und nicht als bloße Dienstleistende, die spielen, »was gefragt ist«, muß man diese Haltung akzeptieren. Sie schafft ja gerade die große Vielfalt von Formen, wo jeder seinen Platz findet und für die wir dem Jazz dankbar sind. Die einzelnen Richtungen des Jazz, im Verlauf von noch nicht einmal einem Jahrhundert entstanden, sind so unterschiedlicher Natur, daß es den Universalmusiker, der alles überzeugend und überzeugt mit großer Meisterschaft spielt, schon längst nicht mehr geben kann.

Es lassen sich im Jazz fünf Hauptstile oder Stilgruppen erkennen (Abbildung 14 – die Jahreszahlen geben die ungefähre Entstehungszeit an). Diese Betrachtungsweise weicht vom Gewohnten etwas ab, doch ist in der Beurteilung der Stilgeschichte des Jazz das letzte Wort noch lange nicht gesprochen.

Dixieland bezeichnete ursprünglich nur die Musik der ODJB und ihrer Nachfolger; in dieser Bedeutung erscheint er auch heute noch regelmäßig in der Fachliteratur. Doch wird dieser Ausdruck schon seit langem von vielen Hörern und Musikern als Sammelbezeichnung für den frühen Jazz bis zum Swing verwendet, daher wollen wird dies auch tun; andere Ausdrücke wie traditioneller Jazz (Traditional) oder Oldtime Jazz sind weniger geeignet, da in ihnen Wertungen mitschwingen. Eine möglichst saubere Trennung von Form- und Wertbegriffen ist aber in allen Kunstformen notwendig, um Blick und Urteil zu schärfen.

Abbildung 14 ist nur als Skizze zu verstehen. Bei Swing und Free Jazz wurde bewußt auf eine Unterteilung verzichtet; diejenige bei Be Bop und Fusion Jazz soll nur einige Anhaltspunkte geben. Hier stehen auch noch viele Untersuchungen aus.

Wir werden die wichtigsten stilistischen Entwicklungen des Jazz besprechen, aber dabei nicht stehenbleiben und unsere Aufmerksamkeit wiederholt auf bemerkenswerte Besonderheiten richten. Wir müssen auch bedenken, daß Stile einen ersten Höhepunkt haben, dem später weitere folgen, die dem ersten nicht nachzustehen brauchen. In vielen Darstellungen der Jazzgeschichte wird jeweils nur die erste Phase besprochen, spätere Phasen lediglich andeutungsweise oder gar nicht.

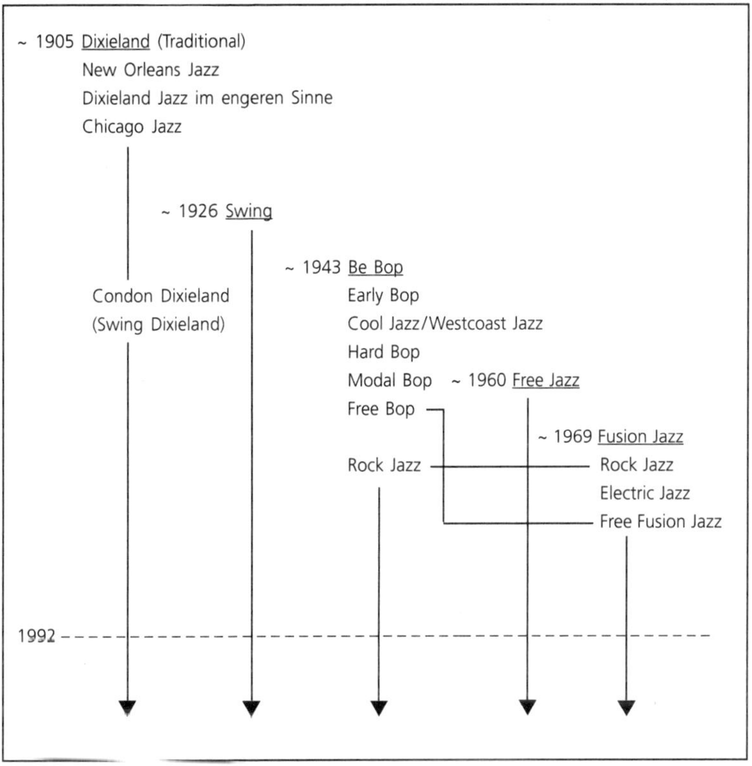

Abbildung 14

Wegen der eminenten Bedeutung der Schallplatte als Dokument werden wir immer wieder auf Schallplattenaufnahmen zu sprechen kommen. Sie sind neben den Arrangements, die aber leider noch heute zum größten Teil nicht zugänglich sind (vieles ist auch verlorengegangen, könnte allerdings transkribiert, d. h. von Aufnahmen in Noten übertragen werden), das wichtigste musikalische Erbe des Jazz. Um das Schallplattenverzeichnis nicht zu umfangreich zu gestalten, und auch deshalb, weil manche Aufnahmen bis auf weiteres nicht im Handel erhältlich sind, ist nicht bei jeder Aufnahme, die im Text erwähnt wird, die entsprechende Platte angegeben.

Von Transkriptionen wollen wir in diesem Buch absehen, da sie den gewählten Rahmen überschreiten würden.

1923

Schon im Jahr zuvor hatten die New Orleans Rhythm Kings Aufnahmen gemacht, die denen der ODJB und ihrer Nachfolger seit 1917 in vielem weit überlegen waren: melodisches Spiel der Bläser ohne Unrast, mehr Abwechslung und Dynamik, kleine Soloteile, Blueselemente voll integriert. Ihr »Tin Roof Blues« vom 13. März widerlegt alle späteren Behauptungen, weiße Musiker hätten damals keinen Blues spielen können (Sch 4).[13]

Seit dem Aufsehen, das Mamie Smiths erste Aufnahmen 1920 erregt hatten, waren immer mehr Platten mit Bluessängerinnen erschienen, die vor allem in Vaudeville Shows auftraten und von Pianisten oder kleineren Jazzbands begleitet wurden.[14] Vor allem sind hier Ma Rainey, Bessie Smith, Alberta Hunter, Clara Smith[15] und Sippie Wallace zu nennen. Bei ihnen standen Bluestitel im Mittelpunkt ihrer Auftritte; bei anderen, wie Ethel Waters, bildeten sie nur einen Teil ihres Programms. Doch können auch andere Stücke, wie wir schon wissen, durch Verwendung von Blueselementen Bluescharakter bekommen.

1923 war das erste große Jahr des Vaudeville Blues und Bessie Smith (1894–1937) neben Ma Rainey seine bedeutendste Vertreterin. Ihre besten Aufnahmen, vor allem die zwischen 1923 und 1927, zeigen sie als eine Sängerin von großer Stimmbeherrschung und höchster Ausdruckskraft (Sch 5).

Neue Maßstäbe im Jazz setzten in diesem Jahr die Auftritte von King Oliver's Creole Jazz Band in Chicago und seine Schallplattenaufnahmen, insgesamt 37 Titel (Sch 6). Der Kornettist Joe »King« Oliver (1885–1938) hatte schon in verschiedenen Bands in New Orleans gespielt, als er 1919 nach Chicago kam. Nach einem Aufenthalt in Kalifornien kehrte er 1922 nach Chicago zurück und begann im Mai ein langes Gastspiel im Lincoln's Garden. Zwei Monate später holte er den jungen Louis Armstrong als zweiten Kornettisten in seine Band.

Die Stammbesetzung [King Oliver, Louis Armstrong (c),[16] Johnny Dodds (cl), Honoré Dutrey (tb), Lil Hardin (p), Bill Johnson (b), Bud Scott bzw.

Johnny St. Cyr (bj), Baby Dodds (dm)] bestand, mit Ausnahme von Lil Hardin, der ersten Instrumentalistin, die sich im Jazz einen Namen machte, aus Musikern, die in New Orleans schon in vielerlei Gruppen Erfahrungen gesammelt hatten. Sie spielten New Orleans Jazz in Vollendung und hatten in Louis Armstrong (1901–71)[17] einen Solisten, der gleich bei den ersten Aufnahmen am 5. April im »Chimes Blues« ein kraftvolles Solo blies. Zu den Gästen im Lincoln's Garden gehörten auch oft junge weiße Musiker, denen wir später noch begegnen werden.
In New York startete im September die Band des Banjospielers Elmer Snowden ein neues Engagement. Die Leitung der Gruppe übernahm im Februar des folgenden Jahres der Pianist Duke Ellington.

1924

Am 18. Februar machte der Kornettist Bix Beiderbecke (1903–31) erste Aufnahmen als Mitglied der Wolverines (L 29). Seine Spielweise unterschied sich stark von der Louis Armstrongs und anderer schwarzer Kornettisten: weicher im Ton, sehr persönlich in der Melodik, elegant in der Phrasierung (eine Eigenschaft, die der Jazz vorher überhaupt nicht besessen hatte), getragen von einer eigentümlichen Melancholie. Man höre sich etwa »Riverboat Shuffle« vom 6. Mai an (Sch 7). Damit war eine neue Schule des Kornettspiels entstanden. Sie zählt zum Chicago Jazz, der so heißt, weil Chicago ein Zentrum für die Musiker war, die diesen Stil schufen: Bix Beiderbecke und Jimmy McPartland (c), Frank Teschemacher und Pee Wee Russell (cl), Frankie Trumbauer (c-melody-sax),[18] Bud Freeman (ts), Joe Sullivan (p), Jim Lanigan (b), Eddie Condon (bj/g), Dave Tough und Gene Krupa (dm) u.a.m. Auch der Klarinettist Benny Goodman, der 1925 mit 16 Jahren Mitglied der Ben Pollack Band wurde, gehörte dazu (L 30).
Der Chicago Jazz zeichnete sich durch eine leichtere Phrasierung aus, die stärker harmonisch geprägt ist; es gibt auch immer wieder Ansätze zur Mehrstimmigkeit.
Kontrastierende Spielweisen wie die von Armstrong und Beiderbecke gab es später immer häufiger, doch darf man sich nicht zu dialektischen Fehlschlüssen verleiten lassen – es geht um Unterschiede, nicht um Gegensätze. Sieht man genauer hin, so entdeckt man zu jener Zeit eine

Reihe weiterer deutlich unterscheidbarer Spielweisen auf Kornett/Trompete, geprägt durch Musiker wie King Oliver, Bubber Miley, Phil Napoleon, Muggsy Spanier und Red Nichols.
Im Juni verließ Louis Armstrong King Oliver und wurde im September in New York für 14 Monate Mitglied der Fletcher Henderson Band, einer, wenn nicht *der* Keimzelle aller späteren Big Bands. Eigentlich war sie damals noch eine vergrößerte Small Band mit drei Trompeten, einer Posaune, drei Saxophonisten/Klarinettisten (darunter dem Tenorsaxophonisten Coleman Hawkins [L 31], dem wir noch öfter begegnen werden), Klavier (Fletcher Henderson), Banjo, Tuba und Schlagzeug. Vor allem in den Arrangements des Altsaxophonisten Don Redman (erst nach dessen Weggang 1927 wurde Fletcher Henderson Hauptarrangeur der Band) gab es neue Qualitäten: mehrstimmige homophone[19] Sätze, riffs, Soli mit oder ohne background,[20] vielerlei Formen von breaks. Im Laufe der Jahre wurde die Zahl der Bläser, wie bei anderen derartigen Ensembles, noch vergrößert, so daß schließlich drei sections (Trompeten, Posaunen, Saxophone) entstanden. Das waren die Anfänge des Swing, in dem es keine Kollektivimprovisation der Bläser mehr gab und die Themen ein- oder mehrstimmig vorgetragen wurden.
Mit Louis Armstrong, der sich damals innerhalb kurzer Zeit zum führenden Musiker des Jazz entwickelte, kam ein Feuer in die Band, das sie vorher nicht gekannt hatte. Die Musiker spürten mit einem Mal, daß swing etwas war, das jeden anging, nicht nur die Mitglieder der Rhythmusgruppe (Sch 8).

1925

Louis Armstrong bewies sein Einfühlungsvermögen zunehmend auch bei der Begleitung von Bluessängerinnen, so im »St. Louis Blues« als meisterlicher Partner von Bessie Smith (Sch 5). Wann je ist dieses Stück wieder mit solcher Intensität gesungen worden?
Das wichtigste Ereignis dieses Jahres aber waren ohne Frage die ersten Aufnahmen von Louis Armstrongs Hot Five am 12. November in Chicago. Diese Gruppe war eine Studiobesetzung (sie trat nur ein einziges Mal öffentlich auf) mit Louis Armstrong (c), Johnny Dodds (cl), Kid Ory (tb), Lil Hardin (p) und Johnny St. Cyr (bj), also ohne Schlagzeug, ohne

Baß oder Tuba und auch ohne Saxophon.[21] Zu ihren Merkmalen gehörten Durchsichtigkeit (freilich durch eine verbesserte Aufnahmetechnik[22] noch gefördert), neue Themen, einfallsreiche Arrangements, die richtigen Tempi (im Jazz ein entscheidender Punkt für das Gelingen eines Stückes) – allem voran aber das monumentale Spiel Louis Armstrongs. Wer nur seine späteren Big-Band-Aufnahmen und die seiner All Stars gehört hat, kennt ihn nur halb. Er zeigte, wie eine swingende Melodie voller Einfälle improvisiert wird, die nicht nur aus der Abwandlung eines gegebenen Themas besteht. Dazu spielte er mit unglaublicher Kraft, Sicherheit und Logik; alles ist wie aus einem Guß, wobei er auch immer wieder Risiken einging. Es glückte ihm nicht alles, aber wie er damit zurechtkam, das ist spannend und aufschlußreich zugleich. Er war der erste geniale Musiker des Jazz; er betrat eine Ebene hoher künstlerischer Meisterschaft, deren Existenz man zuvor nicht ahnte. In Phrasierung und harmonischer Ausgestaltung war er allen anderen um gute zehn Jahre voraus; nur von Charlie Parker ließ sich später Ähnliches sagen.
1927 gab es eine erweiterte Besetzung der Hot Five als Hot Seven; auf einige weitere Aufnahmen mit der alten Hot Five folgte dann 1928 die zweite Hot Five mit dem Pianisten Earl Hines – eigentlich eine Hot Six, da sie aus sechs Musikern bestand.

1926

Von den Hot-Five-Aufnahmen dieses Jahres (Sch 9) seien drei vom 26. Februar genannt: »Muskrat Ramble« (Tempo und Phrasierung in idealer Synthese), »Heebie Jeebies« (Armstrong singt nach seinem Gesangschorus noch einen zweiten in Scat-Technik) und »Cornet Chop Suey« (mit einem meisterlichen stop-time-Chorus[23] Armstrongs).
Im September 1925 war Sidney Bechet wieder nach Europa gekommen; er blieb diesmal bis 1930. Ende Februar 1926 spielte er in Moskau, wo zur selben Zeit auch ein größeres Ensemble unter der Leitung des Pianisten Sam Wooding gastierte. Immer häufiger kamen jetzt amerikanische Musiker nach Europa; bevorzugtes Ziel war Paris.
Im Mai wurde Bix Beiderbecke Mitglied der Big Band von Jean Goldkette (Sch 10). Dies war die erste bedeutende weiße Big Band, mit Arrangements von Bill Challis und Musikern wie Frankie Trumbauer, Bill

Rank (tb), Joe Venuti (v), Eddie Lang (g) und Steve Brown (b), die sich vor niemandem zu verstecken brauchte, was sich bei einem »Battle of Bands[24]« mit der Fletcher Henderson Band im Roseland Ballroom in New York zeigte. Der Kornettist Rex Stewart, damals bei Henderson, sagte dazu: »...we simply could not compete... Their arrangements were too imaginative and their rhythm too strong...« L32, S. 11/12)
Auch die California Ramblers (der Name hat mit Kalifornien nichts zu tun) gehörten in dieser Zeit zu den Pioniergruppen der weißen Big Bands. Ihren besten Solisten hatten sie wohl in dem Baßsaxophonisten Adrian Rollini, der dieses schwerfällige Instrument mit einer Leichtigkeit spielte wie kaum jemand seither.
Mit den ersten Aufnahmen von Jelly Roll Mortons Red Hot Peppers in Chicago erreichte der New Orleans Jazz einen neuen Höhepunkt, diesmal gestützt auf ausgefeilte Arrangements, die bisweilen trotz der Bläserimprovisation schon den Charakter von Kompositionen hatten (Sch 11). Der Pianist Jelly Roll Morton (1890–1941) hatte schon um 1910 seine Heimatstadt New Orleans verlassen und war kreuz und quer durch die USA gezogen.
Die Titel, die Morton bis 1930 aufnahm, sind sein Meisterstück, von verschiedenen Klaviersoli abgesehen. Wer da glaubte, arrangierter New Orleans Jazz sei ein Widerspruch in sich, wurde eines Besseren belehrt. Hören wir uns als Beispiele »Black Bottom Stomp«, »The Chant« und »Sidewalk Blues« vom September 1926 an. Zu den Musikern gehörten u.a. Kid Ory, Johnny St. Cyr, der Kornettist George Mitchell, der Klarinettist Omer Simeon und Morton selbst am Klavier, ein überaus einfallsreicher Pianist.[25]
Am 29. November machte Duke Ellington erstmals Aufnahmen, die seine späteren großen Fähigkeiten als Arrangeur/Komponist erahnen ließen (Sch 12). Vorher hatte seine Musik kaum individuelle Eigenschaften gehabt; das sollte sich in den nächsten Jahren gründlich ändern.

1927

Mit der ersten Aufnahme von »Black and Tan Fantasy« am 7. April (Sch 12) betrat Duke Ellington gewissermaßen die Weltbühne der Musik. Es ist allerdings noch nicht das, was er schreibt, was dieses Stück so eindrucksvoll macht, sondern das Spiel des Trompeters Bubber Miley und des Posaunisten Tricky Sam Nanton, die durch die Art, wie sie mit dem Plunger[26] arbeiten, die Klangmöglichkeiten ihrer Instrumente erheblich erweitern.

Im Juni kam dann mit dem 17jährigen Harry Carney eine der späteren Hauptstützen in die Band; er blieb bis zum Tode Duke Ellingtons 1974. Auf dem Baritonsaxophon, seinem Hauptinstrument, war er die nächsten beiden Jahrzehnte mit weitem Abstand der führende Musiker.

Am 4. Dezember begann Duke Ellington mit seinem Orchester[27] im elegantesten Night Club von Harlem, dem Cotton Club, ein vierjähriges Engagement, das ihm die finanzielle Sicherheit gab, um nach und nach weitere Musiker zu verpflichten und ständig Neues auszuprobieren (L 33). Er schrieb überaus melodische Themen und komplexe Arrangements für seine Musiker, die er sorgfältig auswählte, und schuf sich so einen Klangkörper, der nicht nur im Jazz einmalig war. Eine großartige Schallplattenaufnahme reihte sich nun an die andere...

Eine witzige und für die damalige Zeit sehr ungewöhnliche Kombination war das Duo von Joe Venuti, dem »Vater« aller Jazzgeiger, und Eddie Lang, dem wohl ersten großen Jazzgitarristen. Auf »Goin' Places« vom 4. Mai kann man ihr swingendes Spiel bewundern (Sch 13). Daß in einem Break dann plötzlich wie aus dem Nichts noch ein Pianist auftaucht und ebensoschnell wieder verschwindet, ist ein zusätzlicher Spaß.

Am 7. Mai kam die Hot Seven zu den ersten Aufnahmen ins Studio. Gleich mit dem »Wild Man Blues« (Sch 9) demonstrierte Armstrong seine hohen Qualitäten als Bluesmusiker. Drei Tage später spielte er wieder eines seiner grandiosen stop-time-Soli, diesmal im »Potato Head Blues« (Sch 9). Ein weiteres Solo, wie aus einem Guß (kein Komponist könnte das besser machen), das seine staunenswerte rhythmische Sicherheit bezeugt, blies er am 9. Dezember in »Struttin' With Some Barbecue« (Sch 9).

Bix Beiderbecke nahm am 13. Mai zusammen mit Frankie Trumbauer »I'm Coming Virginia« auf, eines seiner lyrischsten Stücke (Sch 114). Seine Qualitäten als ungewöhnlicher Pianist zeigte er einige Monate später in dem impressionistisch inspirierten Solostück »In a Mist« (Sch 15). Im Oktober ging er zu Paul Whiteman. Nun war Whiteman gewiß kein »King of Jazz« und sein Orchester allenfalls jazzbeeinflußt, doch sollte man darüber nicht übersehen, daß er gute Arrangements

mit guten Musikern spielte, wenn seine Musik auch heute recht zeitgebunden klingt. Gunther Schuller hat dies in einem »Tribute to Paul Whiteman« betont und begründet (L34, S44).
Zu den englischen Jazzpionieren gehörte der Pianist Fred Elizalde. Sein »Clarinet Marmelade« vom August dieses Jahres (Sch 16) ist zwar nahe am Vorbild des Chicago Jazz, aber gut gemacht. Wohl kaum ein anderes europäisches Land hatte damals eine eigene Band dieser Qualität vorzuweisen. Der Vorsprung der Amerikaner war noch zu groß.
Im Dezember nahm der Pianist Meade Lux Lewis seinen »Honky Tonk Train Blues« auf, den ersten Boogie Woogie mit allen Merkmalen dieses Genres (Sch 17). Das ist eine besondere Form, Blues auf dem Klavier zu spielen, mit rollenden Baß-Ostinati in der linken Hand, die beim Akkordwechsel als Rückung parallel verschoben werden, und ein- bis dreistimmigen Melodien mit vielen off-pitches in der rechten. Am besten klingt der Boogie Woogie, wenn er, wie der Ragtime, alleine gespielt wird, ohne überflüssige Begleitinstrumente. Der »Honky Tonk Train Blues«, den der Pianist später noch mehrmals einspielte, gilt als Klassiker unter den Boogie Woogies. Vergleicht man die verschiedenen Fassungen, so sieht man, daß sie kaum voneinander abweichen. Es ist eine – sicherlich durch Improvisationen inspirierte – Komposition.
Die vier Titel, die die McKenzie-Condon Chicagos im Dezember aufnahmen, enthielten viel von der unbekümmerten Hol's-der-Teufel Einstellung, die für die Musiker um Eddie Condon auch später so typisch war; eine Einstellung, die ihnen auch über die schwierigen 30er Jahre hinweghalf, als sie für ihre Art von Musik oft nur wenige Engagements fanden (Sch 18). Man kann eben fröhliche Musik machen, *weil* es einem gut geht oder *obwohl* es einem schlecht geht. Das hat nichts mit einer Abkehr von der Wirklichkeit zu tun, sondern mit vitaler Lebenskraft.

1928

Im Mai kam mit dem Altsaxophonisten Johnny Hodges ein Musiker zu Duke Ellington, der, wie Harry Carney, bald den Klang des Orchesters entscheidend prägte.
Am 28. Juni spielte Louis Armstrong mit seiner zweiten Hot Five den »West End Blues« ein (Sch 19). Von der atemberaubenden freien Einlei-

tung bis zur Coda, die durch ein fast vier Takte ausgehaltenes, mit enormer Kraft geblasenes hohes b^b vorbereitet wird, hält uns der große Trompeter (inzwischen hatte er das Instrument gewechselt) in Spannung. Ein Trompetenspiel dieser Art hatte es noch nie gegeben, in keiner Art von Musik. In dem Trompeten-Klavier-Duo »Weather Bird« (Sch 19) kam es dann am 5. Dezember zu einem aufregenden Zwiegespräch mit Earl Hines, voll überschäumender Spielfreude, die einmal fast den beat kippen läßt – so scheint es jedenfalls.
Earl Hines war auch der Pianist in der kleinen Band des Klarinettisten Jimmy Noone, die in diesem Jahr Aufnahmen machte. In »Four or Five Times« zeigen Jimmy Noone und der Altsaxophonist Joe Poston als einzige Bläser sehr eindrucksvoll, wie auch mit einer solchen Besetzung im Sinne des New Orleans Jazz musiziert werden kann (Sch 20).

1929

Werfen wir einen Blick auf die ständig größer werdende Big-Band-Szene. Da gab es neben Duke Ellington das Orchester von Fletcher Henderson mit so guten Solisten wie Rex Stewart, dem Posaunisten Jimmy Harrison und vor allem Coleman Hawkins. Dieser war inzwischen bereits eine Schlüsselfigur des Saxophonspiels geworden; sein voller, kräftiger Ton, verbunden mit einer fließenden Phrasierung und einer vor allem auf Akkordbrechungen basierenden Melodieführung wurde zum Vorbild für Tenorsaxophonisten in aller Welt. Entsprechend schwer hatte es zunächst ein paar Jahre später Lester Young mit seinem Gegenentwurf.
Coleman Hawkins hat sich später mit allen neuen Entwicklungen im Jazz auseinandergesetzt; nur den Schritt zum Free Jazz tat er nicht mehr (er starb 1969). Er ist in dieser Offenheit Miles Davis vergleichbar, hat ihn eigentlich sogar noch übertroffen, denn Davis hat seine Spielweise weniger geändert als Hawkins; nur seine »Umgebung«, sprich seine Mitmusiker, wechselte er immer wieder. Freilich: Offenheit ist kein Maß für Qualität, nur eine mögliche Voraussetzung.
Daneben gab es 1929 u. a. die Big Bands von Earl Hines, Luis Russell, Charlie Johnson, die Missourians (sie wurden 1931 zur Big Band des Sängers Cab Calloway), McKinney's Cotton Pickers (mit Arrangements von Don Redman und John Nesbitt), das Orchester des Posaunisten

Tommy Dorsey und des Klarinettisten/Altsaxophonisten Jimmy Dorsey (Dorsey Brothers Orchestra) und einige Ensembles im Südwesten der USA (territory bands), mit Kansas City als Zentrum, wie die von Alphonse Trent und Bennie Moten. Auch Louis Armstrong begann nun, in erster Linie als Solist mit Big Bands zu arbeiten (Beispiel »After You've Gone« vom 26. November [Sch 21]). Diese Periode dauerte bis zur Gründung seiner All Stars 1946.

Auch in Europa gab es in verschiedenen Ländern Big Bands mit Jazzcharakter, so etwa in England Jack Hylton, in Deutschland Lud Gluskin u. a. m.

Am 1. März nahm Fats Waller »The Minor Drag« und »Harlem Fuss« auf (Sch 22), Stücke, die als Modelle seiner Arbeit mit kleinen Bands in den folgenden Jahren dienen können; nur sein witziger Gesang mit den skurrilen Randbemerkungen fehlt hier noch. Er war einer der großen Entertainer des Jazz und ein bedeutender Themenkomponist; so schrieb er in diesem Jahr für die Revue *Hot Chocolates* in New York »Ain't Misbehavin'« und »Black and Blue« und für eine andere Revue »Honeysuckle Rose«, sein meistgespieltes Stück. Eddie Condon hat übrigens in seinem sehr lesenswerten Buch *We Called it Music* (L 35) das Zustandekommen der obengenannten Aufnahmesitzung eindrucksvoll beschrieben.

Doch ein Ereignis überschattete 1929 alles andere: Der New Yorker Börsenkrach am 29. Oktober (Schwarzer Freitag) war der Beginn einer weltweiten schweren Wirtschaftskrise, die auch für den Jazz erhebliche Einbußen brachte, beispielsweise durch das rapide Absinken der Schallplattenproduktion in den USA.

1930

Zu den interessantesten Aufnahmen dieses Jahres zählen die des Luis Russell Orchesters. Einige der Musiker waren aus New Orleans, darunter der ausgezeichnete Trompeter Henry Red Allen; auch Russell selbst hatte dort einige Jahre als Musiker gearbeitet. So war dies so etwa wie eine New Orleans Big Band mit Swingelementen, mit einem farbigen Ensembleklang und einer lockeren Mehrstimmigkeit, als ob die Bläser gleich in eine Kollektivimprovisation ausbrechen wollten (Beispiel: »Saratoga Shout« vom 24. Januar [Sch 23]). Die Band spielte mit Baß statt mit Tuba, was ihr vor allem bei schnellen Stücken viel mehr drive gab; am Baß war der großartige Pops Foster, ein Pionier der slap-Technik.[28] Diese Umstellung erfolgte damals bei allen Big Bands; ebenso trat die Gitarre an die Stelle des Banjos, das den Nachteil hat, daß sein Klang sich mit dem anderer Instrumente kaum mischt. Damit begann die nächste Phase des Swing.

Am 22. April wurde im *Amtsblatt des Thüringischen Ministeriums für Volksbildung* ein Erlaß veröffentlicht, der praktisch ein Verbot bedeutete, Jazz in Thüringen öffentlich zu spielen (L 36, S. 362). Man kann geteilter Meinung darüber sein, inwieweit dieses Verbot Wirkungen hatte. Immerhin ist bemerkenswert, wann es erlassen wurde: drei Jahre *vor* Beginn der Nazidiktatur. Jedenfalls soviel ist sicher: durch solche und ähnliche Maßnahmen seitens des Staates wurde der Jazz in Deutschland immer mehr in die Privatsphäre abgedrängt. Wer ihn öffentlich spielte, mußte aufpassen. Für ihn öffentlich einzutreten, war nicht ratsam. Die so geförderte Ablehnung durch breite Bevölkerungsschichten, vor allem in kleineren Städten und auf dem Lande, war für uns Musiker noch viele Jahre nach Kriegsende immer wieder spürbar, wenn auch oft nur versteckt. Es gab vielerlei Ausnahmen von dieser Entwicklung, da der Nazistaat in hohem Maße von willkürlichen Entscheidungen der verschiedensten Amtsträger geprägt war. Aber der Trend ging immer mehr gegen den Jazz. Das merkte man auch der Musik der meisten deutschen Bands an: es fehlte vor allem am swing und an der Improvisation. Das sind genau die Elemente des Jazz, die nur in freier Luft gedeihen (L 37).

Am 17. Oktober nahm Duke Ellington eines seiner berühmtesten Stücke auf: »Mood Indigo« (Sch 24). Nur mit drei Bläsern, der klassischen New-Orleans-Besetzung Trompete, Klarinette, Posaune, aber im Satz, das Blech mit Dämpfer und die Klarinette als tiefstes Instrument, erzielte er einen unvergeßlichen Ensembleklang.

Jack Teagarden

1931

Duke Ellington spielte am 20. Januar erstmals seine »Creole Rhapsody« ein, die sich über zwei Plattenseiten[29] erstreckte, ein erstes längeres Werk und ein Vorläufer seiner späteren Suiten und Sacred Concerts.
Zu den wichtigsten neuen Solisten zählte der Posaunist und Sänger Jack Teagarden, der zusammen mit Miff Mole und Jimmy Harrison eine gegenüber früher wesentlich beweglichere Posaunenspielweise schuf.[30] Für seine Aufnahme des »Basin Street Blues« vom 9. Februar (Sch 25) schrieb er zusammen mit dem Posaunisten Glenn Miller den seither zu diesem Stück gehörenden Einleitungsteil; das Thema selbst stammt von Spencer Williams (L 38, S. 108 ff.). Der »Basin Street Blues« wurde dann später so mit Teagarden identifiziert, daß er ihn immer wieder spielen mußte oder glaubte, ihn spielen zu müssen – ein Schicksal, das auch anderen Jazzmusikern widerfuhr, so etwa Dizzy Gillespie mit »Night in Tunisia«, dem Modern Jazz Quartet mit »Django«, Art Blakey mit »Moanin'« und dem »Blues March«, Dave Brubeck mit »Take Five«...
Der frühe Tod Bix Beiderbeckes am 6. August im Alter von 28 Jahren machte den Musiker bald zu einer Legende. Dorothy Baker schrieb später einen Roman über sein Leben, *Young Man With a Horn*, aber ohne wirkliches Verständnis für ihn oder überhaupt für das Leben und die Kunst eines Jazzmusikers.

1932

Das Interesse am Jazz nahm immer mehr zu. Vielerorts begannen Liebhaber, Platten – auch und gerade ältere – zu sammeln und sich zusammenzuschließen. So gründeten Hugues Panassié, Charles Delaunay und Pierre Nourry 1932 in Paris den Hot Club de France. Panassiés Buch *Le Jazz Hot* von 1934 war eine der ersten ernstzunehmenden Publikationen über den Jazz; vorher gelang es kaum einem Autor, das Wesentliche an dieser Musik zu erfassen. Leider vermochte es Panassié später nicht, die Weiterentwicklung zum Be Bop zu akzeptieren. In London entstand 1933 der erste der »Rhythm Clubs«, wie die Vereinigungen von Jazzfreunden in England hießen.

In den 80er Jahren kam eine erstaunliche LP heraus: Stereoaufnahmen des Duke Ellington Orchesters von 1932! Nun gab es damals Experimente in dieser Richtung, aber sicher nicht im Bereich des Jazz. Die Sache wird noch rätselhafter, wenn man hört, daß diese Aufzeichnungen gar nicht als Stereoaufnahmen gedacht waren, doch ist die Lösung ganz einfach. Es wurden zwei Aufnahmegeräte mit je einem Mikrophon verwendet, entweder zur Sicherheit, falls ein Gerät versagen sollte, oder um zwischen zwei Klangbildern wählen zu können. Beide Aufnahmen wurden aber dann ohne einen Nachweis auf ihr Zustandekommen getrennt veröffentlicht. Erst 1984 kamen zwei Sammler bei einem Hörvergleich darauf, daß die beiden Aufnahmen als Stereoaufzeichnungen gehört werden konnten. Es ist aufregend, das Ellington-Orchester von damals in ungeahnter Tonqualität zu erleben (Sch 26).
Vom Juli bis zum November war Louis Armstrong erstmals in Europa (nur in England); der Eindruck auf Musiker wie Publikum war überwältigend.
Der »New King Porter Stomp« vom 9. Dezember zeigte das Fletcher Henderson Orchester auf einem neuen Höhepunkt (Sch 8). Vor allem die Soli des Trompeters Bobby Stark und des Posaunisten J. C. Higginbotham scheinen fast zu explodieren vor Spielfreude und Einfällen.
Doch nur vier Tage später stahl die Benny Moten Big Band aus Kansas City, damals ein New York mindestens ebenbürtiges Zentrum des Jazz, Henderson die Show mit sieben Titeln (Sch 27) voll unwiderstehlichem swing, mit Musikern wie dem Trompeter Hot Lips Page und dem Tenorsaxophonisten Ben Webster. Der Pianist hielt sich noch zurück; drei Jahre später, als sich nach Mortons Tod die Band auflöste, baute er mit einigen der Musiker seine eigene auf: Count Basie.

1933

Die 52nd Street in New York zwischen 5th und 6th Avenue begann langsam, sich zu einem Jazz-Zentrum zu entwickeln. In den 40er Jahren konnte man dort in einer Reihe von Night Clubs auf engem Raum Dutzende großer Musiker an einem einzigen Abend hören; man brauchte nur nach nebenan oder über die Straße zu gehen. (Um 1950 war dann ziemlich plötzlich Schluß; die Clubbesitzer engagierten kaum noch Jazz-

gruppen [L 39]). Eine Art Gegenstück dazu war in den 40er Jahren in Los Angeles die Central Avenue.
Zwischen dem 18. April und dem 19. Mai nahm der englische Bassist und Arrangeur Spike Hughes in New York mit einer hochkarätigen Big-Band-Besetzung, zu der Henry Red Allen, Benny Carter (as), Coleman Hawkins und Chu Berry (ts), Dicky Wells (tb) und Sid Catlett (dm) gehörten, 14 seiner komplexen und schwierig zu spielenden Arrangements auf (Sch 28). Der Einfluß Ellingtons ist unverkennbar, aber mehr ist da auch nicht; Spike Hughes ist durchaus er selbst. Sehr schade, daß er diese Arbeit nicht später fortgesetzt hat.
Louis Armstrongs zweite Europareise dauerte vom August 1933 bis zum Januar 1935. Er besuchte diesmal halb Europa, von Norwegen bis Italien – aber leider nicht Deutschland. In die vielen Lobeshymnen mischte sich auch Kritik wegen seiner recht schwachen Begleitgruppen. Duke Ellington kam ebenfalls 1933 – zum ersten Mal – nach Europa (England, Frankreich). Hier gab es gleichermaßen neben viel Bewunderung Kritik, und zwar an seinem Programm, da er viele seiner von Platten her bekannten Stücke nicht spielte.
Am 4. Dezember spielte er dann in Chicago eines der raffiniertesten Stücke ein, das er je komponierte: »Daybreak Express«, die Beschreibung einer Zugfahrt bei Tagesanbruch – Programmusik, aber auf sehr hohem Niveau (Sch 29).
Wie sehr sich Coleman Hawkins mit musikalischen Fragen beschäftigte, zeigt die Aufnahme seines Stücks »Queer Notions« durch das Fletcher Henderson Orchester am 18. August (Sch 8). Das Arrangement stammte von Horace Henderson, dem Bruder des Bandleaders. Sperrige, doch sehr interessante Musik, die aus dem Rahmen des damals im Jazz Üblichen fällt.
Am 24. November machte Bessie Smith ihre letzten Schallplattenaufnahmen (sie starb vier Jahre später). Drei Tage danach hatte eine damals noch kaum bekannte 18jährige Sängerin ihr Schallplattendebüt, das freilich nur wenig von ihrer späteren Größe erahnen läßt: Billie Holiday. Das sollte sich aber schon bald ändern (Sch 30). An beiden Tagen war Benny Goodman mit von der Partie. Kurz zuvor, am 21. November, hatte er an einer sehr ungewöhnlichen Aufnahme teilgenommen, als Baßklarinettist, zusammen mit Red Norvo (Marimbaphon), dazu Gitarre und Baß. In »Dance of the Octopus« und »In a Mist« spielen die vier kammermu-

sikalischen Swing mit einem seltsam berührenden düsteren Grundcharakter (Sch 31). Der Jazz öffnete sich immer mehr...

1934

Der Swing löste sich weiter und weiter vom Dixieland. Vor allem wurde die Tonbildung der Bläser beim Satzspiel homogener, auch die Genauigkeit der Phrasierung beim Satzspiel nahm zu. Zudem wurde das Akkordmaterial umfangreicher, und die Arrangements wurden komplexer.
Zu den Big Bands, die an Qualität und Bekanntheitsgrad gewannen, gehörten die von Jimmy Lunceford und Chick Webb. Lunceford, einer der wenigen bedeutenden Bandleader, die nie als Musiker sonderlich auffielen, verfügte über ein Ensemble mit vollem Klang und wuchtiger Phrasierung; seine Hauptarrangeure waren der Trompeter Sy Oliver und der Pianist Edwin Wilcox (Sch 32). Webb, einer der großen Schlagzeuger des Jazz, riß die Band durch seinen enormen drive mit. Von 1931 bis kurz vor seinem Tod 1939 war sie Hausband im Savoy Ballroom in Harlem, wohl dem größten und berühmtesten Tanzpalast seiner Zeit, mit einem Saal für etwa 1600 Tänzer und zwei Bühnen, auf denen abwechselnd zwei Bands spielten (Sch 33). 1935 bekam Chick Webb eine neue Sängerin: Ella Fitzgerald. Sie hatte im Januar 1934 im Apollo Theater in Harlem mit 15 Jahren einen Talentwettbewerb gewonnen; sie mußte allerdings noch einige weitere Wettbewerbe absolvieren, bevor Webb sie engagierte – und adoptierte, da sie als Waise sonst wegen ihres Alters nicht mit der Band als normales Mitglied hätte auftreten können.
Ende März 1934 traf Coleman Hawkins in Europa ein. Er lebte und spielte bis 1939 in einer Reihe europäischer Länder. Sein Einfluß nicht nur auf die europäischen Tenorsaxophonisten, die ihn hörten und mit ihm spielen konnten, sondern auf den Jazz in Europa insgesamt kann kaum überschätzt werden. Nach Deutschland kam er in diesen fünf Jahren nie.
Im Mai 1934 machte Duke Ellington die Aufnahmen zu »Symphony in Black«, einem beeindruckenden 9-Minuten-Film, der das Leben der Afroamerikaner schildert, mit einem dramatischen Auftritt Billie Holidays.
Einen Monat später begann die Geschichte der Benny Goodman Big Band, zunächst noch eher unauffällig, mit Arrangements von Fletcher

Henderson und Spud Murphy; später kamen weitere gute Arrangeure wie Jimmy Mundy und Edgar Sampson hinzu.[31]
Im Dezember dieses Jahres entstand als Clubband in Paris das Quintette du Hot Club de France, die erste bedeutende europäische Jazzgruppe, mit einer ungewöhnlichen Besetzung (Geige, drei Gitarren und Baß) und zwei großen Musikern: dem in Belgien geborenen Zigeunergitarristen Django Reinhardt und dem Geiger Stephane Grappelli. Die unvergleichliche, locker swingende Spielweise dieses Ensembles wurde seitdem immer mehr für andere zum Vorbild, ist aber in dieser Qualität nie wieder erreicht worden (Sch 34).
1934 war leider auch in England der Beginn eines vom Arbeitsministerium auf Betreiben der Musikergewerkschaft erlassenen Verbots des Auftretens ausländischer, vor allem amerikanischer Tanzorchester, zu denen ohne jede Berücksichtigung künstlerischer Kriterien auch Jazzensembles gezählt wurden. Diese sinnlose Sperre. die nur selten durchbrochen werden konnte, dauerte bis 1956 (!) und wurde danach erst schrittweise gelockert (L 40, S 118 ff., S. 236 ff.; L 41, S. 166 ff.).

1935

Damit wir uns recht verstehen: es gab zahllose Tanzorchester, die keinen Jazz spielten, und wohl alle Big Bands hatten damals auch weniger jazzige und unjazzige Stücke im Repertoire (die schwarzen weniger als die weißen), weil solche bei bestimmten Gelegenheiten von ihnen erwartet wurden. Aber was sie alle spielen wollten und oft am besten spielen konnten, war Jazz. Dazu hatten sie in den folgenden Jahren mehr und mehr Gelegenheit, da der Jazz, vor allem der von Big Bands gespielte, nun immer populärer wurde.
Zu den besten Big Bands, mit druckvollem swing und erstklassigen Solisten, gehörte damals die Mills Blue Rhythm Band. Als Beispiel sei »Harlem Heat« vom 2. Juli genannt; das Arrangement stammt von Will Hudson (Sch 35). Interessant die Verwendung eines Baßsaxophons bei der Vorstellung des Themas.

Django Reinhardt

Mitte des Jahres verließ Tommy Dorsey das Dorsey Brothers' Orchestra, das Jimmy Dorsey unter seinem Namen weiterführte, und gründete seine eigene Big Band, die später der von Benny Goodman kaum nachstand (Sch 36). Mit einer kleineren Besetzung aus Mitgliedern seines Orchesters, der Clambake Seven, spielte er gekonnten, kraftvollen Dixieland.

Zur selben Zeit traf Benny Carter, inzwischen einer der führenden Altsaxophonisten und Arrangeure, in Paris ein. Auch sein Aufenthalt in Europa (bis zum Mai 1938) wirkte sich wie der Coleman Hawkins sehr fruchtbar auf die europäische Jazzszene aus. Nach Deutschland kam er in diesen drei Jahren nie.

Eine neue Farbe bei den Small Bands stellte das Benny Goodman Trio dar, mit dem Pianisten Teddy Wilson und mit Gene Krupa, das 1936 durch den Vibraphonisten Lionel Hampton zum Quartett erweitert wurde.[32] Die elegante Spielweise dieser Gruppe hatte im Jazz keinen Vorgänger. Goodman selbst setzte nicht nur mit seinem brillanten Spiel, das – wie Live-Aufnahmen beweisen – auch ins Hitzige ausbrechen konnte, neue Maßstäbe für die Klarinette; seine fließenden Achtelläufe deuten auch schon auf die Entwicklung des Jazz im Melodischen in den 40er Jahren hin. Am 13. Juli machte das Trio in New York erste Aufnahmen (Sch 37). Anschließend ging Goodman mit seiner Big Band auf Tournee, quer durch die USA, zunächst mit unterschiedlicher Resonanz. Dann, am 13. August im neuen Palomar Ballroom in Los Angeles, passierte das Unerwartete. Goodman spielte zunächst ruhigere Stücke, mit dem Ergebnis, daß niemand im Publikum sonderliche Begeisterung zeigte. Schließlich legte er seine swingendsten Nummern auf – und die Besucher tobten vor Begeisterung. Mit diesem Auftritt begann Benny Goodmans Siegeszug als Musiker und Bandleader, der ihm den Beinamen »King of Swing« einbrachte[33] (Sch 37).

Am 12. September nahm Duke Ellington eine längere Komposition auf, das 13minütige »Reminiscing in Tempo«, ein weiteres seiner Meisterwerke,[34] das in Aufbau und Klangstruktur neue Wege im Jazz (und darüber hinaus) wies, damals aber von vielen Hörern und Kritikern als zu ungewöhnlich empfunden wurde (Sch 38 – ausführliche Analyse in L 17, S. 75 ff.). Ellington hat sich innerhalb des Jazz seine eigene Welt aufgebaut, wie später auch Thelonious Monk und Charles Mingus; sie wartet immer noch auf endgültige Entdeckung und Anerkennung.

Und dann gab es da noch im Reno Club in Kansas City eine neue kleine Big Band von neun Musikern, deren kochender Swing jede Nacht die Besucher begeisterte. Das war der Beginn des Count Basie Orchesters, das Basie mit einer kurzen Unterbrechung 1950/51 bis zu seinem Tode 1984 leitete.

Weitere Musiker: Roy Eldridge, Bill Coleman und Cootie Williams (Trompete), Barney Bigard und Buster Bailey (Klarinette), Willie the Lion Smith (Klavier)
Weitere Bands: Claude Hopkins, Cab Calloway, Fats Waller

1936

Im Februar bekam Count Basie mit dem Tenorsaxophonisten Lester Young einen neuen und zugleich seinen besten Musiker (L 42). Von ihm wird später noch mehrmals die Rede sein.
Mitte des Jahres beschloß ein Teil des eben aufgelösten Isham Jones Orchesters, zusammenzubleiben und eine neue Band zu gründen; als Leiter wählten die Musiker den Klarinettisten und Altsaxophonisten Woody Herman. Damit begann die Geschichte einer weiteren großen Big Band und zugleich die Geschichte eines der bei den Musikern beliebtesten Bandleaders, der mit kleinen Unterbrechungen bis kurz vor seinem Tode 1987 Orchesterchef war – witzig, unauffällig, aber stets zielbewußt.
Am 31. Oktober spielte Count Basie (jetzt mit zwölf Musikern und dem Sänger Jimmy Rushing) zum letztenmal in Kansas City; die Band ging auf eine Tournee, die sie nach New York bringen sollte. Am 9. November nahm eine kleine Gruppe aus der Band in Chicago vier Stücke auf, von denen zwei, »Shoe Shine Boy« und »Oh! Lady Be Good«,[35] die ersten großen Soli Lester Youngs enthalten, voll überraschender Wendungen und innerer Logik, mit eindringlichem, aber nie aufdringlichem Ton geblasen (Sch 39). Selten hat ein Jazzmusiker auf seinen ersten Aufnahmen so überzeugend debütiert; allerdings war Young damals auch schon 27 Jahre alt.[36] Diesen beiden Soli folgten viele weitere von Bedeutung; Frank Büchmann-Møller hat sie alle, bis zu den letzten von 1957, in beispielhafter Weise analysiert (L 43). Lester Young war nicht nur ei-

ner der großen Melodiker des Jazz; er hat auch als erster konsequent den Weg zu einer fließenden Phrasierung beschritten, die später den Be Bop kennzeichnete: bei ihr werden innerhalb einer Phrase vor allem bei Achtelfolgen die Töne zumeist ohne Pausen, aber rhythmisch genau plaziert, nebeneinandergesetzt. Hinzu kommt – wohl zwangsläufig – bei Bläsern eine Reduzierung des Vibratos: es wird entweder gar keines verwendet, oder die Töne werden mit einem Endvibrato versehen, aber (weitgehend) ohne Vibrato angeblasen.
Kurz vor Weihnachten traf die Basie Band in New York ein, das damit endgültig, nach New Orleans, Chicago und Kansas City, zur neuen Hauptstadt des Jazz wurde und dies bis heute blieb.

Weitere Musiker: Stuff Smith (Geige), Mary Lou Williams (Klavier)
Weitere Arrangeure: Deane Kincaide

1937

Am 21. Januar machte das Count Basie Orchester erstmals Aufnahmen (Sch 39). Im Kern war alles schon vorhanden, was diese Band später so berühmt machte: der lockere, doch immer aktive swing, Basies sparsames Klavierspiel (freilich noch nicht lakonisch-trocken wie einige Jahrzehnte später), die stets musikalischen Bläserriffs, aus denen man ohne weiteres neue Themen machen könnte, kraftvolle Soli, wirkungsvoll und überzeugend geblasene Sätze. Nur einer fehlte noch: der Gitarrist Freddie Green. Er kam zwei Monate später und blieb bis zu seinem Tod 1987 Mitglied des Orchesters, das nach Basies Tod unter anderer Leitung weitergeführt wurde. Als Rhythmusgitarrist war Freddie Green einmalig und auch für den Ensembleklang unentbehrlich; Soli spielte er grundsätzlich keine. Damit war eine der besten Rhythmusgruppen der Jazzgeschichte komplett: Basie, Green, Walter Page (Baß) und Jo Jones (Schlagzeug).
Vier Tage später machte Billie Holiday die ersten einer Reihe von Aufnahmen (bis 1938), bei denen Teddie Wilson und Lester Young mitwirkten (Sch 40). Sie sind in ihrer Ausdrucksstärke und Subtilität Meilensteine des Gesangs im Jazz. Was für eine Stimme war das aber auch inzwischen geworden! Billie Holiday machte mit ihr aus jedem Stück, das sie

sang, *ihr* Stück; es war unerheblich, daß das Thema fast nie von ihr stammte. Dazu hatte sie ein sehr sicheres timing und ein Gefühl für Melodien, das sie höchst wirkungsvoll bei Veränderungen einsetzte: hier ein Ton dazu, dort einer weg... Verzögerungen, Verschleifungen, Akzente... Sie komponierte die Themen regelrecht neu und gab ihnen Qualitäten, die sie vorher nicht hatten. Zudem machte sie keinerlei Show, sondern stand einfach da und sang. Von ihren Begleitern war vor allem Lester Young wichtig; beide schufen ein Modell für die Beziehung Stimme–Melodie-Instrument, das kaum je im Jazz wieder erreicht wurde (sehr nahe kommt ihm das Duo Ella Fitzgerald–Joe Pass).

Der Jazzgesang war zu dieser Zeit noch nicht sehr entwickelt. Bei den Sängern hatten Louis Armstrong und Bing Crosby Beispiele für den Einsatz der Stimme im Jazz gegeben, aber Crosby sang nicht eben häufig mit reinen Jazzgruppen. Bei den Sängerinnen trat nach der ersten und einzigen Blütezeit des Vaudeville Blues in den 20er Jahren erst einmal eine Pause ein, bis dann die Zeit der Big-Band-Sängerinnen (von den Musikern respektlos »canaries« genannt) einsetzte. Aber mit einer Big Band zu singen, lag nicht allen, auch Billie Holiday nicht; ihre Stärken konnte sie in kleinen Bands viel besser zeigen. An Gesangsgruppen hatte es bis dahin zwei interessante gegeben, die Mills Brothers (vier Sänger) und die Boswell Sisters (drei Sängerinnen); gemischte Gruppen entstanden erst später. Beide bestachen durch perfekten Satzgesang und sicheres Timing (L 11).

Am 28. April entstanden in Paris vier Aufnahmen, die zu den besten gehören, die von Coleman Hawkins je eingespielt wurden; die Besetzung bestand aus vier Saxophonen: Benny Carter und André Ekyan (as), Coleman Hawkins und Alix Combelle (ts), dazu eine Rhythmusgruppe mit Stéphane Grappelli (p) – er war auch ein vorzüglicher Pianist – und Django Reinhardt (Sch 41). Für zwei dieser Stücke hatte Benny Carter Arrangements geschrieben, die den Saxophonsatz in großer Form präsentieren. In »Crazy Rhythm« spielen auch Ekyan und Combelle gute Soli. Paris war damals, wie viele Aufnahmen zeigen, *das* Zentrum des Jazz in Europa.

Immer wieder wurden Jazzmusiker vor allem durch *eine* Aufnahme bekannt, weil ihnen dort alles gelang, Idee und Ergebnis voll übereinstimmen. So auch der Trompeter Bunny Berigan mit seiner Big Band-Version von »I Can't Get Started« vom 7. August (Sch 42), souverän und mit

viel innerer Bewegung gespielt. Die beiden Fassungen vom Jahr zuvor mit kleinen Gruppen sind ebenfalls bemerkenswert.
In den Aufnahmen mit kleinen Besetzungen des Duke Ellington Orchesters aus jenen Jahren kann man die großen Solisten sozusagen aus nächster Nähe wie bei einem Auftritt in einem kleinen Club erleben und ihr unvergleichlich sanftes Spiel bewundern: Kammermusik mit Bläsern (Beispiel: »Pigeons and Peppers« vom 26. Oktober [Sch 43]).
Eine Big Band, die immer wieder wie eine Dixieland Band klang – auch das gab es. Das war das Orchester von Bob Crosby, dem Bruder Bing Crosbys. Seine Musik, sehr gekonnt gespielt, klang stets optimistisch. Als Beispiel sei die »South Rampart Street Parade« vom 5. November genannt (Sch 44).
Ein neues Trio entstand in diesem Jahr, mit einer ungewöhnlichen Besetzung (Klavier, Baß, Gitarre – kein Schlagzeug, keine Bläser), geleitet von einem Pianisten mit sparsamem, immer melodischem Spiel, der schon ein paar Jahre später zu den großen Jazzpianisten gehörte und ebenso auch zu den großen Jazzsängern: Nat King Cole. Noch später war er ein Vorbild für so unterschiedliche Musiker wie Ray Charles und Oscar Peterson. Und dann wurde er Schlagersänger und war auch da einer der Besten.

Weitere Musiker: Buck Clayton (Trompete), Herschel Evans (Tenorsaxophon), George Chisholm (Posaune/England), Ernst Höllerhagen[37] (Klarinette/Deutschland), Jiri Verberger (Klavier/Tschechoslowakei)
Weitere Sängerinnen: Ivy Anderson, Mildred Bailey
Weitere Bands: Bert Ambrose (England), Die Goldene Sieben (Deutschland)

1938

Der 16. Januar wurde zu einem historischen Datum. Zum erstenmal gab es heißen Jazz in der Carnegie Hall, New Yorks bedeutendstem Konzertsaal, der bisher klassischer Musik vorbehalten war. Benny Goodman war skeptisch – ob das gutgehen würde? Aber mit seiner Big Band, seinem Trio/Quartett, dazu Gästen von Duke Ellington und Count Basie sowie dem Trompeter Bobby Hackett wurde es alles in allem ein großartiges Konzert. Und das Schöne: Wir können es noch heute miterleben. Denn es wurde auf Folien mitgeschnitten, die dann zwar zuerst jahrelang bei Goodman zu Hause in einem Schrank lagen, aber schließlich doch den Weg zu COLUMBIA fanden, die sie 1950 auf zwei ihrer ersten Langspielplatten veröffentlichte (Sch 45).

Am 17. Januar gab es in New York die ersten Aufnahmen für das neue Label COMMODORE mit einer Gruppe um Eddie Condon, der in den folgenden Jahrzehnte viel dafür tat, erstklassigem Dixieland Gehör und Freunde zu verschaffen, und mit einem Trio um Bud Freeman. Milt Gabler, Besitzer und Produzent von COMMODORE, hat vor allem in den 40er Jahren eine erstaunliche Anzahl guter Aufnahmen mit Dixielandbands gemacht, die zeigen, wie lebendig diese Musik nach wie vor war.

Wieder einen Tag später – das war eine ereignisreiche Woche für den Jazz – nahm Lionel Hampton mit einer kleinen Band »Ring dem Bells« auf, ein schönes Beispiel für die hart swingende, vitale Musik, die Hampton so liebte und die er 1937–41 mit den verschiedensten Besetzungen einspielte (Sch 46). Hampton stellte sich später auch als mitreißender Schlagzeuger vor (»Jack the Bellboy«) und als Zweifinger-Pianist (indem er die Zeigefinger wie Vibraphonschlegel benützte) von atemberaubender Virtuosität (»Central Avenue Breakdown«). Beide Aufnahmen entstanden am 10. Mai 1940 mit dem Nat King Cole Trio.

Überhaupt kein Virtuose war der Pianist, Gitarrist und Sänger Slim Gaillard, dafür aber ein großer Komiker. Sein »Flat Foot Floogie« vom 17. Februar mit dem Bassisten Slam Stewart gab davon einen Vorgeschmack (Sch 47). Später verwendete er immer häufiger Wörter einer von ihm erfundenen Sprache, deren Bedeutung nur er kannte (vout, O'Rooney). Sein Gegenstück war in den 40er Jahren Harry »The Hipster« Gibson.

Am 10. April starb King Oliver, arm und vergessen, der Mann, der 15 Jahre zuvor mit seiner Creole Jazz Band in Chicago Jazzgeschichte gemacht hatte.

Jelly Roll Morton spielte 1938 in einem kleinen Club in Washington, als ihn der Musikforscher Alan Lomax vom Mai bis Juni und dann nochmals im Dezember zu einer einmaligen Aufnahmeserie für die Library of Congress einlud. Morton erzählte, spielte, erzählte, sang sogar gelegentlich, erklärte, spielte... eine faszinierende Charakterstudie und zugleich ein einmaliges Dokument. Leider sind diese Aufnahmen, die zwölf(!) Langspielplatten füllen, schon seit langem vergriffen.

Der Klarinettist Artie Shaw hatte schon seit 1936 eine eigene Big Band. Aber erst »Begin the Beguine«, arrangiert von Jerry Gray, aufgenommen am 24. Juli 1938 machte ihn richtig bekannt. Seine Band, wie auch er selbst, spielte mit lässigem swing und mit einem Sinn für Nuancen, der etwa bei Goodman nicht immer anzutreffen war (Sch 48).

Wunderschöne Musik mit New-Orleans-geprägten Bläserkollektiven und -soli und einer Swing-Rhythmusgruppe war das Ergebnis von vier Aufnahmen am 28. November mit Sidney Bechet, dem Trompeter Tommy Ladnier und einer Gruppe von Musikern, die ganz im Banne der beiden standen. Vor allem »Really the Blues« ist ein kleines Meisterwerk und gehört zu den besten Bluesaufnahmen der Jazzgeschichte (Sch 49).

Im Dezember machten in Dänemark der Geiger Svend Asmussen, der Stephane Grappelli nicht viel nachstand, und der vorzügliche argentinische Gitarrist Oscar Alleman Aufnahmen (Sch 50). Wie viele weitere Einspielungen der folgenden Jahre zeigen, war Dänemark damals durchaus auf dem Wege, die im europäischen Jazz führenden westlichen Länder einzuholen. Der lockere Swing der dänischen Musiker fehlte beispielsweise den meisten deutschen Musikern.

Am 23. Dezember veranstaltete John Hammond, einer der bedeutenden Schallplattenproduzenten des Jazz, ein Konzert in der Carnegie Hall unter dem Titel »Spirituals to Swing«, das mit verschiedenen Gruppen das Motto des Abends eindrucksvoll verdeutlichte; ein Jahr darauf folgte ein zweites Konzert (Sch 51). Alfred Lion war von den Boogie-Woogie-Pianisten Albert Ammons und Meade Lux Lewis so begeistert, daß er wenig später, am 6. Januar 1939, Aufnahmen mit ihnen machte. Das war der Anfang des später für den Jazz so wichtigen Labels BLUE NOTE.

Auch Pete Johnson, der dritte Boogie-Woogie-Pianist bei diesem Konzert, kam zu einer Aufnahme; am 30. Dezember spielte er mit dem Sänger Big Joe Turner (nicht zu verwechseln mit dem Pianisten Joe Turner) »Roll 'em Pete« ein (Sch 52). Turner gilt inzwischen als einer der größten, wenn nicht als der größte Bluessänger des Jazz.

Weitere Musiker: Harry Edison und Harry James (Trompete), Jess Stacy (Klavier), George Wettling (Schlagzeug)
Weitere Bands: John Kirby, Kurt Hohenberger (Deutschland)

1939

Am 11. Januar gab es erstmals Aufnahmen der Metronome All Star Band, die aufgrund einer Umfrage der Zeitschrift *Metronome* nach den besten/beliebtesten Musikern des vergangenen Jahres zusammengestellt worden war. Die Umfragen (polls) wurden später u. a. von der Zeitschrift *Down Beat* aufgenommen, die sie heute noch durchführt. Ihr Wert ist höchst zweifelhaft, wenn sie auch ohne Frage den Gewinnern eine Menge Publicity einbringen. Von den Aufnahmen der Metronome All Star Bands sind vor allem die von 1940 und 1949 interessant (Sch 53).

Am 20. April nahm Billie Holiday »Strange Fruit« auf, eines der ergreifendsten Lieder über die Lynchjustiz (nach den Vorstellungen der GEMA also Unterhaltungsmusik!). Sie hatte des zuerst COLUMBIA angeboten, die aber ablehnte. Auch die anderen Titel dieses Tages, so etwa der Blues »Fine and Mellow«, sind eindrucksvolle Dokumente ihrer großen Gesangskunst (Sch 54).

Eine Gruppe um den Kornettisten Muggsy Spanier spielte unter dem irreführenden Namen »Muggsy Spanier's Ragtime Band« am 7. Juli die ersten einer Reihe von Aufnahmen mit packendem Dixieland ein. Doch gab es unter den Stücken, die später unter dem Titel »The Great 16« erschienen (Sch 55), mit »Relaxin' at the Touro« vom 22. November auch einen langsamen Blues, der das melodische Gespür Muggsy Spaniers und seinen Sinn für Dramatik dokumentiert. Er war einer der großen weißen Jazzmusiker jener Zeit, als Kornettist neben Bobby Hackett so etwas wie ein würdiger Nachfolger Bix Beiderbeckes, wenngleich mit einem anderen Konzept.

Der Tenor- und Sopransaxophonist Charlie Barnet, der seit 1933 mit Unterbrechungen eine gute Big Band geleitet hatte, die von Duke Ellington wie auch von Count Basie beeinflußt war, nahm am 17. Juli »Cherokee« auf, ein Stück, mit dem die Band später immer wieder identifiziert wurde, ebenso wie mit »Skyliner« vom 3. August 1944 (Sch 56).

Am 1. August spielte Glenn Miller, seit 1937 Leiter und Arrangeur einer Big Band, zum erstenmal »In the Mood« ein. Dieses Stück, dessen Thema von Joe Garland stammt, wurde erstaunlicherweise, wie auch andere Titel der Band (»Moonlight Serenade«, »American Patrol«,

»Little Brown Jug« u. a. m.), nach dem Zweiten Weltkrieg in Europa für viele nicht nur zu einem Synonym für Big-Band-Swing, sondern für Jazz überhaupt. Dabei zeigte schon diese Aufnahme Stärken wie Schwächen des Orchesters: ein einfaches Thema in einem handwerklich gut gemachten Arrangement ohne viele Einfälle, präzise und swingend gespielt, mit passablen Soli. War es der spezielle Ensembleklang mit dem von einer Klarinette geführten Saxophonsatz? Oder war es so, daß einfache symmetrische Strukturen mit vielen Wiederholungen, rhythmisch genau gebracht, die richtige Mischung für ein breites Publikum darstellten?

Im August kam der Gitarrist Charlie Christian zu Benny Goodman, der mit ihm vor allem in seinen kleinen Gruppen mitreißende Aufnahmen machte (Sch 57). Charlie Christian, der seit 1937 mit Verstärker spielte,[38] war nicht nur *der* Wegbereiter der E-Gitarre im Jazz, sondern mit seinen von Bläsern, vor allem von Saxophonisten inspirierten single--line[39]- Soli ein Pionier des Be Bop. Dessen erste Blütezeit erlebte er aber nicht mehr; er starb 1942 mit 25 Jahren an Tuberkulose.

Ein Meisterwerk besonderer Art entstand am 11. Oktober: Coleman Hawkins' Fassung von »Body and Soul«. In nur zwei Chorussen voller Spannung und harmonischen Finessen demonstrierte Hawkins sein stupendes Können, das ihn zu einem der großen improvisierenden Musiker des Jazz machte. Dazu kommt, daß er eigentlich ganz alleine und sozusagen ohne Pause spielte; seine Ideen kommen unaufhaltsam, wie ein unbezähmbarer Fluß. Seine Begleitung hielt sich glücklicherweise ganz im Hintergrund. Diese Aufnahme ist seither zu Recht ein Studienobjekt für alle Tenorsaxophonisten der Welt geworden (Sch 58).

Zwei neue, für Duke Ellington wichtige Musiker kamen 1939 in sein Orchester. Der Pianist und Arrangeur Billy Strayhorn – bis zu seinem Tod 1967 Mitglied der Band – dessen Spielweise und Arrangiertechnik mit der Ellingtons eine verblüffende Ähnlichkeit aufwies, begann mit diesem eine fruchtbare Zusammenarbeit, von der das Orchester sehr profitierte. Der Bassist Jimmy Blanton war das Gegenstück zu Charlie Christian; seine Baßspielweise, höchstens mit einem Mikrophon verstärkt,[40] schuf die Grundlage für den dann im Be Bop als Hauptbegleitform gebräuchlichen walking bass. Zudem war er der erste große Baßsolist des Jazz, abgesehen von Slam Stewart. Auch er starb leider sehr früh: 1942 mit 23 Jahren, wie Charlie Christian an Tuberkulose.

William Russell und Frederik Ramsey, die beiden Autoren von *Jazzmen*, dem bis dahin besten amerikanischen Buch über die Geschichte des Jazz, das 1939 erschien, fanden bei ihren Nachforschungen aufgrund eines Hinweises von Louis Armstrong den Trompeter Bunk Johnson, der schon vor dem Ersten Weltkrieg zu den bemerkenswertesten Musikern seines Instruments in New Orleans gehört hatte, aber seit Jahren nicht mehr aufgetreten war. Das Interesse an ihm veranlaßte ihn, wieder zu spielen; er wurde in den folgenden Jahren zu einer Symbolfigur des New Orleans Revivals.

Weitere Bands: Gene Krupa, Harry James, Arne Hülphers (Schweden), Teddy Stauffer (Schweiz)
Weitere Arrangeure: Joe Lippman

1940

Mit Ben Webster erhielt Duke Ellington im Januar noch einen weiteren wichtigen Solisten; damit war die Webster/Blanton Band komplett, wie diese Besetzung Duke Ellingtons anfangs der 40er Jahre genannt wird. Es gibt nicht wenige, die sie für die beste halten, die er je hatte. Jedenfalls ist schon das für den Trompeter Cootie Williams geschriebene »Concerto for Cootie« vom 15. März ein farbiges und ausbalanciertes Werk von großer Klasse (L 13, S. 77), dem bald weitere folgten (»Jack the Bear«, »Ko-Ko«, »Cotton Tail«, »In a Mellotone« u. a. [Sch 59]). Ungewöhnlich spannend und in die Zukunft weisend sind die vier Duette, die Ellington mit Jimmy Blanton am 1. Oktober aufnahm (Sch 60). Wer sie heute hört und ihr Entstehungsdatum nicht kennt, könnte sie auch in eine viel spätere Zeit verlegen.
Anfang Februar bekam Tommy Dorsey, der sich schon seit dem November des Vorjahres über einen neuen Schlagzeuger freute, der seinem Orchester mit wuchtigem drive rhythmische Impulse gab, auch einen neuen Sänger. Beide wurden später berühmt: Buddy Rich als unerhört brillanter Techniker, Frank Sinatra als großer Sänger, bestechend vor allem in seiner Art, Texte glaubwürdig vorzutragen, und in seinem timing. Auch wenn er dann oft mit Gruppen anderer Stilistik arbeitete, spürte man doch immer, daß er vom Jazz herkam.

Vier Titel, die Louis Armstrong und Sidney Bechet am 27. Mai einspielten, brachten die beiden großen Musiker des New Orleans Jazz nach langer Zeit wieder in einem Aufnahmestudio zusammen (1924/25 hatten sie bereits einige Stücke mit Clarence Williams' Blue Five aufgenommen). Es kam zu einem spannenden Duell. Bechet – immer bereit, die Führung einer Band zu übernehmen – wollte die Führungsrolle Armstrongs als Trompeter durchaus nicht so ohne weiteres anerkennen (Sch 61).

Im November hatte Lionel Hamptons Big Band ihren ersten Auftritt. Ihr ging es weniger um ausgefeilte Arrangements, auch nicht um Präzision; Nuancen und subtiles Spiel waren auch nicht ihre Stärke. Dafür aber explodierte sie förmlich vor Lebensfreude. Schon Ende des Jahres hatte sie in dem 17jährigen Dexter Gordon und dem 18jährigen Illinois Jacquet zwei Tenorsaxophonisten, die ihr Instrument mit einer Energie bliesen, die später nicht nur im Jazz, sondern auch im Rhythm and Blues, der damals neu entstehenden Form von Bluesmusik, Schule machte. Auch die grobe, bisweilen tumultöse Art der Hampton Big Band gehört zum guten Jazz; immerhin wurden die wilden Ausbrüche durch das virtuose Spiel Hamptons, eines der großen Vibraphonisten des Jazz, aufgefangen.

Ein unglaubliches Big-Band-Meeting gab es am 18. November im New Yorker Manhattan Center. Im Rahmen eines Benefizkonzertes spielten vor tausenden von begeisterten Zuhörern nicht weniger als 28 Big Bands, jede 15 Minuten lang. Alles klappte wie vorgesehen, nur eine Band wollte das Publikum nicht ohne Zugaben gehen lassen: Das war die von Jimmy Lunceford.

Am 30. November nahm eine kleinere Gruppe von Musikern aus Kansas City unter der Leitung des Pianisten Jay McShann sieben Stücke auf, bei denen ein 20jähriger Altsaxophonist sein Debüt gab,[41] der schon kurze Zeit später maßgeblich an einer neuen, weitreichenden Entwicklung im Jazz beteiligt war: Charlie Parker (Sch 62). Seine Spielweise ist hier noch nicht so ausgeprägt, wenn auch im Kern schon deutlich erkennbar; daher mehr über ihn später. Nur soviel schon: Er wurde durch seine künstlerische Leistung wie durch einen enormen Einfluß auf die gesamte Jazzszene und darüber hinaus wohl der bedeutendste Jazzmusiker, den es bis heute gegeben hat (L 45).

Am 6. Dezember machte Nat King Cole erstmals Aufnahmen mit seinem Trio für eine der großen Firmen (Sch 63). Wir hören lockeren Swing, sehr melodische Soli, vor allem von ihm selbst, eine neue, sofort unverkennbare Gesangsstimme und gelegentlich auch Unisonogesang der ganzen Gruppe.[42]

In diesem Jahr übernahm der frühere Saxophonist und Bandleader Teddy Hill das Management von Minton's Playhouse, einem unscheinbaren Lokal in der 118. Straße in New York. Er stellte eine Hausband auf und lud Musiker zum Einsteigen ein. Im Frühjahr 1941 übertrug er dem Schlagzeuger Kenny Clarke die musikalische Leitung, der als Pianisten Thelonious Monk holte. Immer öfter kamen nun Gäste zu Sessions; häufig war die kleine Bühne völlig überfüllt. Charlie Christian war bald Stammgast; es kamen Charlie Parker, der Trompeter Dizzy Gillespie, der Tenorsaxophonist Don Byas, der Pianist und Arrangeur Tadd Dameron, aber auch Coleman Hawkins und Ben Webster und viele andere. Es wurde gespielt, ausprobiert, diskutiert...

Etwas Neues war im Entstehen.[43]

Weitere Musiker: Vic Dickenson (Posaune), Milt Hinton (Baß)
Weitere Bands: Fud Candrix (Belgien)

1941

Am 15. Februar nahm Duke Ellington seine spätere Erkennungsmelodie »Take the A-Train« zum erstenmal auf; das Thema stammte von Billy Strayhorn. Die Trompetensoli von Ray Nance passen wie angegossen zum Arrangement – ein Beispiel mehr für die überaus enge Zusammenarbeit Ellingtons mit seinen Musikern (Sch 59).

Von den Titeln, die Benny Goodman mit seiner Small Band am 13. März aufnahm, ist vor allem »Air Mail Special« bekannt geworden. Über einer enorm swingenden Rhythmusgruppe mit Dave Tough am Schlagzeug spielen Goodman, Charlie Christian, der Tenorsaxophonist Georgie Auld (ein gebürtiger Kanadier) und vor allem der Trompeter Cootie Williams, der seit November 1940 bei Goodman arbeitete, inspirierte Soli (Sch 57).

Neun Tage zuvor hatte das Benny Goodman Orchester »Solo Flight« eingespielt, das Jimmy Mundy für Charlie Christian als Hauptsolisten arran-

giert hatte. Es ist ein frühes Beispiel einer gelungenen Einbeziehung einer solistisch eingesetzten E-Gitarre in einer Big Band (Sch 57).
Manche Big Bands arbeiteten damals mit einer zusätzlichen Streichergruppe (Artie Shaw, Harry James, später auch Tommy Dorsey). Doch musikalisch kam dabei kaum etwas heraus. Es fehlte an geeigneten Arrangeuren wie an Musikern; zudem stand die damals übliche Art der Tonbildung der Bläser der der Streicher zu sehr entgegen.
Eine Pionierleistung besonderer Art vollbrachte Sidney Bechet am 18. April. Nach langer Vorbereitung nahm er im damals noch ganz unüblichen Playback-Verfahren (es gab noch kein Tonband) mit sechs Instrumenten (ss, ts, cl, p, b, dm), die er alle selbst spielte, »Sheik of Araby« und dann noch mit vier Instrumenten »Blues for Bechet« auf. Das musikalische Ergebnis ist durchaus bemerkenswert (Sch 64).
Im Mai zeichnete Jerry Newman, ein jazzbegeisterter Musikliebhaber, mit einem tragbaren Gerät einige der Sessions in Minton's Playhouse auf – wertvolle Dokumente einer Musik im Übergang (Sch 65).
Nach dem Eintritt der USA in den Zweiten Weltkrieg gab es auch für die amerikanische Musikszene Probleme. Viele Musiker, und auch einige Bandleader, wurden eingezogen; eine Benzinrationierung und ein Engpaß bei Autoreifen zwang zu umständlichen Zugfahrten, die Rationierung von Schellack beeinträchtigte die Schallplattenproduktion, und eine Vergnügungssteuer auf Tanzveranstaltungen reduzierte die Auftrittsmöglichkeiten, da manche Veranstalter wegen der erhöhten Kosten aufgaben.
Ende des Jahres machte die Yerba Buena Jazz Band des Kornettisten Lu Watters in San Francisco ihre ersten Aufnahmen. Diese Band, 1940 gegründet, war der Beginn eines in den folgenden Jahren ständig wachsenden Interesses am Dixieland in Kalifornien. Die gleiche Wirkung hatte in Australien die Band des Pianisten Graeme Bell, die 1941 entstand. 1942 stellte der Pianist George Webb in London eine Band auf, die den Anstoß zu einer verstärkten Beschäftigung mit dem Dixieland in England gab.

Weitere Musiker: Al Casey (Gitarre)
Weitere Bands: Gene Krupa
Weitere Sängerinnen: Anita O'Day

1942

Am 26. Mai nahm Lionel Hampton mit seiner Big Band erstmals »Flying Home« auf, ein Stück voll wilder Expressivität, das er später noch unzählige Male spielte. Das Interessanteste daran ist das Solo von Illinois Jacquet, das – zu einem zweiten Thema geworden – dieser später ebenfalls mit eigenen Gruppen immer wieder spielte (Sch 66). Die Umwandlung von Improvisation in Arrangement/Komposition ist ein Vorgang, der im Jazz zu einem Arbeitsprinzip wurde. So wirken viele der Be-Bop-Themen von Charlie Parker und anderen wie aufgeschriebene Improvisationen.
Am 11. Juni entstanden in New Orleans unter schwierigen Bedingungen (die beiden einzigen professionellen Studios in der Stadt hatten es abgelehnt, schwarze Musiker aufzunehmen!) die ersten Aufnahmen mit Bunk Johnson und einer Reihe von bisher weitgehend unbekannt gebliebenen Musikern, darunter dem Klarinettisten George Lewis. Sie zeigen mit ihrer Frische und Ursprünglichkeit, daß der New Orleans Jazz nach wie vor putzmunter war, sogar noch die ungestüme Kraft von früher besaß, die bei späteren Aufnahmen der George Lewis Band und anderer Gruppen einer freundlichen Abgeklärtheit Platz machte (Sch 67).
Sehr nachteilig für den Jazz, insbesondere für die neuen Entwicklungen, war ein Streik der amerikanischen Musikergewerkschaft (recording ban) vom August 1942 bis zum November 1944.[44] Dies bedeutete, daß kein Musiker Aufnahmen für eine der großen Schallplattenfirmen machen konnte. Damit blieb die Entstehungsphase des Be Bop,[45] wie die neue Richtung des Jazz später genannt wurde, von einigen Privataufnahmen abgesehen, undokumentiert.
Dies bekam auch das Earl Hines Orchester zu spüren, dem inzwischen einige der jungen entwicklungsfreudigen Musiker angehörten. Charlie Parker kam als Tenorsaxophonist im Dezember 1942, kurz nach Dizzy Gillespie. Etwas später engagierte Hines eine Sängerin, die – wie Ella Fitzgerald acht Jahre zuvor – im Apollo Theater einen Talentwettbewerb gewonnen hatte: Sarah Vaughan. Auch sie wurde dann eine der großen Jazzsängerinnen.
In Deutschland machte der Geiger Helmut Zacharias gegen Jahresende eine der besten deutschen Jazzaufnahmen jener Zeit unter dem Titel

»Schönes Wetter heute!«, deutlich vom Quintett des Hot Club de France inspiriert (Sch 68). Im übrigen geriet der Jazz in Deutschland immer mehr unter politisch-gesellschaftlichen Druck. So mußten die Bands amerikanische Titel umbenennen, um nicht aufzufallen. Das Abhören ausländischer Sender, und damit auch aller Sendungen mit Jazz, war bei strengen Strafen verboten. Und wenn sich aufmüpfige Jugendgruppen in Großstädten mit dem Jazz identifizierten (wie in Hamburg/L 37), so bedeutete das noch lange nicht, daß sie ihn auch wirklich verstanden hatten. Jazz war ein Reizwort, wie auch noch lange nach dem Krieg – und Reizworte, ob sie nun heftige Ablehnung oder Zustimmung bedeuten, machen bekanntlich in jedem Fall gerne blind.

1943

Am 23. Januar fand in der Carnegie Hall die Uraufführung von Duke Ellingtons erster großer Suite »Black, Brown and Beige« statt, einem Werk, das das Schicksal der Afroamerikaner zum Thema hat. Die Reaktion des Publikums wie der Kritiker war eher negativ. Ellington war es nicht recht gelungen, zu einer überzeugenden großen Form zu finden; auch bei den späteren Suiten und den Kirchenkonzerten kämpfte er mit diesem Problem. Er spielte »Black, Brown and Beige« aber später noch öfter und nahm auch drei verkürzte Fassungen auf: 1944, 1958 mit der großen Gospelsängerin Mahalia Jackson und 1965; letztere wurde erst 1989 veröffentlicht.
Einige Privataufnahmen bei einer Session in einem Hotelzimmer in Chicago am 15. Februar zeigen die Merkmale des Be Bop schon sehr deutlich. Über einem treibenden walking bass von Oscar Pettiford, einem der besten jungen Bassisten, spielen Charlie Parker (Tenorsaxophon) und Dizzy Gillespie längere Improvisationen in der neuen fließenden Phrasierung mit vielen, immer wieder anders akzentuierten Achteln und unerwarteten Stops; dazu kommt eine melodisch-harmonische Ausgestaltung, die weit über das bisher im Jazz Übliche hinausgeht, und ein schärferer Ton (Sch 69).
Die zupackende Art des Kornettisten Wild Bill Davison mit seiner vorzüglichen Dixielandband bei Aufnahmen am 27. und 30. November wurde in den folgenden Jahrzehnten zu einem Symbol für diese Art von Jazz,

die tatsächlich eine Mischung aus Dixieland und Swing ist (Sch 70).[46] Noch mit 82 Jahren gastierte er 1988 bei der Sacramento Dixieland Jubilee und ließ sich prompt auf einen »Wettkampf« mit zwei wesentlich jüngeren Kollegen ein.
Am 23. Dezember spielte Coleman Hawkins mit einem Quartett »The Man I Love« und »Sweet Lorraine« ein, zwei weitere seiner großen Aufnahmen (Sch 71). Er ist ein Meister im harmonisch ausgefeilten Spiel; so verwundert es nicht, daß er von daher am Be Bop sehr interessiert war.
Einige Wochen zuvor war er auch an Aufnahmen von Leonard Feather's Esquire All Stars beteiligt gewesen, einer der nicht eben häufigen Gelegenheiten, wo man den Pianisten Art Tatum, der sonst vor allem alleine oder im Trio arbeitete, in einer größeren Besetzung hören konnte. Tatum ist ein besonderer Fall im Jazz. Technisch brillant wie bis dahin kein zweiter (erst der kanadische Pianist Oscar Peterson, den er beeinflußte, erreichte und übertraf ihn später), harmonisch neue Wege gehend, erschöpften sich seine Soli doch oft in kunstvollen Ausschmückungen und Paraphrasierungen des Themas. Er verzierte, wo andere gestalteten. Es ist bezeichnend, daß er bei diesen Aufnahmen nicht soviel davon hören ließ, sondern konzentriert und etwas zurückhaltend spielte; sicherlich eine Folge seiner Position in dieser Gruppe (Sch 72).

Weitere Bands: Dick Willebrand (Holland)
Weitere Sängerinnen: Dinah Washington

1944

Am 18. Januar fand das erste Jazzkonzert in der New Yorker Metropolitan Opera statt. Eine Starbesetzung, zu der u. a. Louis Armstrong, Roy Eldridge, Jack Teagarden, Coleman Hawkins, Lionel Hampton und Red Norvo (Vibraphon) gehörten sowie Mildred Bailey und Billie Holiday, musizierte in einer entspannten Atmosphäre mit viel Esprit und Spaß. Auch hier paßte Art Tatum, neben Teddy Wilson, seine Spielweise seiner Rolle als Bandpianist wirkungsvoll an (Sch 73).
Im Februar engagierte Orson Welles für einige Monate Kid Ory's Creole Jazz Band für seine Radio Show in Los Angeles und verschaffte damit einer der besten Bands der 40er Jahre im »alten« Stil eine größere Reso-

nanz. Kid Ory spielte rauhe Musik mit einem stampfenden beat, herzhaft und liebenswert (Sch 74).
Der Sänger Billy Eckstine, seit 1939 bei Earl Hines, entschloß sich, eine eigene Big Band aufzustellen. Sie wurde so etwas wie die erste Be-Bop-Big Band, mit Dizzy Gillespie und Charlie Parker (wieder Altsaxophon, sein Hauptinstrument), die allerdings nur einige Monate blieben. Später kamen u. a. die Trompeter Fats Navarro, Kenny Dorham und Miles Davis, dazu die Tenorsaxophonisten Dexter Gordon und Gene Ammons, der Bassist Tommy Potter und der Schlagzeuger Art Blakey, alles Musiker, die in den folgenden Jahren – teilweise auch Jahrzehnten – im Jazz eine große Rolle spielten; außerdem Sarah Vaughan als Sängerin. Arrangements schrieben u. a. Jerry Valentine und Gil Fuller. Leider gibt es wegen des recording ban von diesem Jahr nur wenige und überdies kaum zugängliche Aufnahmen.
Ein Konzert ähnlicher Art wie das in der Metropolitan Opera wurde von Norman Granz, einem jungen Mann aus der Filmbranche, am 2. Juli im Philharmonic Auditorium in Los Angeles veranstaltet; u. a. waren Illinois Jacquet, Nat King Cole und der Posaunist J. J. Johnson beteiligt (Sch 75). Granz' Idee war es, eine Jam Session mit ihrer Spontaneität und Ungezwungenheit auf eine große Bühne zu bringen. Das gelang so gut, daß er daraus ein Konzertunternehmen machte mit vielen Tourneen, in den 50er und 60er Jahren auch nach Europa, Japan und Australien. Unzählige Musikfreunde haben so ihre ersten Konzerte mit Ella Fitzgerald, Oscar Peterson und anderen großen Jazzmusikern erlebt. Granz bezahlte gute Gagen und brachte die Künstler in erstklassigen Hotels unter, was mitunter zu Problemen wegen latenter oder offener Rassendiskriminierung führte, doch er gab nie nach. Sein Unternehmen nannte er nach dem ersten Veranstaltungsort »Jazz at the Philharmonic« (JATP). Dieser Name wurde zu einem Begriff im Jazz.
Anfang August entstanden die Tonaufnahmen – einen Monat später die Filmaufnahmen – zu dem filmisch wie musikalisch sehr gelungenen Kurzfilm *Jammin' the Blues* (Produzent Norman Granz, Regisseur Gjon Mili) mit einer Gruppe um Lester Young und Illinois Jacquet.
Am 19. Oktober machte Coleman Hawkins Aufnahmen mit seinem Quartett, zu dem Thelonious Monk gehörte. Monk, über den später noch einiges zu sagen sein wird, war einer der ungewöhnlichsten und originellsten Musiker der Jazzgeschichte, als Innovator Charlie Parker

durchaus vergleichbar. Doch sein Einfluß wurde erst nach und nach spürbar, nicht so explosiv wie bei Parker. Sein immer überraschendes Spiel drückt sich auch in seinen vielen meisterhaft entwickelten Themen aus; er ist nach Duke Ellington der bedeutendste Themenkomponist des Jazz. In der Begleitung wie in seinem Solo zu »On the Bean« ist seine neue Klangsprache, die innerhalb des Be Bop einen eigenen Bereich bildet, schon deutlich zu erkennen (Sch 76).

Unter den vielen Aufnahmesitzungen, die für V-Disc gemacht wurden, ist die vom 7. Dezember besonders bemerkenswert. 20 Musiker – die meisten von ihnen sehr bekannt, einige bereits berühmt – spielten in verschiedenen Besetzungen ungemein swingenden Dixieland (Sch 77). In nur drei Stunden, von Mitternacht bis drei Uhr früh, entstanden die Aufnahmen. Hervorragend die beiden takes von »Play me the Blues« (»Jack-Armstrong Blues«) mit Jack Teagarden und einem glänzend disponierten Louis Armstrong, sowie »Sheik of Araby« mit dem nicht weniger gut aufgelegten Trompeter Hot Lips Page, einem der vielen bedeutenden Jazzmusiker, die nie so bekannt wurden, wie sie es verdient hätten. Da ging es dem jungen, damals noch ganz unbekannten Gitarristen dieser Sitzung besser. Neun Jahre später kam er zu Oscar Peterson, und bald war sein Name überall geläufig: Herb Ellis.

Damals war die 52nd Street (»the street that never slept«) in New York zwischen 5th und 6th Avenue *das* Zentrum des Jazz in der Welt. Zu den dicht nebeneinander liegenden Clubs, alle klein und ständig überfüllt, gehörten Three Deuces, Kelly's Stable, Spotlite, Onyx, Downbeat Club, Yacht Club, Famous Door, Hickory House und Jimmy Ryan's (Dixieland). Abend für Abend konnte man hier viele Musiker von Weltklasse in immer neuen Kombinationen erleben.

1945

Dieses Jahr brachte den musikalischen Durchbruch des Be Bop, aber noch lange nicht die allgemeine Anerkennung bei einem größeren Publikum, die erst viel später und ganz allmählich erfolgte. Eine Reihe von Aufnahmen Charlie Parkers mit Dizzy Gillespie, in einem Fall auch mit Miles Davis, kann als Beleg dienen. Nehmen wir nur die vier Titel vom 11. Mai. Drei erstklassige neue Themen gaben den Musikern genug Anreiz zu fulminanten Soli, vor allem »Salt Peanuts« und »Shaw'nuff«. In der Ballade »Lover Man« zeigte Sarah Vaughan ihre Qualitäten als erste bedeutende Sängerin des Be Bop (Sch 78). Am aufregendsten war das Spiel von Charlie Parker, dessen Bedeutung kaum überschätzt werden kann. Er zeigte, daß die musikalischen Möglichkeiten des neuen Jazzstils im Grunde unerschöpflich waren und die der Vorgänger weit übertrafen.[47] Mit einer entsprechenden, sehr schnell agierenden Phrasierung und Artikulation bewies Parker, daß es bei einer Melodienimprovisation prinzipiell möglich war, in *jedem* Augenblick *jeden* Ton zu *jedem* Akkord zu spielen. Dies praktizierte er mit einem schier unerschöpflichen Einfallsreichtum und mit atemberaubender Virtuosität. Es gibt bei ihm eine Kombination von Fließendem und Abruptem, die Armstrong nicht im Traum eingefallen wäre, das Ganze mit einer Dichte der Töne, die hohe Anforderungen an das Hören stellt, dabei harmonisch ausgefeilt. Seine bewundernswerte Technik machte sich kaum je selbstständig – eine Gefahr, der im Jazz vor allem Pianisten ausgesetzt sind. Parkers Spielweise, die schule- und stilbildend wurde, inspirierte und beeinflußte bis heute zahllose Musiker aller Instrumente.

Zusammen mit dem Be Bop gab es jetzt drei Hauptstilbereiche des Jazz, die nebeneinander existierten. Dies, und zusätzlich noch Aufspaltungen innerhalb der drei, führte nun zu sinnlosen Richtungskämpfen vielfältiger Art, in erster Linie bei Kritikern und Publikum. Den tieferen Grund sehe ich darin – und ähnliche Erscheinungen in anderen Musikbereichen scheinen diese Vermutung zu bestätigen –, daß die intensive Hingabe an eine Art von Musik oft mit einer Zunahme der Selektivität des Hörens gekoppelt ist. Grob gesagt: je intensiver, desto einseitiger.

Der Be Bop hat sich ganz konsequent aus dem heraus entwickelt, was vorher war. Von einem Umsturz oder gar von einer Revolution kann deshalb nicht die Rede sein. Charlie Parker und seine Freunde haben nichts zerstört; sie haben nur neben die bestehenden Formen von Jazz eine neue gestellt, die dann allerdings schließlich zur Hauptform wurde.

Des öfteren kann man lesen, der Be Bop seit notwendig gewesen, weil der Swing uninteressant geworden sei. Doch stimmt das so nicht. Die Mehrheit der Dixieland- und Swingmusiker spielte 1945 nicht schlech-

Dizzy Gillespie

ter als 1940; es gab für sie auch Möglichkeiten zu Neuem *innerhalb* der bisherigen Formen (Stilformung), falls sie daran interessiert waren. Der Begriff »Weiterentwicklung« ist im übrigen mit Vorsicht zu gebrauchen, denn er ist doppeldeutig: Weiterentwicklung zu höherer Qualität und Weiterentwicklung zu Neuem ist nicht das Gleiche. Erstere ist das ständige Ziel aller bewußt arbeitenden Musiker, letztere ist eine Möglichkeit, die nicht zum Zwang werden darf. Leider sind solche Zwänge im Jazz immer wieder ausgeübt worden, von den Mittlern wie vom Publikum. Wer sich einem Zwang zu Neuem unterwirft, gerät in die Nähe des Kommerz und der Mode. Man kann das heute im Jazz bei den regelmäßig zu beobachtenden Versuchen sehen, Neues zu planen, statt es wachsen zu lassen. Sie scheitern so gut wie immer, wenn sie auch oft kurzzeitig Erfolg haben. Neues muß sich so organisch entwickeln wie damals in den 40er Jahren bei den unzähligen Jam Sessions in Minton's Playhouse und anderen New Yorker Clubs, beim gemeinsamen Üben, bei Gesprächen, beim Nachdenken und Ausprobieren... Neues in der Kunst kann man nicht konstruieren wie einen neuen Verstärker.
Schon gar nicht darf Weiterentwicklung an den Begriff »Fortschritt« gekoppelt werden, im Sinne einer Verbesserung. Auch er ist doppeldeutig: Fortschritt zu höherer Qualität, Fortschritt zu etwas Neuem. Letzterer spaltet sich nochmals auf: Fortschritt im technischen Sinne (Roy Eldridge spielte schneller und bisweilen auch höher als Louis Armstrong, aber spielte er deshalb auch besser?) und Fortschritt im musikalischen Sinne – und der ist überaus schwer zu beschreiben.
Doch war 1945 nicht nur ein Jahr des Be Bop. Am 4. Februar machte Benny Goodman die ersten einer Reihe ausgezeichneter Swingaufnahmen in Sextettbesetzung mit den Pianisten Teddy Wilson bzw. Mel Powell und mit Red Norvo (Sch 79). Am 19. Februar spielte Woody Herman mit seiner Big Band »Apple Honey« ein, später im selben Jahr u.a. »Caldonia«, »Goosey Gander« und »Northwest Passage« (Sch 80). Damit rückte dieses Orchester, eines der swingendsten und spielfreudigsten jener Zeit, mit Musikern wie Flip Phillips (ts), Bill Harris (tb), Chubby Jackson (b) und Dave Tough, auf einen Schlag in die erste Reihe der Big Bands vor und blieb dort für Jahrzehnte. Am 30. April machte in Montreal ein 19jähriger kanadischer Pianist seine ersten Aufnahmen, der sich schon wenige Jahre später zu einem der größten Virtuosen des Klaviers im Jazz entwickelte: Oscar Peterson. Wie bei Woody Herman vermisch-

ten sich bei ihm Elemente des Swing und des Be Bop; solche Kombinationen gab es später immer häufiger.
Am 9. Juni veranstaltete der dänische Jazzliebhaber Timme Rosenkrantz in der New Yorker Town Hall ein bemerkenswertes Konzert. Bei den meisten Gruppen spürte man die musikalische Aufbruchstimmung dieses Jahres, so bei der neunköpfigen Gruppe Red Norvos, bei dem Trio des Geigers Stuff Smith (Pionier der elektrisch verstärkten Geige und ein mitreißender Improvisator) und bei den spannenden Duetten des Tenorsaxophonisten Don Byas und des Bassisten Slam Stewart (Sch 81).
In Europa gab es schon 1945 Anzeichen einer neugewonnenen Freiheit, sich mit dem Jazz zu beschäftigen. So entstand in Holland einige Tage vor Kriegsende die Dutch Swing College Band mit dem Klarinettisten und Saxophonisten Peter Schilperoort, unter seiner Leitung später eine der besten Dixieland- und Swingbands außerhalb der USA. Und Radio München (später Bayerischer Rundfunk) brachte dreimal pro Woche ein vielbeachtetes Jazzprogramm unter dem Titel *Mitternacht in München*, teilweise sogar als Live-Sendung. 1953 erschien ein Ausschnitt der 500. Sendung auf einer Schallplatte.

Weitere Bands: Louis Jordan, The Ramblers (Holland), Karel Vlach (Tschechoslowakei)

1946

Vom 10. Dezember 1945 bis Anfang Februar 1946 spielten Charlie Parker und Dizzy Gillespie mit einer eigens zusammengestellten Gruppe, zu der noch Milt Jackson (vib), Al Haig (p), Ray Brown (b) und Stan Levey (dm) gehörten, im Billy Berg's in Los Angeles. Nacht für Nacht kamen die einheimischen jungen Musiker und nahmen diese für sie neue Art von Jazz mit Begeisterung in sich auf; das war der Beginn des Be Bop an der Westküste.
Eine ganze Reihe von Big-Band-Leitern gab 1946 aus finanziellen Gründen ihre ständigen Ensembles auf, vor allem wegen der Schließung zahlreicher Ballsäle: Benny Goodman, Tommy Dorsey, Jack Teagarden, Woody Herman (allerdings nur vorübergehend), Les Brown, Benny Carter. Dafür gründete Dizzy Gillespie aufs neue eine Big Band (seine erste von

1945 hatte er bald wieder auflösen müssen). Er war zum Bandleader prädestiniert, und sein Orchester, das bis 1950 bestand, machte Jazzgeschichte, mit Arrangements von Gil Fuller, George Russell und anderen, mit einem ungestümen, mitreißenden power play und mit den immer witzigen, brillanten Soli ihres Leiters, gelegentlich ergänzt durch seinen virtuosen Scatgesang. Dizzy Gillespies Rolle bei der Entstehung des Be Bop kann gar nicht hoch genug eingeschätzt werden. Seine Intuition stand der Parkers kaum nach, als intellektueller Kopf und Organisator war er ihm sicher überlegen. Hinzu kam sein großes Interesse an lateinamerikanischer, vor allem kubanischer Musik; ihm ist es vor allem zu verdanken, daß Elemente dieser Musik schon bald zum festen Bestand vieler Jazzgruppen gehörten.
Einige weitere Big Bands widmeten sich neuen Konzepten, ohne deshalb direkt zum Bereich des Be Bop zu gehören. Abgesehen von Duke Ellington, der ständig an seiner Musik feilte, waren dies vor allem Boyd Raeburn und Stan Kenton. In Raeburns »Dalvatore Sally« und »Boyd Meets Strawinsky« vom 5. Februar (Sch 82) arbeiteten die Arrangeure George Handy bzw. Ed Finckel mit raschen Stimmungswechseln, im Gegensatz zu Stan Kenton, bei dem die Stimmung der meisten Stücke so unbeirrbar durchgehalten wurde, daß diese mitunter statisch wirkten. Sein damit verknüpfter Hang zum Überdimensionalen – hierin das äußerste Gegenstück zu Count Basie, das man sich denken kann – hat ihm später viel Kritik eingebracht. Doch sollte man darüber seine besten Aufnahmen nicht vergessen, vor allem die aus den 50er Jahren, als er über so bedeutende Solisten wie Lee Konitz (Altsaxophon) und Frank Rosolino (Posaune) verfügte und Gerry Mulligan, Bill Russo und Bill Holman für ihn schrieben.
Am 19. August nahm die Woody Herman Big Band das für sie von Igor Strawinsky geschriebene »Ebony Concerto« unter der Leitung des Komponisten auf (Sch 83). Kein Jazz, das sollte es auch gar nicht sein, aber unter den vom Jazz inspirierten Arbeiten von Komponisten Neuer Musik (im weitesten Sinne) bis dahin eigentlich die beste, weil Strawinsky offenbar dem Jazz vom Verständnis her näher gekommen war als seine Vorgänger, die zwischen Jazz und jazzbeeinflusster Musik nie recht zu unterscheiden verstanden.
Im September kam eine Big Band unter der Leitung von Don Redman nach Dänemark, wohl eines der ersten amerikanischen Ensembles, die

nach dem Ende des Zweiten Weltkriegs Europa besuchten. Der Tenorsaxophonist Don Byas und der Trompeter Peanuts Holland kehrten nicht in die USA zurück; ersterer lebte lange Zeit in Spanien, wo er oft mit dem jungen Pianisten Tete Montoliu spielte (der sich später zu einem Weltklassemusiker entwickelte), letzterer hielt sich abwechselnd in Schweden und Frankreich auf. Später folgten ihnen weitere amerikanische Musiker, die oft zu Wahleuropäern wurden, weil sie hier mehr Anerkennung für sich und ihre Arbeit fanden. Die europäische Jazzszene hat ihnen sehr viel zu verdanken.

Weitere Musiker: Dodo Marmarosa (Klavier)
Weitere Bands: Ted Heath (England), Claude Luther (Frankreich)

1947

Am 26. Februar nahm Charlie Parker »Relaxin' at Camarillo« auf, wohl sein schönstes Bluesthema (warum spielt es kaum jemand?), das ihn nach einem halbjährigen Krankenhausaufenthalt wegen eines Nervenzusammenbruchs wieder auf der Höhe seines Könnens zeigte (Sch 84). Zu den vier Titeln, die er am 8. Mai mit Miles Davis einspielte, gehörte auch »Donna Lee«, das lange Zeit ihm zugeschrieben wurde; inzwischen hat sich herausgestellt, daß es von Miles Davis stammt (Sch 85).
Am 17. Mai spielte Louis Armstrong mit einer Small Band in der New Yorker Town Hall. Man hatte den Eindruck, er sei froh darüber, wieder einmal den direkten Kontakt zu allen Musikern zu haben, wie er eben nur in einer kleinen Gruppe möglich ist. Und er liebte sein Publikum, und sein Publikum liebte ihn. Hatte der Jazz einen – im wörtlichen Sinne – liebenswürdigeren Botschafter?
Schon einige Monate später war es dann soweit: die Armstrong All Stars waren geboren, mit denen Armstrong bis gegen Ende der 60er Jahre in der ganzen Welt auftrat. Das Konzert am 30. November in der Symphony Hall in Boston, mit Barney Bigard, Jack Teagarden, Earl Hines, Arvell Shaw b, Sid Catlett dm und der Sängerin Velma Middleton erschien später auf Platten und war in den 50er Jahren ein Studienobjekt vieler europäischer Dixielandtrompeter, ebenso wie einige weitere Platten Armstrongs, über die noch zu reden sein wird (Sch 86).

Ein anderes bemerkenswertes Konzert fand am 4. August im Civic Auditorium in Pasadena bei Los Angeles statt. Neben anderen Stücken spielte eine kleine Gruppe »Stardust«, eine schöne, ruhige Ballade – bis Lionel Hampton als Gast gleich mit dem ersten Ton seines Solos die Stimmung durchbrach. Bald in double time, und später, nochmals verdoppelnd, in quadruple time (!) übergehend, war dies eines seiner schönsten Soli (Sch 87).

Am 10. Oktober machte Thelonious Monk seine ersten Aufnahmen für BLUE NOTE. Damit öffnete er, der erste Avantgardist des Jazz, die Tür zu einer musikalischen Welt voller Überraschung, Spannung und Witz (Sch 88).

Ende Dezember gab es gleich mehrere hochinteressante Aufnahmen. Woody Herman nahm mit seiner neuen Big Band – die Second Herd, wie sie bald genannt wurde, (die First Herd war die von 1945/46) – »Four Brothers« von Jimmy Giuffre auf, ein meisterliches Arrangement mit kongenialen Soli von Stan Getz, Zoot Sims und Herbie Steward (ts) sowie Serge Chaloff (bs). Diese spezielle Besetzung des Saxophonsatzes, der sonst bei Big Bands schon damals zumeist aus der noch heute üblichen Standardbesetzung von zwei Altsaxophonen, zwei Tenorsaxophonen und einem Baritonsaxophon bestand, behielt Woody Herman auch später bei (Sch 89). Dizzy Gillespie nahm mit seiner Big Band »Manteca« auf, geschrieben von dem kubanischen Congaspieler Chano Pozo und von ihm selbst: ein Stück wie ein kurzer tropischer Wirbelsturm, mit Gillespies Trompete als triumphalem Höhepunkt (Sch 90). Am erstaunlichsten aber war »The Clothed Woman« von Duke Ellington, der damit ins Atonale vorstieß, wobei ihn aber auch hier sein melodisches Gespür nicht verließ (Sch 91).

Noch eine Big Band experimentierte damals: die des Pianisten und Arrangeurs Claude Thornhill. Seine Musik war nicht etwa nur eine »kühle« Variante des »heißen« Be Bop der Gillespie Big Band. Vor allem in den Arrangements von Gil Evans zeigt sich eine Tendenz, unter dem Einfluß neuerer europäischer Konzertmusik[48] und Duke Ellingtons »mit Klängen zu malen«.

Zu den führenden Ländern im Bereich des Jazz gehörte schon bald nach dem Krieg Schweden. Als großes Talent erwies sich der Klarinettist Ake Stan Hasselgard, der im Juli 1947 in die USA ging, von keinem Geringeren als Benny Goodman gefördert wurde und am 23. November

1948 mit 26 Jahren bei einem Autounfall ums Leben kam – ein Schicksal, das hernach noch weitere bedeutende Jazzmusiker ereilte. Seine »kühle« Art von Swing mit Elementen des Be Bop wurde später auch ein Merkmal anderer schwedischer Musiker (Sch 92).
Auch ein anderes Ereignis von 1947 verdient Erwähnung, obgleich es damals kaum irgendwelche öffentliche Resonanz fand. Gene Hall führte an der North Texas State University den ersten College Stage Band-Kurs durch. Er erfand auch die Bezeichnung »Stage Band«, um Namen wie »Big Band«, »Jazz Band« und »Dance Band« zu vermeiden, die damals an einer amerikanischen Universität, von einer europäischen ganz zu schweigen, noch auf große Widerstände stießen. Das war ein Beginn, der inzwischen zu umfangreichen jazzpädagogischen Einrichtungen aller Art in den USA geführt hat. Und Big Bands gibt es heute viele Tausende an amerikanischen High Schools, Colleges und Universitäten.

1948

Ein zweiter Streik der Musikergewerkschaft – der nicht anzugehören sich wegen ihres Einflusses kein amerikanischer Jazzmusiker leisten kann – beeinträchtigte die Aufnahmetätigkeit in diesem Jahr sehr. Da er, ebenso wie der erste Streik 1942–1944, nicht für Sänger und Sängerinnen galt, hatten diese erneut die Möglichkeit, sich in der Öffentlichkeit ausgiebig zu präsentieren.
Am 22. Februar trat der englische Trompeter Humphrey Lyttelton, der vorher bei George Webb gespielt hatte, zum erstenmal mit seiner eigenen Band in London auf. Er wurde in den folgenden Jahren zu einer Symbolfigur des englischen Dixieland Revival. Mit Recht, denn er wußte stets mit Musikalität und Ideen zu überzeugen. Später wandte er sich dem Swing zu und holte auch Musiker in seine Band, die dem Be Bop nahestanden.
Generell muß man dem New Orleans bzw. Dixieland Revival zugutehalten, daß in ihm viel echte Begeisterung und gründliche Beschäftigung mit den Wurzeln des Jazz steckte. Kommerz und Klischees kamen erst später. Auch der Posaunist Chris Barber, der in den 50er Jahren Lytteltons größter Konkurrent in England war, verstand es immer, mit guten Musikern gute Musik zu spielen. Es waren vor allem Amateurbands mit

wenig Können und geringem Ehrgeiz, außer dem, Geld zu verdienen, die in Europa aus dem Dixieland vielfach eine wertlose und langweilige Gaudimusik machten, die mit Jazz nur noch Äußerlichkeiten gemeinsam hat. Daß manche von ihnen schließlich Profis wurden, änderte nichts an ihrer musikalischen Unreife; nur Routine und Einkommen nahmen zu.

Im Februar gastierte die Dizzy Gillespie Big Band in Skandinavien und Frankreich. Ihr Auftritt in Paris hatte den Charakter des Sensationellen; die Zuhörer waren fasziniert von der Wucht und Überzeugungskraft dieser Musik.[49]

Rex Stewart war der erste große Jazzmusiker, der nach dem Krieg nach Deutschland kam und mit deutschen Musikern spielte. Die Aufnahmen in Berlin für AMIGA sind heute gesuchte Sammlerstücke.

Von den vielen hervorragenden Aufnahmen Charlie Parkers aus dieser Zeit sei zumindest »Parker's Mood« vom 18. September genannt. Wieder ein großartiger Blues, diesmal ohne Thema. Die einleitende Figur Parkers, die man in ihrer Eindringlichkeit nie mehr vergißt, ist wie eine Leuchtschrift; aber nicht Werbung oder Politik ist ihr Inhalt, sondern der Schrei eines Menschen, triumphierend und schmerzvoll zugleich (Sch 85).

Im September trat Miles Davis im New Yorker Royal Roost zwei Wochen lang mit einer ungewöhnlichen Besetzung auf: sechs Bläser (jedes Instrument nur einmal vertreten) und eine dreiköpfige Rhythmusgruppe, mit kompositorischen Arrangements von Gil Evans, Gerry Mulligan, Johnny Carisi u. a.[50] Das Miles Davis Capitol Orchestra, wie es später nach den Aufnahmen für CAPITOL genannt wurde, die schließlich unter dem Titel *Birth of the Cool* auf einer LP erschienen (Sch 93), machte Jazzgeschichte mit Stücken wie »Israel« (Carisi), »Jeru» (Mulligan) und »Boplicity« (Davis/Evans). Der damit begründete Cool Jazz war aber ein, wenn auch deutlich vom übrigen unterscheidbarer, Teil des Be Bop; der Ausdruck Cool Bop wäre sinnvoller gewesen. Es waren weniger die Musiker als vielmehr Kritiker und Liebhaber, die hier einen Gegensatz zum bisherigen Be Bop sahen. Die Musik der Davis-Gruppe war überaus zwingend: dicke, dunkle, bisweilen düstere Bläserstrukturen, durch

Miles Davis

Waldhorn und Tuba verstärkt, aus denen sich die Soli von Miles Davis und Lee Konitz um so stärker hervorhoben. Schon damals hatte der Be Bop damit eine Bandbreite erreicht, die weit über die der früheren Stilformen hinausreichte.
Mit Ralph Burns lyrischem »Early Autumn« – mit einem wunderschönen Solo von Stan Getz – und dem witzigen »Lemon Drop« festigte Ende Dezember Woody Herman die Position seines Orchesters (Sch 94).
Coleman Hawkins nahm mit »Picasso« das erste unbegleitete Bläserstück des Jazz auf, das sehr frei gestaltet ist.[51] Welch ein Weg von Mamie Smith's Jazz Hounds, mit denen Hawkins 1922 seine ersten Aufnahmen gemacht hatte, bis hierher!
In Prag – noch war der kommunistische Umsturz nicht erfolgt – spielte die Gruppe »Rhythmus 48« durchaus beachtlichen Be Bop. Neben dem Altsaxophonisten Karel Krautgartner, später Leiter der Prager Radio Big Band, fiel vor allem der hochbegabte Trompeter Dunca Broz auf. Er ging kurze Zeit später in den Westen, doch vermochte er seine Fähigkeiten nicht weiter zu nützen.

Weitere Musiker: Howard McGhee (Trompete)

1949

Die Aufnahmen, die Sidney Bechet mit Wild Bill Davison in diesem und dem folgenden Jahr für BLUE NOTE machte, zeigen ihn, sichtlich beeindruckt von Davisons ungestümer Spielweise, in blendender Laune (Sch 95). Sie verließ ihn auch nicht während des Pariser Jazzfestivals im Mai, wo er selbst einem Charlie Parker standhielt (beide spielten auf einer Session zusammen, von der eine Aufnahme erhalten blieb). 1950 ließ Bechet sich in Frankreich nieder und war bis zu seinem Tod 1959 ein Liebling der Franzosen, beinahe so populär wie Maurice Chevalier und Edith Piaf. Sie ehrten ihn sogar 1960 durch ein Denkmal in Juan-les-Pins an der Riviera (ob wohl jemals in Deutschland einem Jazzmusiker ein Denkmal gewidmet wird?).
1948 war der englische Pianist George Shearing in die USA emigriert. Im Jahr darauf machte er im Februar erste Aufnahmen mit seinem Quintett, dessen Besetzung (p, vib, g, b, dm) zusammen mit den Blockakkor-

den Shearings, der diese Spielweise von Milt Buckner übernommen und weiterentwickelt hatte, der Gruppe ein Profil gab, das auch in Europa viele Musiker inspirierte (Sch 96).
Neben den Aufnahmen des Miles Davis Capitol Orchestras waren es vor allem die des Pianisten Lennie Tristano mit seinem Sextett, die den Begriff Cool Jazz prägten. Tristano, auch als Lehrer von Bedeutung, hatte sich mit Bach ebenso wie mit Art Tatum beschäftigt und eine polyphone Spielweise mit häufigen Tonartwechseln entwickelt. In den Stücken »Intuition« und »Digression« vom 16. Mai ging er noch einen großen Schritt weiter: Es waren freie Kollektivimprovisationen der Gruppe und damit Prototypen dessen, was später Free Jazz genannt wurde (Sch 97). Doch hatte er immer wieder mit großen finanziellen Problemen zu kämpfen; es war sehr schwer, für diese so interessante Musik ein Publikum zu finden, und von irgendeiner Unterstützung wagten die Musiker nicht einmal zu träumen.
Eine Woche zuvor hatte der Tenorsaxophonist Charlie Ventura in Pasadena mit seinem Septett ein Konzert gegeben, das später veröffentlicht wurde: ungeschliffener Be Bop mit guten Arrangements und wilden Soli des Leiters. Sehr ökonomisch und konzentriert die Improvisation des Posaunisten Benny Green, neben Bill Harris, J. J. Johnson und Kai Winding führender Posaunist der neuen Richtung (Sch 98).
Im September gab Oscar Peterson mit Ray Brown in der New Yorker Carnegie Hall sein amerikanisches Debut. Schon bald danach erweiterte er dieses Duo durch die Hinzunahme eines Gitarristen zu einem Trio (1952–53 Barney Kessel, 1953–58 Herb Ellis). Von 1959–65 spielte dann stattdessen Ed Thigpen (Schlagzeug). Das Oscar Peterson Trio war in dieser Zeit eine der beliebtesten Jazzgruppen in aller Welt. Peterson, dessen Technik keine Grenzen zu kennen schien, verband Swing mit Virtuosität zu einer einmaligen Mischung.
Am 15. Dezember eröffnete in New York am Broadway das Birdland, ein neuer Jazzclub, der bis in die 60er Jahre hinein der berühmteste der Welt werden sollte. Er war nach Charlie Parkers Spitznamen »Bird« benannt.

Weitere Musiker: Red Rodney (Trompete)

1950

Ein ruhiges Jahr für den Jazz.
Count Basie gab aus finanziellen Gründen seine Big Band auf (ebenso Dizzy Gillespie) und arbeitete bis 1952 mit einer Combo. Dabei probierte er die Mischung aus, die auch seine spätere neue Big Band kennzeichnete: mit dem Be Bop vertraute Bläser und eine im Swing wurzelnde Rhythmusgruppe. Wie sich zeigte, schon in der kleinen Besetzung ein hervorragendes Rezept. Die jungen Musiker wie Clark Terry (tp), Wardell Gray (ts) und Buddy de Franco (cl) spielten, als ob sie schon ihr Leben lang bei Basie gewesen wären (Sch 99). »Modern Swing« nannte man solche Musik später; freilich keine glückliche Bezeichnung. Auch der Ausdruck »Moderner Jazz« als Sammelbegriff für die verschiedenen Formen von Be Bop, wie er in den 50er Jahren aufkam, ist wenig sinnvoll. Die Folgen sieht man heute, wo mit »Modern Jazz« wieder etwas anderes, nämlich neuere Entwicklungen, bezeichnet werden.
Am 3. Mai war das Trio des Vibraphonisten Red Norvo mit Jimmy Raney (g) und Charles Mingus (b) erstmals im Aufnahmestudio. Die elegante Spielweise dieser Gruppe, die mit wechselnder Besetzung bis 1956 bestand, besticht heute noch genauso wie damals. Das Fehlen eines Schlagzeugs schafft Durchsichtigkeit, und gute Arrangements sowie klug gewählte Tempi unterstützen Zusammenspiel und Soli sehr wirkungsvoll (Sch 100).
Von den vielen air checks mit Musik Charlie Parkers seien die vom Juni 1950 genannt, mit einem Quintett, dem noch Fats Navarro (tp), Bud Powell (p), Tommy Potter (b) und Max Roach (dm) angehörten (Sch 101). Navarro und Powell waren brillante Musiker, die hier Parker durchaus ebenbürtig sind. Bud Powell, der später durch seine lange Krankheit und seinen frühen Tod in Vergessenheit geraten sollte, war einer der bedeutendsten Jazzpianisten. Von seiner rhythmischen Impulsivität und seinem melodischen Einfallsreichtum zeugen vor allem die Aufnahmen, die er zwischen 1949 und 1958 unter eigenem Namen für BLUE NOTE machte (Sch 102).
Als neues Jazz-Zentrum neben New York, Chicago und Los Angeles entwickelte sich damals für einige Jahre Detroit, mit Musikern wie Curtis Fuller (tb), Thad Jones und Donald Byrd (tp), Yusef Lateef und Billy

Mitchell (ts), Pepper Adams (bs), Paul Chambers und Doug Watkins (b), Louis Hayes und Elvin Jones (dm) – alle wurden später Weltklassemusiker.

Weitere Musiker: Tal Farlow (Gitarre)

1951

Bis 1953 spielte Louie Bellson Schlagzeug bei Duke Ellington; sein technisch brillantes Spiel fiel ebenso auf wie sein vergrößertes Instrumentarium mit zwei Baßtrommeln. Johnny Hodges verließ die Band, um mit einem eigenen Ensemble zu arbeiten; er kam 1955 zurück und blieb bis zu seinem Tode 1970. Neu dazugekommen war der Tenorsaxophonist Paul Gonsalves, später einer der Hauptsolisten; auch er blieb bis zu seinem Tode 1974 Mitglied des Orchesters.
Der Pianist Dave Brubeck gründete sein Quartett mit dem Altsaxophonisten Paul Desmond, der bis 1967 bei ihm blieb. Die eher herbe Spielweise Brubecks und die Eleganz Desmonds waren die Pole, zwischen denen sich die Musik dieser weltbekannten Gruppe bewegte.
In Frankfurt eröffnete der Trompeter Carlo Bohländer das Domicile du Jazz, das älteste deutsche Jazzlokal, das als »Jazzkeller« noch heute existiert.
Louis Armstrongs Konzert am 30. Januar in Pasadena zeigte ihn ähnlich wie beim Bostoner Konzert 1947 in Hochform. Sein Spaß am Spielen übertrug sich hörbar auf seine Mitmusiker (Sch 103).
Der Schlagzeuger George Wettling nahm am 2. März und am 4. Mai insgesamt acht Titel mit packendem Dixieland auf, unermüdlich von Wild Bill Davison angetrieben, der seinen Spitznamen zu Recht trug (Sch 104). Seine dynamische Spielweise mit ihrer einmaligen Tonbildung, zwischen Ausbrüchen und Sanftheit wechselnd, war durchaus eine Alternative zu der Armstrongs.
Die vier Stücke, die Lee Konitz mit Miles Davis am 13. März einspielte, zeigen, wie irreführend der Ausdruck »Cool Jazz« im Grunde ist. Nichts ist kühl oder gar kalt; auch von einem Zuviel an Intellekt, das dem Cool Jazz gerne nachgesagt wird, ist nichts zu spüren. Lee Konitz, dem es in erstaunlicher Weise gelang, sich dem damals übermächtigen Einfluß

Charlie Parkers zu entziehen, hatte hier in Miles Davis einen idealen Partner. Ihre Musik scheint sich zu der Parkers und Gillespies zu verhalten wie eine Graphik zu einem Gemälde. In George Russells »Odjenar« stoßen sie gar eine Tür zu Entwicklungen auf, die erst viel später eine größere Rolle spielten (Sch 105).

Von den vielen guten Aufnahmen Humphrey Lytteltons aus dieser Zeit seien wenigstens »Don't Monkey With It« und »Hoppin' Mad« vom 26. September genannt, zwei Stücke von Mitgliedern der Band. Hier wird nichts wiederbelebt; der Ausdruck »Revival« wäre unpassend. Die Musiker spielen sehr überzeugend und inspiriert (Sch 106).

Am 8. Oktober machte der Trompeter und Arrangeur Shorty Rogers in Los Angeles Aufnahmen mit einem Oktett (Sch 107). Sie galten wie auch spätere Aufnahmen von Rogers als beispielhaft für den sogenannten West Coast Jazz, einer weiteren Form von Be Bop, für die einige Plattenfirmen glaubten, eine eigene Bezeichnung erfinden zu müssen. Die Eingängigkeit vieler – keineswegs aller – West-Coast-Jazz-Gruppen wurde ihnen später oft zu Unrecht negativ ausgelegt und die wenig druckvolle Spielweise mancher Rhythmusgruppen verallgemeinert, als ob alle diese Bands so gespielt hätten (L 47).

Am 28. Oktober kam es zu den ersten Aufnahmen von Stan Getz im Quintett mit Jimmy Raney während eines Engagements im Storyville in Boston (Sch 108). Wir hören eine sehr integrierte Gruppe in blendender Spiellaune. Getz war auf dem Weg, eine wichtige Stimme im Jazz zu werden, einer der großen Melodiker wie Lester Young und Milt Jackson, dem wir schon bald begegnen werden.

Ende des Jahres emigrierte der belgische Gitarrist Toots Thielemans in die USA. Er wurde später auf der Mundharmonika der beste Spieler dieses Instruments, den es bisher im Jazz gab, voller Leichtigkeit und melodischer Einfälle. Seine Komposition »Bluesette« wurde auch außerhalb des Jazz ein Evergreen.

1952

Marshall Stearns gründete in den USA das »Institute for Jazz Research« an der Rutgers University (New Brunswick), das erste seiner Art auf der Welt.

Dieter Zimmerle leitete die neue Zeitschrift *Jazz Podium* bis zu seinem Tode 1990. Sie ist heute unter der Leitung von Gudrun Endress eine der ältesten Fachzeitschriften auf dem Gebiet des Jazz in Europa.
Der Sänger und Textdichter Eddie Jefferson machte seine ersten Aufnahmen. Seine Arbeitsweise bestand darin, zu Instrumentalsoli großer Jazzmusiker auf Platten Texte zu schreiben und dann Solo und Text zu singen (vocalese), was sprachlich wie gesangstechnisch hohe Anforderungen bedeutet. Auch King Pleasure und Annie Ross beschäftigten sich damals mit dieser interessanten Form des Jazzgesangs, später vor allem Jon Hendricks, doch war Eddie Jefferson der erste.
Count Basie arbeitete wieder ständig mit einer Big Band, die die eigentliche Basie-Schule des Big-Band-Spiels begründete. Swing, Präzision, kompaktes Satzspiel, mitreißende Solisten (vor allem auf Tenorsaxophon und Flöte[52]), Freddie Greens Rhythmusgitarre als ruhender Pol, Basies meist sehr sparsame Intros[53] und Codas[54] – das waren Hauptmerkmale. Nach Basies Tod 1984 führte erst Thad Jones, dann Frank Foster das Orchester weiter.
Gerry Mulligan, der von New York nach Kalifornien gegangen war, gründete in Los Angeles ein Quartett mit dem Trompeter Chet Baker, das – mit Baß und Schlagzeug, ohne Klavier oder Gitarre – sofort alle fesselte, die es live oder auf Schallplatten hörten. Hier hatten sich zwei Musiker gefunden, die zwar völlig verschiedene Typen waren – weshalb auch ihre Zusammenarbeit nicht einmal ein Jahr dauerte – die sich aber ideal ergänzten. Mulligans charakteristische Themen, seine Soli auf dem Baritonsaxophon wie seine kontrapunktisch improvisierten Begleitungen zu den Soli Bakers, die damals noch mehr als bei Miles Davis von Einsamkeit und Empfindsamkeit kündeten – das war etwas Neues, das aber sofort überzeugte. Stücke wie »Nights at the Turntable« vom 15. Oktober bewiesen, daß Ausgewogenheit genauso spannend sein kann wie Musik mit Ecken und Kanten (Sch 109).
Am 28. November machte Lester Young mit dem Oscar Peterson Trio plus J. C. Heard (dm) eine seiner schönsten Platten nach dem Krieg. Die entwürdigende Behandlung während seiner Militärdienstzeit 1944/45 durch weiße Vorgesetzte war für ihn zu einem traumatischen Erlebnis geworden, was sich in seinem Spiel deutlich niedergeschlagen hatte. Hier inspirierte ihn die unaufdringliche Begleitung, und so spielte er ein eindrucksvolles Solo nach dem anderen. Verwiesen sei vor allem auf

den themenlosen »Ad lib Blues« und auf die Ballade »I Can't Get Started« (Sch 110).

Am 22. Dezember machte das Modern Jazz Quartet seine ersten Einspielungen,[55] mit Milt Jackson (vib), John Lewis (p), Percy Heath (b) und Kenny Clarke (dm) (Sch 111). Sie strahlen eine charakteristische Ruhe und Sicherheit aus, die auf den kompositorischen Arrangements von John Lewis und einer im Jazz bis dahin noch kaum zu beobachtenden Disziplin beruhte, unterstützt durch Lewis' Interesse an klassischer europäischer Musik. Milt Jackson entwickelte sich bald zu einem großen Solisten mit einer für sein Instrument erstaunlich bluesgeprägten Spielweise. Das Modern Jazz Quartet wurde bald zu einer Institution im Jazz. Ab 1954 erfolgten regelmäßige Auftritte. 1955 wurde Kenny Clarke durch Connie Kay abgelöst; seither ist die Besetzung konstant geblieben. 1974 löste sich die Gruppe auf, aber schon 1976 kam es wieder zu einer kurzen Tournee, und seit 1981 konzertiert das Modern Jazz Quartet wieder regelmäßig.

Weitere Musiker: Chico Hamilton (Schlagzeug)

1953

Die Ära von LP (zunächst mit 25 cm Durchmesser) und EP begann. Ebenso kamen auch die ersten Tonbandgeräte auf den Markt.

Im Februar machte Oscar Peterson mit Barney Kessel und Ray Brown mitreißende Live-Aufnahmen. »Tenderly« und »C-Jam-Blues« gehören zu seinen ersten großen Einspielungen (Sch 112).

Das Konzert am 15. April in der Massey Hall in Toronto brachte fünf der bedeutendsten Be-Bop-Musiker zusammen: Charlie Parker, Dizzy Gillespie, Bud Powell, Charles Mingus und Max Roach. Die Aufnahmen sind ein bewegendes Dokument des in dieser Form einmaligen Zusammentreffens fünf großer und sehr verschiedener Künstlerpersönlichkeiten (Sch 113).

Erstaunliche Aufnahmen machte im April der Altsaxophonist Bud Shank mit dem brasilianischen Gitarristen Laurindo Almeida, dazu Baß und Schlagzeug. Es entstand eine Verbindung von Jazz und brasilianischer Musik, die durchaus als weitläufiger Vorgänger des Bossa Nova angese-

hen werden kann. Damals wurde diese Musik freilich nur als exotischer Seitensprung betrachtet (Sch 114).
Im Auftrage der Deutschen Jazz Föderation, einer 1951 entstandenen Vereinigung von Jazzclubs, organisierte Horst Lippmann im Mai in Frankfurt das 1. Deutsche Jazz-Festival. Diese Festival wurde in den 50er und 60er Jahren, als solche Veranstaltungen im Gegensatz zu heute noch eine große Seltenheit waren, *der* alljährliche Treffpunkt der westdeutschen Jazzmusiker. Dies bekräftigte zugleich die Rolle Frankfurts als Zentrum des Jazz in der Bundesrepublik bis in die 70er Jahre, was sich auch bald in der Arbeit von Frankfurter Musikern wie Albert Mangelsdorff (tb), Emil Mangelsdorff (as), Joki Freund (ts) und den Two Beat Stompers ausdrückte, zu denen später immer wieder neue hinzukamen.
Im Mai machte der österreichische Tenorist Hans Koller, der meist in Deutschland spielte, Aufnahmen mit seinem Quintett, zu dem Albert Mangelsdorff und die aus Leipzig stammende Pianistin Jutta Hipp, die 1955 in die USA emigrierte, gehörten. Jenseits aller Bezüge zu Lennie Tristano deutete sich in dieser bislang wohl interessantesten deutschen Jazzgruppe eine eigene Aussage an, die Koller und Mangelsdorff später in anderen Ensembles, jeder für sich, weiter ausarbeiteten (Sch 115).
Am 14. Dezember wurde die erste der Jam Sessions aufgenommen, die Buck Clayton im Studio für COLUMBIA organisiert hatte (die sechste und letzte fand 1956 statt). Diese und ähnliche Mischungen aus Swing und Be Bop nannte der englische Jazzkritiker Stanley Dance damals »Mainstream«.[56]
Ende des Jahres holte Norman Granz, inzwischen auch ein bedeutender Schallplattenproduzent, Art Tatum ins Studio und nahm mit ihm die ersten von insgesamt weit über 100 (!) Solotiteln auf. Sie gehören zum Besten, was Tatum, der 1956 starb, eingespielt hat (Sch 116).

Weitere Musiker: Ruby Braff (Kornett)

1954

Der Be Bop trat in eine neue Phase ein. Am 21. Februar spielte der Pianist Horace Silver mit einem zusammengestellten Quintett im Birdland. Die auf zwei CDs veröffentlichte Musik dieser Gruppe lebt vor allem von den neuen Themen Horace Silvers, von den Soli der beiden Bläser Clifford Brown (tp) und Lou Donaldson (as) und des Pianisten und vom drive Art Blakeys (Sch 117). Diese Art von Be Bop, wie sie dann auch bald andere Gruppen vertraten, wurde später als Hard Bop bezeichnet: Einfachere Themen als etwa bei Charlie Parker, aber ebenso melodisch und mit ruhiger Kraft geblasen, Einflüsse des Rhythm and Blues, einer Hauptform der Bluesmusik, die in den späten 40er Jahren entstanden war, und der Gospelmusik sowie lange Improvisationen schlagen sich in einer Fülle neuer Spielweisen nieder. Gegen Ende des Jahres übernahm Art Blakey die Band unter dem Namen »The Jazz Messengers«. Diese Gruppe, mit zwei oder drei Bläsern, bei immer wieder wechselnder Besetzung, war bis zu Blakeys Tod 1990 eine Schule des Jazz, wie es in dieser Form keine zweite gegeben hat. Dutzende von jungen Musikern, die später weltbekannt wurden, haben sie absolviert. Um nur einige zu nennen: die Trompeter Clifford Brown, Kenny Dorham, Lee Morgan, Freddie Hubbard, Woody Shaw, Valery Ponomarev, Wynton Marsalis, die Tenorsaxophonisten Hank Mobley, Johnny Griffin, Wayne Shorter, Billy Harper, die Altsaxophonisten Lou Donaldson, Jackie McLean, Bobby Watson, die Posaunisten Curtis Fuller und Slide Hampton, die Pianisten Horace Silver, Cedar Walton, Keith Jarrett, Chick Corea, Joanne Brackeen ...

Im März und April spielte das Dave Brubeck Quartett in verschiedenen Hochschulen. Aufnahmen davon, die unter dem Titel *Jazz Goes to College* erschienen, gehören zu den bekanntesten dieser Gruppe, vor allem wegen einiger überragender Soli Paul Desmonds (Sch 118).

Miles Davis, seit mehreren Jahren mit Drogenproblemen kämpfend, nahm am 29. April mit einem Sextett *Walkin'* auf. Er schien seine Krankheit überwunden zu haben. Kraft und Sicherheit prägen sein Spiel (Sch 119).

Beim Jazzfestival in Paris spielten Thelonious Monk und Gerry Mulligan, der in dem Ventilposaunisten Bob Brookmeyer einen neuen Partner gefunden hatte. Ihr Auftritt war ein Höhepunkt des Festivals (Sch 120).

Am 17. Juli begann das erste Jazzfestival in Newport, einem bekannten Segelhafen nordöstlich von New York. Louis Lorilard und seine Frau, zwei Musikliebhaber, waren die Initiatoren. Zur Durchführung holten sie den Pianisten und Impresario George Wein, der das Festival dann übernahm und schon bald zu einem Begriff in der ganzen Welt machte.

1971 ging er damit nach New York, nachdem es wegen des enormen Publikumsandrangs in Newport zeitweilig große Probleme gegeben hatte. Er leitet es dort heute noch.

Louis Armstrongs Aufnahmen von Themen W. C. Handys Mitte Juli gehören zu seinen schönsten dieser Zeit. Mit seinen knapp 53 Jahren war er zwar nicht mehr so schnell wie früher, aber im Ausdruck um kein bißchen schwächer (Sch 121).

Wie die zuvor genannten Aufnahmen Blakeys zählen auch die des Clifford Brown/Max Roach Quintetts vom August (Sch 122) zu den Klassikern des frühen Hard Bop. Clifford Brown war zudem ein großartiger Improvisator, in Ton und Phrasierung sofort zu erkennen. Seine Schallplattenkarriere dauerte nur vier Jahre; er starb mit 25 Jahren zusammen mit Richie Powell, dem Pianisten der Gruppe, bei einem Autounfall.

The 3 and the 2 heißt eine LP von Shelly Manne vom September dieses Jahres. Manne, der ohne Frage zu den großen Schlagzeugern des Jazz gehörte, spielte hier einmal im Trio mit Jimmy Giuffre (cl, ts, bs) und Shorty Rogers (tp) und einmal im Duo mit Russ Freeman (p) sehr durchsichtige, aber trotz des Fehlens eines Basses nie spröde Musik, die beim Trio bis zu einer freien Improvisation geht. Ein Beispiel mehr dafür, daß der Be Bop schon einen deutlichen Impuls zum späteren Free Jazz in sich trug (Sch 123).

In Österreich machten die Austrian All Stars bemerkenswerte Aufnahmen (Sch 124), mit dem Tenorsaxophonisten Karl Drewo und dem Pianisten Joe Zawinul, der 1958 in die USA emigrierte und sich vor allem als Mitglied des Cannonball Adderley Quintetts von 1961 bis 1970 einen Ruf erwarb, bevor er 1971 zusammen mit Wayne Shorter mit Weather Report eine der interessantesten frühen Fusion Bands gründete.

»Django«, vom Modern Jazz Quartet am 23. Dezember eingespielt, ist vom Aufbau wie von den Soli her ganz einfach vollendet (Sch 111). Einen Tag später waren die Musiker, mit Ausnahme des Pianisten, wieder im Studio und nahmen zusammen mit Miles Davis und Thelonious Monk »Bags' Groove« auf, ein Stück, das so ausgewogen ist, daß jeder Ton eine spezielle Bedeutung zu bekommen scheint. Kenny Clarke trägt das Ganze mit seinem abgeklärten Spiel, das einen markanten Gegensatz etwa zu dem quirligen Trommeln Art Blakeys bildet (Sch 125).

Ende des Jahres begann Willis Conover bei der »Voice of America« sein Jazzprogramm »Jazz Hour«, das bald für unzählige Liebhaber und Musiker in der ganzen Welt zu einer unentbehrlichen Informationsquelle wurde. Insbesondere in den Ländern Osteuropas hörte man die Sendungen jede Nacht.

1955

Die 30-cm-LP setzte sich nun durch, was die Aufnahme längerer Stücke ermöglichte – nicht immer zum Vorteil der Musik.
Im Januar waren die Posaunisten J. J. Johnson und Kai Winding mit einer Rhythmusgruppe im Studio. Herausragend ist »It's All Right With Me«, bei dem sie auch ihre meisterliche Dämpfertechnik unter Beweis stellen (Sch 126). Unter dem Namen Jay & Kai bestand dieses Quintett von 1954 bis 1956 und später nochmals für kurze Zeit. Auch andere interessante Combos mit zwei gleichen Blasinstrumenten gab es im Be Bop (zwei Tenorsaxophone: Wardell Gray/Dexter Gordon, Johnny Griffin/Eddie Lockjaw Davis, Al Cohn/Zoot Sims, Ronnie Scott/Tubby Hayes in England; zwei Altsaxophone: Phil Woods/Gene Quill).
Am 12. März starb Charlie Parker mit 34 Jahren. Schon Tage später erschien in New York an Häuserwänden die Aufschrift »Bird lives«. Dieser bis heute benützte Slogan stimmt in der Tat: buchstäblich jeder Takt, der je von Charlie Parker aufgenommen wurde, ist mittlerweile veröffentlicht worden, darunter viele Privataufzeichnungen. Seine Musik wird nach wie vor allenthalben gehört, studiert, interpretiert...
Auch die *Tangents in Jazz*, die Jimmy Giuffre im Juni mit einem Quartett einspielte, sind ein wichtiges Dokument des Jazz (Sch 127). Der beat wird fast immer nur angedeutet oder umspielt, die überaus melodischen Themen und Improvisationen sind eng miteinander verzahnt, im Ausdruck schwingt die Musik zwischen Fröhlichkeit und Melancholie hin und her. Die Bedeutung Jimmy Giuffres wird immer noch weit unterschätzt.
Im Juli spielte Miles Davis beim Newport Festival vor einem begeisterten Publikum. Kurze Zeit später stellte er sein neues Quintett zusammen, das sich bald zu einer der großen Combos der Jazzgeschichte entwickelte. Miles Davis, John Coltrane (ts), Red Garland (p), Paul Chambers (b) und Philly Joe Jones (dm) bildeten eine musikalische Einheit mit einer solchen Ausstrahlung, daß ihre Platten später begehrte Sammlerobjekte

wurden. Coltrane, von 1955 bis 1957 und dann nochmals von 1958 bis 1960 bei Davis, entwickelte in den nächsten Jahren eine Spielweise, über die noch zu reden sein wird.
Ebenfalls im Juli kam der Altsaxophonist Cannonball Adderley nach New York, stieg im Cafe Bohemia ein, damals einer der führenden Jazzclubs in New York – und machte schon einige Tage später seine ersten Plattenaufnahmen. Sein souveränes und virtuoses Spiel, mit einem weicheren Ton als bei Charlie Parker und mit einem Schuß Rhythm and Blues, katapultierte den zuvor Unbekannten sofort in die »oberen Etagen«. Wir werden ihm noch öfter begegnen.
Anfang September gastierte Chet Baker in Paris. Ein halbes Jahr dauerte damals seine erste Europatournee. Von 1959 bis 1962 lebte er dann für längere Zeit hier. Sein ehemaliger Partner Gerry Mulligan machte im September und Oktober Aufnahmen mit einem Sextett, das leider nur bis Ende 1956 bestand. Für die vier Bläser, darunter Bob Brookmeyer und Zoot Sims, hatte Mulligan hervorragende Arrangements geschrieben, die die Solisten sehr inspirierten (Sch 128).
Eine Live-LP aus Kalifornien unter dem Titel *Concert by the Sea* (19. September) trug viel zur Popularität des Pianisten Erroll Garner bei (Sch 129). Abseits der Hauptschulen des Jazzklaviers hatte er seine eigene entwickelt: mit Akkorden in der Linken wie ein Rhythmusgitarrist im Swing und leicht schleppenden Melodien in der Rechten, dazu verzwickte Einleitungen, die seine Mitmusiker bis zum letzten Moment im unklaren darüber ließen, welches Stück er spielen würde – dabei immer Lebensfreude ausstrahlend.
Die Aufnahmen der Jazz Messengers vom November aus dem Cafe Bohemia mit Kenny Dorham (tp) und Hank Mobley (ts) sind ein weiterer Meilenstein des Hard Bop. Schade nur, daß das Klavier so verstimmt war (Sch 130).
Der Mitschnitt des Charles Mingus Quintetts aus dem Cafe Bohemia Ende Dezember zeigt eine neue Richtung des Hard Bop im Entstehen (oder soll man ihr einen eigenen Namen geben?). Mingus arbeitete viel mit Klangfarben, von Ellington beeinflußt; freilich war er von ganz anderer Natur: cholerisch und zu Ausbrüchen neigend (nicht nur musikalisch). Später gab er seinen Stücken immer häufiger Titel, die sozialen oder politischen Protest ausdrückten. Sein Duett »Percussion Discussion« mit Max Roach zeigt wiederum in die Richtung des Free Jazz,

dem sich Mingus dann allerdings nie anschloß. Er brauchte das auch nicht; seine musikalische Welt war bereits reichhaltig genug, ihn mit Material zu versorgen, solange er lebte (Sch 131).

Weitere Musiker: Tony Scott (Klarinette)

1956

Für seine LP *The Unique Thelonious Monk* komponierte Monk mit viel Phantasie und Witz Standardthemen wie »Tea For Two« so um, daß man meinen könnte, sie seien von ihm (Sch 132).
Mit seinen ersten Aufnahmen unter eigenem Namen zeigte der Arrangeur George Russell[57] gleich eine beachtliche eigene Handschrift (Sch 133). Sein Bestreben, durch entsprechende Akkordstrukturen und geeignete Tonleitern (Skalen) dem improvisierenden Solisten ein Maximum an Freiheit zu ermöglichen, verwirklichte er in späteren Aufnahmen noch eindrücklicher. Auch er ist heute neu zu entdecken, seine Bedeutung für den Jazz neu zu bewerten.
Am 22. Mai und am 26. Oktober nahm das Miles Davis Quintett Material für insgesamt vier (!) LPs auf, die alle heute als schlechthin vollkommen gelten (Sch 134). Mehr soll hier gar nicht gesagt werden. Man muß diese Musik mit dem perfekten Zusammenspiel und den vielen großen Soli vor allem hören!
Ebenfalls im Mai entstand mit *Session at Riverside* eine der besten Swingplatten der 50er Jahre (Sch 135). Coleman Hawkins, der älteste der Musiker, machte mit grimmiger Entschlossenheit seinen Führungsanspruch geltend, was die übrigen Musiker natürlich noch mehr anstachelte ...
Um Duke Ellington war es in den letzten Jahren ruhiger geworden. Er konnte einen neuen Erfolg gut brauchen, und er bekam ihn auch, diesmal beim Newport Festival, allerdings nicht so, wie er sich das wohl erwartet hatte. Nicht seine »Newport Jazz Festival Suite« entzündete ein triumphales Feuer, sondern die 27 Blueschorusse, die Paul Gonsalves in »Diminuendo and Crescendo in Blue« spielte, womit das Orchester bewies, daß es nicht nur Raffinesse, sondern auch schiere Improvisationsleidenschaft zu bieten hatte (Sch 136).

Zu den besten Aufnahmen des Oscar Peterson Trios aus jener Zeit gehören die vom Auftritt beim Shakespearean Festival in Stratford/Kanada (Sch 137). Ray Brown, der stärkste Partner, den Peterson je gehabt hat, spielte bisweilen so überragend, daß die Gruppe in solchen Momenten auch Ray Brown Trio hätte heißen können.[58]

»For Musicians Only« vom 16. Oktober ist eine Parforcejagd dreier Bläser, denen kein Tempo zu schnell ist: Dizzy Gillespie, Stan Getz und Sonny Stitt (as). Doch wird die Jagd nie zum Selbstzweck (Sch 138).

Die Jimmy Giuffre Three, mit Giuffre, dem Gitarristen Jim Hall und dem Bassisten Ralph Peña war eine weitere Besetzung, in der Giuffre seine Stärken ausspielen konnte (Sch 139). Vor allem sein Gefühl für den Blues ist erstaunlich und differenziert, so in »Two Kinds of Blues«. Zwei Jahre später, mit Bob Brookmeyer anstelle eines Bassisten, wurde die melodische Komponente noch stärker.

Frankreich, vor allem Paris, war damals das bevorzugte Ziel amerikanischer, vor allem schwarzer Musiker, die sich dort am wohlsten fühlten. Viele blieben auch für längere Zeit – oder für immer. So konnte man 1956 in Paris u. a. Sidney Bechet, Bill Coleman, Albert Nicholas, Benny Waters (cl, ts), Emmett Berry (tp), Lucky Thompson (ts), Sammy Price (p) und Kenny Clarke treffen. Die französischen Musiker profitierten durch ständige Zusammenarbeit mit ihnen sehr.

Umgekehrt kam der deutsche Klarinettist Rolf Kühn in die USA, wo er u. a. mit Benny Goodman auftrat. Er blieb bis 1961.

Vor allem aber war dies das Jahr von Sonny Rollins. Von den nicht weniger als 14 LPs, an denen der Tenorsaxophonist beteiligt war, seien vor allem *Tenor Madness* mit John Coltrane (Sch 140), *Jazz in 3/4 Time* mit Max Roach (Sch 141) und die Aufnahmen mit Monk genannt (Sch 142). Sonny Rollins ist ein leidenschaftlicher Improvisator mit rhythmisch komplexen Ideen, enormer Spieltechnik und einer bewundernswerter Ausdauer. Zu den Besonderheiten seiner Spielweise gehört auch, daß er gerne auf Teile und Fragmente des Themas zurückgreift und sie immer wieder anders dreht und wendet. Seine Karriere wies unerwartete Sprünge auf: So setzte er 1954/55 und vor allem von 1959 bis 1961 und 1969 bis 1971 aus, um sich zum Üben und Nachdenken zurückzuziehen (L 48).

1957

Die ersten Stereo-LPs erschienen auf dem Markt. Gleichzeitig war das Ende der Schellackplatten in Sicht.

Im San Franciscoer Club The Cellar begannen Dichter, zu ihren Lesungen Jazzmusiker einzuladen, eine Idee, die bald auch andernorts aufgegriffen wurde. In Deutschland bürgerte sich dafür die Bezeichnung »Jazz & Lyrik« ein. Eine tiefere Verbindung von Texten und Musik kam freilich nicht eben häufig zustande.

»Miles Ahead«, aufgenommen am 6. Mai, war die erste von drei LPs mit kunstvoll ausgefeilten Big-Band-Arrangements von Gil Evans für Miles Davis als einzigem Solisten, der mit dem Flügelhorn ein neues Jazzinstrument »schuf« (Sch 143). 1958 entstand *Porgy and Bess* und 1959 *Sketches of Spain*. Sie begründeten eine neue Schule des Schreibens für große Besetzungen.

Im Sommer gastierten Thelonious Monk und John Coltrane mit einer Quartettbesetzung monatelang im New Yorker Five Spot. Glücklicherweise gibt es wenigstens Studioaufnahmen von dieser Zusammenarbeit (Sch 144). Coltrane sagte später, daß die Begegnung mit Monk für ihn sehr wichtig war. Sein bohrender Ton und die zum Teil überschnellen Läufe (»sheets of sound« in der Fachliteratur) bildeten einen aufregenden Kontrast zu Monks sparsamem, immer wieder aufs Wesentliche reduziertem Spiel. Coltranes Entwicklung zu einem der Großen des Jazz vollzog sich langsam; dazu paßte auch, daß er im persönlichen Umgang sehr zurückhaltend war, ganz im Gegensatz etwa zu dem sehr kontaktfreudigen Charlie Parker.

Gerry Mulligans Aufnahmen mit Paul Desmond (Sch 145) vom August gehören zu einer Serie von LPs, zu der er große Individualisten einlud: Johnny Hodges, Stan Getz (in einigen Stücken wechselten die beiden ihre Instrumente), Ben Webster, Thelonious Monk.

Mit Bobby Hackett und Jack Teagarden trafen bei den Aufnahmen zu *Jazz Ultimate* im September zwei große Melodiker des »alten« Jazz zusammen (Sch 146). Das Ergebnis war eine der schönsten Platten dieser Art von Musik in den 50er Jahren.

John Coltrane

Die Aufnahmen von Coleman Hawkins und Ben Webster mit dem Oscar Peterson Trio am 16. Oktober erbrachten Stücke voll rauhem Charme, etwas, das in dieser Form wohl nur auf dem Tenorsaxophon möglich ist (Sch 147).[59]

Eine Art Sternstunde für alle Beteiligten war drei Tage später das Konzert von Stan Getz und J. J. Johnson mit dem Oscar Peterson Trio plus Connie Kay im Opera House in Chicago (Sch 148). Die beiden Bläser waren in Hochform, ob bei schnellen Stücken oder bei Balladen, und die Begleiter erfüllten ihre Aufgabe perfekt. Schade, daß Getz und Johnson keine working group für längere Zeit aufgestellt haben; sie paßten vorzüglich zusammen.

Am 21./22. Oktober wurde eine der berühmtesten Basie-LPs aufgenommen, die den dummen Titel *The Atomic Mr. Basie* und auf dem Cover das schreckliche Bild einer Atombombenexplosion erhielt (wohl selten ist große Musik so völlig ins Absurde verzerrt präsentiert worden). Alle Themen und Arrangements dieser Platte stammten von Neal Hefti (Sch 149). Am schönsten ist »Li'l Darling«, das als mittelschnelles Stück gedacht war. Doch nach dem ersten Durchlauf meinte Basie, der einen untrüglichen Sinn für das richtige Tempo eines Stückes hatte, es sei wohl besser, einmal ein ganz langsames Tempo zu nehmen – und er hatte recht.

Die Aufnahmen, die Sonny Rollins am 3. November im New Yorker Village Vanguard nur mit Baß und Schlagzeug machte, etablierten ihn endgültig als einen der Großen im Jazz (Sch 150). Sein rhythmisches und harmonisches Vorstellungsvermögen verließ ihn auch bei den kompliziertesten Figuren nicht, und seine fours mit dem jungen Schlagzeuger Elvin Jones, der schon ein paar Jahre später Karriere machen sollte, gehörten zu den Höhepunkten.

Am 4. Dezember nahm Miles Davis in Paris mit einer amerikanisch-französischen Gruppe die Musik zu »Ascenseur pour l'échafaud« (deutscher Titel »Fahrstuhl zum Schafott«) auf. Sie ist eines der geglücktesten Beispiele für die Verwendung von Jazz als Filmmusik (Sch 150).

Eine amerikanische Fernsehsendung »The Sound of Jazz« vom 8. Dezember darf als beispielhaft dafür gelten, mit wie wenig Aufwand Jazz im Fernsehen präsentiert werden kann (V 2). Das Rezept lautet: Laßt die Musiker sich frei bewegen, stört sie so wenig wie möglich, keine Kulissen, keine Inszenierungen. Das Resultat: Eine großartige Basie-Spezialbe-

setzung, u. a. mit Roy Eldridge, Coleman Hawkins, Ben Webster und Gerry Mulligan, spielte mit unwiderstehlichem drive, Billie Holiday mit Lester Young, der einen einzigen (!) Blueschorus blies, aber mit welchem Ausdruck, Henry Red Allen mit Pee Wee Russell, der wieder einmal aus seiner Klarinette Töne holte, wie keiner je zuvor, Thelonious Monk und Jimmy Giuffre mit ihren Gruppen – das alles in einem schmucklosen Raum, hin und wieder läuft jemand durchs Bild, Kameras nehmen sich mitunter gegenseitig auf, aber wen stört das? Auch im Fernsehen ist die *Qualität der Musik* entscheidend. Wo es nichts zu hören gibt, kann man auf das Sehen verzichten.
In diesem Jahr holte der Südwestfunk Baden-Baden den amerikanischen Arrangeur Eddie Sauter und machte ihn zum Leiter seiner Radio-Big-Band, der damals für kurze Zeit auch Hans Koller angehörte. Leider dauerte Sauters Gastspiel nicht lange; dem Vernehmen nach war er zu wenig an gängiger Unterhaltungsmusik interessiert.

Weitere Musiker: Bobby Jaspar (Tenorsaxophon/Belgien), René Thomas (Gitarre/Belgien)

1958

Die Hammondorgel, früher eher als Kuriosität belächelt, war dank Jimmy Smith, der eine jazzgemäße Spielweise entwickelt hatte, mit einem Mal interessant geworden. Im Gegensatz zu früheren Versuchen von Fats Waller u. a. arbeitete er mit anderen Klangfarben und wesentlich perkussiver und vermied außerdem zu dicke Akkorde. In *The Sermon* vom 25. Februar kann man dies gut studieren (Sch 152). Seine Spielweise beeinflußte Musiker weit über den Jazz hinaus und verschaffte dem Instrument viele neue Freunde.
Mit *Milestones* vom 2./3. April betrat Miles Davis im Titelstück Neuland (Sch 153). Das 40taktige Thema ist auf wenigen Akkorden aufgebaut, zu der nur zwei Tonleitern gehören. Hier kündigt sich das Prinzip der modalen Spielweise an, wie der Fachausdruck heißt, bei der geringe harmonische Bewegung durch starke rhythmische und vor allem melodische Bewegungen ausgeglichen werden (Modal Bop). Hier liegt auch der Ansatzpunkt für eine Einbeziehung von Elementen orientalisch-asia-

tischer Musik, wie sie später oft anzutreffen war. Ebenso boten sich später Brücken zum Free Jazz und zum Rock.
Während des Newport Festivals wurde der schöne Farbfilm *Jazz on a Summer's Day* (»Jazz an einem Sommerabend«) aufgenommen. Er wurde in vielen Kinos gezeigt und ist heute als Video lieferbar (V3).
Dave Lambert, Jon Hendricks und Annie Ross bildeten ein Gesangstrio, das vor allem mit dem virtuosen Singen betexteter Instrumentalsoli neue Maßstäbe im mehrstimmigen Jazzgesang setzte. Die langen, oft sehr witzigen Texte wurden mit großer rhythmischer Genauigkeit interpretiert. Ein gutes Beispiel gibt *Sing Along With Basie* (Sch 154). Einflüsse fanden sich später in Frankreich bei der Double Six of Paris und in Polen bei den Novi Singers.
Im Herbst entstand in Paris mit dem Blue Note einer der führenden Jazzclubs in Europa, in dem regelmäßig Spitzenmusiker gastierten. In Wien eröffnete der Klarinettist und Bandleader Fatty George seinen originell ausgestatteten Fatty's Saloon, der bis 1963 bestand.
In Warschau fand das erste Jazzfestival (Jazz Jamboree) statt. Es wurde später das größte und bedeutendste Osteuropas.
Am 31. Oktober nahm Art Blakey eine seiner besten Platten mit einer seiner besten Besetzungen auf: Lee Morgan (tp), Benny Golson (ts), Bobby Timmons (p) und Jymie Merritt (b). Die Musik ist wie aus einem Guß, und zwei der Stücke, »Moanin'« (Timmons) und der »Blues March« (Golson) wurden später zu standards (Sch 155).
Hans Koller arbeitete in der Bundesrepublik im Quartett mit dem ungarischen Gitarristen Attila Zoller, der 1959 in die USA emigrierte, dem amerikanischen Schlagzeuger Jimmy Pratt und mit Oscar Pettiford. Dieser war wohl der erste große Jazzmusiker, der hier für längere Zeit lebte. Auftrittsmöglichkeiten und öffentliche Resonanz waren aber leider nicht so, wie sich die Gruppe das erhofft hatte. Pettiford ging nach Kopenhagen, wo er 1960 starb.

1959

In *Blues and Roots* vom 4. Februar schlug Charles Mingus eine Brücke von seiner Musik zur Bluesmusik und zum Gospel Song, die neue Perspektiven eröffneten (Sch 156).

Mit *Kind of Blue* festigte Miles Davis die modale Spielweise, vor allem in »So What« und in »Flamenco Sketches«, bei dem es kein Chorusprinzip mehr gab und Tonleitern statt Akkorde als Basis dienten. Diese Platte ist ein Meisterwerk und nimmt in der künstlerischen Arbeit von Miles Davis eine zentrale Stellung ein (Sch 157).
John Coltranes »Giant Steps« vom 5. Mai auf der gleichnamigen Platte ging in die entgegengesetzte Richtung. Das Stück basiert auf einer 16taktigen Harmoniefolge, die in schnellem Wechsel mehrmals durch drei um große Terzen voneinander entfernte Tonarten läuft. In einem überaus schnellen Tempo gespielt, wird das Improvisieren über einer solchen Struktur zu einem Trapezakt ohne Netz. Coltrane besteht dieses Abenteuer souverän, wenn auch mehr eine Etüde als ein Konzertstück dabei herauskam (Sch 158).
Im Herbst sorgte ein langes Gastspiel des Ornette Coleman Quartets im New Yorker Five Spot für viel Gesprächsstoff. Der Altsaxophonist Ornette Coleman, der seit Ende der 40er Jahre in Rhythm-and-Blues-Bands gespielt hatte, war in den letzten Jahren in Los Angeles zusammen mit dem Kornettisten Don Cherry auf der Suche nach einer Spielweise gewesen, die auf Akkorde als Improvisationsbasis verzichtet und damit auch auf ein Akkordinstrument. Das Ergebnis war eine intensive, stark rhythmisch-melodisch orientierte Musik, die konzentriertes Hören und ein ständiges Sich-Auseinandersetzen mit Unerwartetem erforderte. Das war der eigentliche Beginn des Free Jazz (L 49), der einerseits in den 60er Jahren – und auch später – zu immer neuen Formen führte, andererseits sich ein Publikum erst suchen mußte, das obendrein – wie das Jazzpublikum insgesamt – noch durch die Entwicklung der Rockmusik ständig in eine andere Richtung hin abgelenkt wurde. Keine Form des Jazz hat es daher so schwer gehabt, sich durchzusetzen wie der Free Jazz. Als Beispiel für die Musik Ornette Colemans aus diesem Jahr sei *The Shape of Jazz to Come* vom 22. Mai genannt, wo die beiden Bläser mit Charlie Haden (b) und Billy Higgins (dm) spielten (Sch 159).
Hinzuzufügen ist hier aber, daß Coleman nicht der einzige Pionier des Free Jazz war. Der Pianist Cecil Taylor hatte schon 1956 seine ersten, noch harmonisch gebundenen, aber rhythmisch eigentümlich »verschobenen» Aufnahmen gemacht. Er strebte ebenfalls auf eine Spielweise ohne vorgegebene Akkordstrukturen zu und machte sein Instrument zu einem mit großer perkussiver Energie gespielten Klangerzeuger. In *The*

World of Cecil Taylor vom Oktober 1960 (Sch 160) ist seine Musik schon voll entwickelt. Taylor hat später Coleman in der Konsequenz künstlerischen Arbeitens übertroffen. Dazu muß man wissen, daß Coleman im Gegensatz zu Taylor Autodidakt war. Das kann ein Vorteil sein, wenn es um den Mut zu Neuem geht, aber ein Nachteil, wenn Ausarbeitung und Weiterentwicklung der gefundenen Möglichkeiten anstehen.

Der Altsaxophonist Cannonball Adderley, der zuvor bei Miles Davis gespielt hatte, gründete zusammen mit seinem Bruder, dem Kornettisten Nat Adderley, ein Quintett, das in den 60er Jahren zu den besten ständig existierenden Combos gehörte. Ihr Gastspiel im Club The Jazz Workshop in San Francisco[60] wurde am 18. und 20. Oktober mitgeschnitten. Heraus kam eine LP mit begeisternder Musik, bei der man kaum stillsitzen kann (Sch 161).

Der Vibraphonist Terry Gibbs nannte seine Big Band, mit der er im November im Club Sundown in Hollywood gastierte, seine Dream Band (Sch 162). Viele der besten kalifornischen Musiker waren mit dabei, und mit Mel Lewis am Schlagzeug und Arrangements von Bill Holman, Bob Brookmeyer, Al Cohn und anderen setzte dieses Orchester mit großer Spielfreude in einer Zeit, die arm an guten Big Bands war, eine wichtige Tradition des Jazz fort.

Portrait in Jazz vom 28. Dezember war eine der ersten hervorragenden Platten des Pianisten Bill Evans (Sch 163). Mit seiner subtilen Einbeziehung von Elementen europäischer Klaviermusik der Jahrhundertwende gelang ihm eine Verfeinerung des Klavierspiels im Jazz, die später zahllose Nachfolger bis hin zu Herbie Hancock, Keith Jarrett und Chick Corea gefunden hat. Im Gegensatz zu vielen von ihnen mangelte es ihm freilich nie an Konzentration; Weitschweifigkeit und Überschwang war nicht seine Sache. Zudem hatte er in dem Bassisten Scott LaFaro, der eine neue Schule des virtuosen Baßspiels begründete, und in dem Schlagzeuger Paul Motian hervorragende Partner. Das Bill Evans Trio jener Tage spielt in der Geschichte des Klaviertrios eine herausragende Rolle.

In Kopenhagen startete 1959 mit dem Club Montmarte (später Jazzhus Montmartre) ein weiterer wichtiger europäischer Club. Stan Getz und Oscar Pettiford spielten dort die erste Zeit häufig, später Dexter Gordon, der von 1962 bis 1976 mit kurzen Unterbrechungen in Dänemark lebte, und der Pianist Kenny Drew.

Ende des Jahres ging der Klarinettist Tony Scott nach Asien. Bis 1965 bereiste er eine Reihe Länder, von Thailand bis Japan und Korea. Seit den 70er Jahren lebt er in Europa, ständig unterwegs – ein Globetrotter des Jazz, wie es kaum einen zweiten gab.

Weitere Musiker: Ed Blackwell (Schlagzeug), Ake Persson (Posaune/ Schweden)[61]

1960

Manchmal dauerte es lange, bis ein Musiker sich durchsetzte, dann aber geschah dies ganz plötzlich um so nachdrücklicher. So war es bei dem Gitarristen Wes Montgomery, dessen Aufnahmen Ende Januar den damals 34jährigen unmißverständlich als *den* neuen großen Musiker seines Instruments kennzeichneten: in Ton, Phrasierung, Ideen und einer stupenden Art, parallele Oktaven zu spielen (Sch 164).
Ähnlich war es mit der LP *Outward Bound* (Sch 165) vom 1. April, in der der Trompeter Freddie Hubbard und der Altsaxophonist, Flötist und Baßklarinettist Eric Dolphy mit einem Quintett kompakten Hard Bop spielten: Hubbard, an Clifford Brown erinnernd, aber mit vielen eigenen Ideen, Dolphy mit einer sofort identifizierbaren Spielweise mit langen, schnellen Läufen über den ganzen Tonumfang, die Harmonien »ausdehnend«, ohne sie aber zu negieren. Dolphy war ein leidenschaftlicher Improvisator, sein früher Tod 1964 in Berlin ein großer Verlust für den Jazz. Es wäre an der Zeit, sich wieder mehr mit seiner Musik zu beschäftigen.
Die »Freedom Now Suite« von Max Roach mit Texten von Oscar Brown jr. ist eines der trotz unzähliger Versuche nicht gerade häufigen Beispiele überzeugender »politischer« Musik. Worte und Musik bilden wirklich eine Einheit, keines dominiert auf Kosten des anderen, der Gesang von Abbey Lincoln und das Schlagzeug von Max Roach steigern sich, ohne ins vordergründig Plakative abzugleiten; ihr Duett ist wohl der Höhepunkt dieser Platte (Sch 166).
Gerry Mulligans Concert Big Band, die bis 1962 existierte, war eine der großen Big Bands der Jazzgeschichte, die nur leider nie gebührende Anerkennung fand (Sch 167). Mulligans Arrangements sind ein Musterbei-

spiel für melodisches, durchsichtiges Arbeiten. Wann endlich sind alle Aufnahmen dieses Orchesters wieder erhältlich?
Das Stück »Free Jazz« vom 21. Dezember dürfte wohl der neuen Richtung den Namen gegeben haben (Sch 168). Das Ornette Coleman Double Quartet mit Eric Dolphy spielte eine lose vorstrukturierte, sehr farbige Kollektivimprovisation von über 36 Minuten Dauer. Man muß sich gut einhören, um die Verläufe und Bezüge samt der zugrundeliegenden Ästhetik zu erfassen. Durchaus passend dazu der Abdruck eines Bildes von Jackson Pollock im Innern der Plattenhülle.
Jazz Abstractions, kurz zuvor aufgenommen, enthält Arbeiten des Komponisten Gunther Schuller, der seit seiner Mitwirkung als Hornist bei einigen Aufnahmen des Miles Davis Capitol Orchestra 1950 ein genauer Beobachter der Jazzszene geblieben war (Sch 169). Von ihm stammt der Ausdruck »Third Stream«, mit dem er Werke bezeichnete, die zwischen Jazz und Klassik/Neue Musik lagen. Er förderte diese Richtung immer wieder, und auch seine Stücke auf der genannten Platte, darunter Variationen über je ein Thema von John Lewis und Thelonious Monk, unter zeitweiliger Mitwirkung von Ornette Coleman und Eric Dolphy, gehören dazu. Wenn heute dem Third Stream eine zu akademische Einstellung nachgesagt wird, so ist dazu zu sagen, daß viele dieser Stücke sehr wohl eine interpretatorische Auseinandersetzung verdient hätten, doch hat eine solche kaum stattgefunden, denn dazu wurden die Werke viel zu selten gespielt.
Auch in Europa machten sich Einflüsse Ornette Colemans langsam bemerkbar, so in England im Quintett des aus Jamaika stammenden Altsaxophonisten Joe Harriott. Zwar ging er nicht so weit wie Coleman, aber seine Themen und Improvisationen haben eine sperrige Frische, die auch heute noch überzeugt (Sch 170).

1961

Der belgische Pianist und Arrangeur Francis Boland machte zusammen mit Kenny Clarke und sechs weiteren Musikern Mitte Mai in Köln Aufnahmen, die den Beginn der international besetzten, in Europa beheimateten Clarke/Boland Big Band bildeten. Boland schrieb auch später sämtliche Arrangements in einer geradlinigen, swingenden Art; Clarke spielte derart unaufdringlich, daß man ihn mehr spürte als hörte. Dieses Orchester war um 1970 eine der besten Big Bands im Jazz, was aber in den USA kaum registriert wurde. Leider kam 1972 eine Tournee in die Vereinigten Staaten nicht mehr zustande, die einen Durchbruch hätte bringen können; die Band löste sich wegen Besetzungs- und Finanzproblemen auf.

Das George Russell Sextett war eine der interessantesten Gruppen jener Jahre, was aber ein Großteil des Publikums übersah. In »Round Midnight« vom 8. Mai blies Eric Dolphy ein unglaubliches Solo, mit seinem so schwer zu beschreibenden Ton, der zugleich Tatkraft und Melancholie ausdrückte. »You Are My Sunshine« vom 27. August ist eine überzeugende Demontage dieses Songs und seines Titels (Sch 171). Heute ist solches gang und gäbe – und mißlingt so häufig, weil Sarkasmus Genauigkeit voraussetzt, sonst bleibt er oberflächlich.

Am 10. Juni wurde in New Orleans die Preservation Hall eröffnet. In dem kleinen Raum spielten im Laufe der nächsten Jahrzehnte so gut wie alle alten Jazzmusiker, die es in New Orleans noch gab, und das waren nicht wenige. Berühmt wurde das Schild hinter der Band, das die Tarife für Wünsche der Gäste verzeichnete:[62]

TRADITIONAL REQUEST	1.00 $
OTHERS	2.00 $
SAINTS	5.00 $

Das Gastspiel des Bill Evans Trios im Village Vanguard wurde am 25. Juni mitgeschnitten (Sch 172). Die Musik markierte einen neuen Höhepunkt dieser Gruppe – den letzten, denn zehn Tage später verunglückte Scott LaFaro mit seinem Wagen tödlich. Er war 25 Jahre alt.

Die Begegnung der Orchester von Duke Ellington und Count Basie am 6. Juli erbrachte keine ungewöhnliche, wohl aber sehr spannende Musik, wobei das Solistische im Vordergrund stand (Sch 173). Leider blieb es bei diesem einen Zusammentreffen.

Der blinde Multiinstrumentalist Roland Kirk, der bis zu drei Saxophone gleichzeitig spielte, die er sich zu diesem Zweck hatte umbauen lassen, war ein explosiver Improvisator, was schon eine seiner ersten LPs, *We*

Free Kings vom August dieses Jahres, eindrucksvoll beweist (Sch 174). Fast noch bemerkenswerter war seine Behandlung der Flöte, auf der er durch gleichzeitiges Hineinsingen und -sprechen während des Spielens eine bei diesem Instrument kaum für möglich gehaltene Ausdrucksstärke erzielte.
John Coltrane hatte im vergangenen Jahr ein Quartett, das mit McCoy Tyner (p), Elvin Jones (dm) und verschiedenen Bassisten (vor allem später Jimmy Garrison) Jazzgeschichte machte. Intensität und Polyrhythmik sind einige der Komponenten, die diese Musik charakterisieren. In langen Soli verwirklichten die vier ein Konzept energievollen Spiels, das in dieser Form neu für den Jazz war. Als Beispiel sei auf die Aufnahmen im November im Village Vanguard verwiesen (Sch 175).
Die Aufnahmen Benny Carters Mitte November mit vier Saxophonisten [er selbst und Phil Woods (as), Coleman Hawkins und Charlie Rouse (ts)] plus Rhythmusgruppe knüpften an seine Arbeit mit der gleichen Instrumentierung 1937 in Paris an. Sie zeigten auch, wie gut sich Swing und Be Bop mischen lassen (Sch 176).
Mit seinem neuen Trio – mit Paul Bley (p) und Steve Swallow (b) – spielte Jimmy Giuffre stark improvisierte Kammermusik von eher asketischer als überschwenglicher Natur. Diese Musik nahmen damals alle die nicht wahr, denen die Aufbruchstimmung des Free Jazz und die ihn begleitenden Entwicklungen mehr bedeutete (Sch 177).

1962

Nicht nur der Jazz in den USA, auch der in Europa befand sich damals in einer Aufbruchsphase, stilistisch wie qualitativ. Die Botschaft der großen Musiker wurde immer besser verstanden, und es zeigten sich immer mehr Ansätze zu eigenen Entwicklungen, im Interpretatorischen[63] wie im Innovativen.
Am 13. Februar nahm Stan Getz mit dem Gitarristen Charlie Byrd seine erste Bossa Nova-LP auf (Sch 178). Der Bossa Nova war schon Ende der 50er Jahre aus einer Vermischung von Elementen der Samba und des Jazz entstanden. Aber erst diese Platte, und weitere mit brasilianischen Musikern, machten den Bossa Nova international bekannt. Der Titel »Desafinado« wurde damals so etwas wie seine Erkennungsmelodie.

Für die Aufnahmen zu *Undercurrent* hatte Bill Evans in Jim Hall einen gleichwertigen Partner gefunden (Sch 179). Nur selten ist im Jazz einem Duo Klavier–Gitarre subtiles Zusammenspiel und Konzentration auf Wesentliches so gelungen wie hier.
Der Trompeter Don Ellis nahm im Juli mit einem Quartett, zu dem Paul Bley und der Bassist Gary Peacock gehörten, *Essence* auf (Sch 180). Vom swingenden »Johnny Come Lately« bis zum schwebenden »Slow Space« spannt sich ein weiter Bogen. In »Ostinato« zeigt Don Ellis sein Interesse für ungewöhnliche Metren, das er später in seiner Big Band weiterverfolgte.
Mit »Footloose« vom August/September leistete Paul Bley einen wichtigen Beitrag zur Entwicklung des Klaviertrios (Sch 181). Auch er spielt konzentriert wie Bill Evans, aber sparsamer, mit einer Tendenz zum Lakonischen. Dies drückt sich auch in seinen Themen und denen seiner damaligen Frau, der Pianistin Carla Bley, aus.
Anfang Oktober nahmen Rolf Kühn (cl) und Klaus Doldinger (ts) eine damals kaum beachtete, aber sehr hörenswerte LP mit Ingfried Hoffmann (org) und den beiden Holländern Hermann Schoonderwalt (b) und Cees See (dm) auf (Sch 182). Der lockere Swing dieser Musik war bis dahin für deutschen Jazz nicht gerade charakteristisch gewesen. Es war Musikern wie Kühn, Doldinger, Hoffmann, Peter Trunk (b) und Hartwig Bartz (dm) zu verdanken, daß sich das änderte. Das Klaus Doldinger Quartett, ebenfalls mit Ingfried Hoffmann, war später eine der besten deutschen Jazzgruppen. Seit 1971 arbeitet er mit seiner Gruppe Passport und als Filmkomponist (*Das Boot* u. a. m.).
Ornette Coleman trat im Dezember in der New Yorker Town Hall bei einem Konzert auf, mit dem die erste Phase seiner persönlichen Entwicklung zu Ende ging (Sch 183). Mit David Izenzon (b) und Charles Moffett (dm) spielte er sehr frei improvisierte Musik, bei der interessanterweise der Ton seines Instruments die letzte noch verbliebene Verbindung zum bisherigen Jazz darstellte. Außerdem gab es ein ausgeschriebenes Stück für Streichquartett, das sehr statisch wirkt. Man wünscht sich, Ornette Coleman hätte es als Basis für eine Improvisation verwendet.
Horst Lippmann organisierte die erste Europatournee des »American Folk Blues Festivals«, einer Konzertveranstaltung, die in den folgenden Jahren eine beträchtliche Zahl älterer Bluesmusiker erstmals nach Europa brachte und so erheblich zu einem wachsenden Interesse an der

Bluesmusik beitrug. Dies hatte in England, wo die Konzerte ebenfalls stattfanden, auch Auswirkungen auf die Entwicklung des Rock.
Der südafrikanische Pianist Dollar Brand (später Abdullah Ibrahim) kam mit seinem Trio nach Europa, wo ihn im Jahr darauf in Zürich Duke Ellington hörte, der so beeindruckt war, daß er ihm eine Schallplattenaufnahme besorgte.

1963

In New York begannen an neuen Entwicklungen interessierte Musiker, sich in leerstehenden Fabrikgebäuden einzurichten (Lofts). Manche davon wurden später auch für Veranstaltungen genutzt, so in den 70er Jahren das Studio Rivbea des Tenorsaxophonisten Sam Rivers.
1961 hatte Albert Mangelsdorff in Frankfurt sein Quintett gegründet mit Heinz Sauer (ts), Günter Kronberg (as), Günter Lenz (b) und Ralf Hübner (dm). Mit dieser Gruppe erreichte der deutsche Jazz eine neue Qualitätsebene. Gestützt auf ein Repertoire ausschließlich eigener und sehr gekonnt geschriebener Themen entwickelte die Gruppe ein dichtes und homogenes Zusammenspiel mit vorzüglichen Soli im Spannungsfeld zwischen neuerem Be Bop und Free Jazz, aber mehr zu jenem hin. Gleich die erste LP *Tension* vom Juli ist eine der besten Platten, die je von deutschen Jazzmusikern aufgenommen wurde (Sch 184). Das Quintett machte später auch die ersten großen Tourneen deutscher Jazzensembles für das Goethe-Institut (Asien, Südamerika u. a. m.).
Nach Unterbrechungen während der vergangenen Jahre hatte Woody Herman seit 1961 wieder eine ständige Big Band. Mit den Aufnahmen im Oktober 1963 (Sch 185) konnte er an frühere Erfolge anschließen, dank jüngerer Musiker wie Bill Chase (tp) und Sal Nistico (ts), die das Feuer der früheren »Herman Herds« neu entzündeten.
»Evolution« des Posaunisten Grachan Moncur III. vom 21. November ist ein schönes Beispiel für Rückwirkungen des Free Jazz auf den Be Bop. Die eigentümlich düstere Grundstimmung der schönen Themen von Moncur wird durch Lee Morgan (tp), Jackie McLean (as) und Bobby Hutcherson (vib) wirkungsvoll unterstützt (Sch 186). Am Schlagzeug der 17jährige Tony Williams, der im gleichen Jahr Mitglied des neuen Miles Davis Quintetts wurde.

Auf der LP *The Sidewinder* vom 21. Dezember (Sch 187) zeigte Lee Morgan dann, daß er bei Art Blakey gelernt hatte, eine Band zu leiten, ein Repertoire aufzubauen und wie sein Lehrmeister spannungsreiche Musik mit viel drive zu machen, die unter die Haut geht.
In Aspen fand in diesem Jahr die erste Colorado Jazz Party statt. Dick Gibson und seine Frau, zwei Musikliebhaber, luden eine Reihe bekannter Jazzmusiker – dazu Freunde und Bekannte als Zuhörer – in ein Hotel ein, wo mehrere Tage lang in immer neuen Zusammenstellungen gespielt wurde. Dies war ein Modell für ähnliche Veranstaltungen in den folgenden Jahren und letztlich ebenso für die späteren Jazz-Kreuzfahrten in der Karibik, die es neuerdings auch im Mittelmeer gibt.

1964

Ein Jahr voller neuer Entwicklungen und neuer Namen. Dazu trug die New Yorker Schallplattenfirma ESP nicht unwesentlich bei, die sich auf den Free Jazz spezialisierte. Allerdings waren ihre Platten in Europa nur schwer erhältlich und außerdem sehr teuer – einer der Gründe für den verzögerten Beginn des europäischen Free Jazz.
Doch war 1964 auch das Jahr, in dem die Beatles in den USA auftraten. Der Rock fing an, dem Jazz Publikum wegzunehmen. Dabei spielten die Musiker nicht schlechter als vorher, und es gab schließlich noch andere außerhalb des Free Jazz, die genügend Impulse für neue Spielweisen lieferten (Coltrane, Dolphy, Mingus, Russell, Giuffre u. a. m.). Das alles verlangte aber eine Umstellung der Hörgewohnheiten, was allemal ein schwieriger und vor allem zeitraubender Prozeß ist. Daß die neuen Strömungen des Jazz und die Entwicklung des Rock zeitlich zusammenfielen, war natürlich kein Zufall. Die 60er Jahre waren die Zeit des gesellschaftlich-kulturellen Aufbruchs. Die Musiker in beiden Lagern reagierten darauf in unterschiedlicher Art. Obgleich beides als Ausdruck der gleichen neuen Situation seine Berechtigung hatte, gab es für die allermeisten Hörer nur ein Entweder-Oder.
Zu allem Überfluß schlug dies auch noch auf die Bewertung der älteren Jazzformen durch. Nicht wenige Musiker, auch prominente, gingen, um zu überleben, in Big Bands oder Showorchester oder hörten ganz auf. So begannen jetzt so etwas wie die sieben mageren Jahre des Jazz, was

die finanzielle Seite betraf. Wer damals als Musiker arbeitete und keinen Rückhalt in Studioarbeit oder Unterrichten (zu jener Zeit noch kaum üblich) hatte oder nicht schon sehr bekannt war, wird sich an die problematische Situation erinnern.

In *Empyrean Isles* vom 17. Januar (Sch 188) stellte Herbie Hancock – wie auch im folgenden Jahr mit *Maiden Voyage* – seine Fähigkeiten als einfühlsamer Pianist ebenso unter Beweis wie als Komponist inspirierender Themen. Beide Platten spielten bei der »Wiederentdeckung« des Be Bop in den 70er Jahren eine Rolle.

In Japan nahm Tony Scott im Februar *Music for Zen Meditation* auf, weitab von allen Zentren des Jazz, und doch kann wohl nur ein Jazzmusiker so Klarinette spielen (Sch 189).

Der südafrikanische Pianist Chris McGregor gastierte mit seiner Gruppe beim Jazzfestival in Antibes (Frankreich). Er blieb danach in Europa und ging mit seinen Musikern 1965 nach London. 1970 vergrößerte er die Band zur Brotherhood of Breath , die ein eigenständiges Konzept verfolgte, in dem afrikanische Elemente ebenso eine Rolle spielten wie Elemente des Free Jazz.

Der Tenorsaxophonist Albert Ayler hatte eine Spielweise entwickelt, deren wie hinausgeschleudert rasend schnelle Tonfolgen eine neue Art gesteigerten Ausdrucks in sich trugen. Als Beispiel sei »Vibrations« vom 14. September genannt (Sch 190).

Am gleichen Tag entstand in der Bundesrepublik eine neue wichtige Platte. Der Pianist Wolfgang Dauner nahm mit seinem Trio, dem Eberhard Weber (b) und der Amerikaner Fred Braceful (dm) angehörten, die LP *Dream Talk* auf, die dem Klaviertrio neue Impulse gab. Leider wurde diese hervorragende Platte außerhalb ihres Entstehungslandes kaum gewürdigt (Sch 191).

Beim Jazzfestival in Monterey, einem kalifornischen Gegenstück zum Newport Festival, 1958 von Jimmy Lyons gegründet, konnte Charles Mingus am 20. September einen Triumph feiern. Vor allem sein von elf Musikern gespieltes »Meditations on Integration« war ein eindrückliches Beispiel für seine explosive Musik, die seinem cholerischen Temperament genau entsprach (Sch 192).

In Berlin wurden unter der künstlerischen Leitung von Joachim Ernst Berendt die ersten Berliner Jazztage durchgeführt, die sich sehr bald zu einem der größten europäischen Jazzfestivals entwickelten (seit 1981

Jazzfest Berlin). 1972 übernahm der Schweizer Pianist und Komponist George Gruntz die künstlerische Leitung. Inzwischen sind zumindest in Montreux und Den Haag noch größere Veranstaltungen entstanden.
Miles Davis stellte bei diesem Festival in Berlin sein neues Quintett mit Wayne Shorter (ts, ss), Herbie Hancock (p), Ron Carter (b) und Tony Williams (dm) vor, mit dem er in den folgenden Jahren ein weiteres Kapitel Jazzgeschichte schrieb (Sch 193). Die Themen wie die Soli Wayne Shorters waren ein prägendes Element, dazu die harmonischen Feinheiten des Pianisten und das Zusammenspiel der Rhythmusgruppe mit spontanen Metrumwechseln, Verschleierungen und Verschiebungen des beat. Free Bop könnte man diese in der Folge sehr einflußreiche Spielweise nennen. Über allem aber der unvergleichliche Trompetenklang, manchmal wie aus einer anderen Welt.
Eine Veranstaltungsreihe im Cellar Club (New York) im Oktober machte die Öffentlichkeit ebenso auf die wachsende Rolle des Free Jazz aufmerksam wie die Gründung der Jazz Composers Guild, einer Organisation, aus der später die Jazz Composers Orchestra Association hervorging – beides Initiativen von Musikern, die für die Verarbeitung ihrer Musik notwendige Mittlerarbeit selbst in die Hand zu nehmen.
Mit »A Love Supreme« vom 9. Dezember erreichte John Coltrane einen neuen Höhepunkt seines mehr und mehr spirituell geprägten Suchens nach Ausdruck und Intensität (Sch 194). Dies ist eine der Platten, die Coltrane nach seinem allzu frühen Tod 1967 alsbald zu einer Legende machten und für viele Musiker weit über den Jazz hinaus zu einem bewunderten Vorbild.
Stanley Dance organisierte für Earl Hines im Little Theatre in New York einige Konzerte, die für Hines, der sich schon halb zurückgezogen hatte, zu einer Art »Wiederentdeckung« führten. Er begann tatsächlich eine neue Karriere und spielte bis zu seinem Tode im Jahr 1983 mit deutlich gesteigerter Intensität; ein Grandseigneur des Jazzklaviers, ähnlich wie Teddy Wilson.
Dizzy Gillespie, nie um witzige und bisweilen auch ungewöhnliche Einfälle verlegen, kandidierte für die Präsidentschaft der USA (!). In einer Pressekonferenz stellte er sein Kabinett vor: u.a. Duke Ellington (Außenminister), Charles Mingus (Friedensminister), und Louis Armstrong (Landwirtschaftsminister). Auf die Frage, weshalb er gerade Armstrong für dieses Amt auswähle, sagte er: »Well, you know, he's from New Or-

leans, he knows all about growing things« (Down Beat vom 5. November 1964, nachgedruckt im Down Beat vom Juli 1992).
Der Konstrukteur Robert Moog stellte seinen Moog Synthesizer vor, ein mit einer Tastatur spielbares elektronisches Musikinstrument, das einen wesentlichen Schritt auf dem Weg zu den im Vergleich dazu hochgezüchteten heutigen Klang- und Rhythmuserzeugern und -speichern darstellte.

1965

Ein Konzert im New Yorker Club Village Gate am 28. März präsentierte eine Reihe führender Musiker der neuen Entwicklungen, darunter den Tenorsaxophonisten Archie Shepp, der früher bei Cecil Taylor gespielt hatte. Die Veranstaltung stand unter dem Motto »New Black Music« – ein Zeichen für das wachsende Selbstvertrauen schwarzer Künstler, aber auch für einen Trend zur Trennung, der Zusammenarbeit und gegenseitiges Verständnis behindern konnte (Sch 195).
In Chicago begann im Mai die AACM (Association for the Advancement of Creative Musicians) ihre Arbeit, eine Selbsthilfeorganisation schwarzer Musiker, die im Jazz der folgenden Jahrzehnte eine beachtliche Rolle spielte. Ihr Kopf war der Pianist und Komponist Richard Abrams, der schon 1961 die Experimentiergruppe »The Experimental Band« geleitet hatte. Zahlreiche Musiker, die später an neuen Entwicklungen beteiligt waren, entstammen der AACM.
Eine ungewöhnliche Platte nahm der Pianist Bob James mit Barre Phillips (b) und Robert Pozar (dm) auf (Sch 196). Freie Improvisationen zum Teil über Klänge aus Tongeneratoren, wie sie etwa bei den rein elektronischen Kompositionen Karlheinz Stockhausens verwendet worden waren, zum Teil über Sprachfetzen und Motorengeräuschen: so weit hatten sich bisher Jazzmusiker wohl kaum dem Material der Neuen Musik genähert. Leider hat Bob James diese Arbeit nicht weitergeführt, er wurde ein erfolgreicher Arrangeur und Komponist im Popbereich.
Anfang Mai startete in München das Domicile, das nach einem Umbau einige Jahre später lange Zeit der führende deutsche Jazzclub war. 1976 erfolgte ein Umzug in neue Räume. 1981 kam es leider zu einem Programmwechsel, der nur noch selten Jazz vorsah.

Mit dem Ende Juni aufgenommenen »Ascension«, einer Kollektivimprovisation von elf Musikern, bekannte sich John Coltrane zum Free Jazz (Sch 197). Er setzte sich damit auch in den letzten beiden Jahren seines Lebens auseinander und wurde so vom »Außenseiter«, als den ihn die Vertreter des Free Jazz vorher betrachtet hatten, zu einem Wortführer auch dieser Richtung des Jazz.
Ornette Coleman kam im August zunächst als Tourist nach London. Nach etlichen Schwierigkeiten – amerikanische Jazzmusiker konnten jetzt immerhin in England auftreten, aber eigentlich nur im Austausch gegen einen Auftritt englischer Musiker in den USA – gelang es, ein Konzert mit seinem Trio zu organisieren. Coleman, der drei Jahre lang nicht mehr öffentlich aufgetreten war, spielte nicht nur Altsaxophon, sondern auch Trompete und Geige; hinzu kam ein auskomponiertes Bläserquintett. Ohne Zweifel war Coleman damals mit seinen kaum an Vorgaben gebundenen Improvisationen, die auch immer wieder unser gewohntes Tonsystem überspielten (was ihm den unberechtigten Vorwurf »unsauberer« Intonation eintrug), noch unbestrittene Leitfigur des Free Jazz (Sch 198).
Mit seinen LPs *The Heliocentric World of Sun Ra* wurde ein Pianist erstmals einem größeren Kreis bekannt, der zu den ungewöhnlichsten Persönlichkeiten der gesamten Jazzgeschichte gehört (Sch 199). Geboren 1914 vermutlich als Herman Sonny Blount, spielte er von den 30er Jahren an in den verschiedensten Bands, bevor er Mitte der 50er Jahre eine größere Gruppe von Musikern um sich scharte, mit der er einen von Mystizismen geprägten Weg suchte und so zu einem weiteren Pionier des Free Jazz wurde. Seine Musik baut vor allem auf Kollektivimprovisationen auf. Eine spirituelle Verbindung zu Afrika wird durch Gewänder und Schmuck unterstrichen. Später arbeitete er auch mit Arrangiertechniken früher Swingbands.
In Graz wurde an der Hochschule für Musik und darstellende Kunst ein Institut für Jazz und im Zusammenhang damit ein Studiengang für Jazz eingerichtet – der erste auf dieser Ebene in einem deutschsprachigen Land nach 1945, sieht man von einem Versuch 1959/60 in Köln ab, der aber schon bald wieder eingestellt wurde. Vier Jahre später wurde in Graz dann die Internationale Gesellschaft für Jazzforschung gegründet.

1966

Im Februar begann die Big Band des Trompeters und Arrangeurs Thad Jones und des Schlagzeugers Mel Lewis zunächst jeden Montag in New York im Village Vanguard aufzutreten. Einige Jahre später gehörte sie bereits zu den besten Orchestern des Jazz – ein Ensemble aus Spitzensolisten, hierin dem Ellington-Orchester vergleichbar, mit erstklassigen Arrangements, vor allem von Thad Jones selbst, dessen Arbeiten hohe Anforderungen an die Musiker stellten und der auch ein glänzender Orchesterleiter war, der das Letzte aus seinen Musikern herausholte. Nach seinem Ausscheiden 1978 leitete Mel Lewis, dessen immer ausgeglichenes, nie übertriebenes Spiel einen wesentlichen Rückhalt für das Ensemble bildete, dieses bis zu seinem Tod 1990 alleine. Auch danach spielte die Band jeden Montag weiterhin im Village Vanguard.

In dem Posaunisten Roswell Rudd, der wie der Sopransaxophonist Steve Lacy (seit 1967 in Europa) Anfang der 60er Jahre vom Dixieland mehr oder weniger direkt zum Free Jazz gekommen war, hatte Archie Shepp einen idealen Partner. Ihre Aufnahmen im Club Both/And in San Francisco vom 19. Februar klingen manchmal nach viel mehr als nur nach zwei Bläsern, so kraftvoll und farbig spielen die beiden zusammen, mit Techniken (dirty growl, shout), die weit in die Jazzgeschichte zurückreichen (Sch 200).

Wie weitgespannt die Musik Pee Wee Russells war, zeigte er in *Ask Me Now* (Sch 201) vom April dieses Jahres, wo er ohne Akkordinstrument, nur mit Marshall Brown (vtb), dazu Baß und Schlagzeug, Stücke so unterschiedlicher Autoren wie Irving Berlin und Ornette Coleman (!) spielte, in seiner unbeschreiblich melancholischen Art, die Whitney Balliett in einem sehr lesenswerten Portrait mit »Even His Feet Look Sad« beschrieben hat (L 51, S. 28).

Unit Structures vom 19. Mai ist eine der besten Platten Cecil Taylors, der bei aller Spontaneität, die unerfahrenen Hörern chaotisch anmuten mag, doch seine Stücke in bestimmter Weise plant und sie während des Spielens gestalterisch immer im Griff hat (Sch 202). Ekkehard Jost hat das Titelstück der LP sehr anschaulich analysiert (L 49, S. 88).

Das Quartett des Tenorsaxophonisten und Flötisten Charles Lloyd, mit Keith Jarrett (p), Cecil McBee (b) und Jack DeJohnette (dm), spielte vir-

tuose Musik mit Einflüssen von Bluesmusik, Gospel und Rock – damals etwas Neues. Die Gruppe, die von 1966 bis 1969 bestand, unternahm in dieser Zeit nicht weniger als sechs Europatourneen und spielte auf vielen Festivals (Sch 203).
Die Auftritte von Gunter Hampel (vib), Manfred Schoof (tp), Peter Brötzmann (ts) und Wolfgang Dauner beim Frankfurter Festival waren so etwas wie das Startsignal für den westdeutschen Free Jazz. Im Herbst trat der Pianist und Komponist Alexander von Schlippenbach mit seinem international besetzten Globe Unity Orchestra bei den Berliner Jazztagen auf. Studioaufnahmen vom Dezember machen verständlich, warum der Berliner Auftritt Kontroversen bei Publikum und Kritik ausgelöst hatte. Solch dichte und vielschichtige Musik verlangt ein Sich-Einhören und ein unbefangenes, spontanes Reagieren. Viele waren noch nicht so weit – und viele sind es auch heute noch nicht. Das später immer wieder für Projekte zusammengestellte Ensemble war einer der wichtigsten deutschen Beiträge zum Free Jazz. (Sch 204)
Auch in anderen Ländern (u. a. England, Frankreich, Italien, Österreich, Polen) begannen sich jetzt die neuen Formen des Jazz langsam durchzusetzen; es bildeten sich einheimische Ensembles, die freilich überall Probleme hatten, Auftritte und ein verständnisvolles Publikum zu finden.
Zur Erinnerung an seine Tournee durch den Nahen und Fernen Osten 1963 hatte Duke Ellington seine »Far East Suite« geschrieben, wohl eines der gelungensten seiner längeren Werke, er nahm sie Ende Dezember auf (Sch 205).

1967

Schulebildende europäische Musiker hatte es bisher kaum gegeben. Das änderte sich spätestens mit dem französischen Geiger Jean-Luc Ponty, der eine an Bläsern orientierte, mit Verstärker arbeitende Spielweise schuf, die der Geige im Jazz zu einer weitaus besseren Position als bisher verhalf. Seine interessante LP *Sunday Walk* brachte ihn mit Wolfgang Dauner und zwei weiteren europäischen Musikern von Rang zusammen. Der Bassist Niels-Henning Ørsted Pedersen, der schon mit knapp 16 Jahren (!) Plattenaufnahmen mit Bud Powell gemacht hatte, wurde später ein Weltklassemusiker, der mit zahllosen großen amerika-

nischen Musikern und jahrelang auch mit Oscar Peterson spielte. Auch der Schweizer Schlagzeuger Daniel Humair ist ein Spitzensolist mit einer sehr persönlichen Spielweise (Sch 206).
Am 17. Juli starb John Coltrane mit 40 Jahren. Noch lange Zeit danach war sein Einfluß auf viele junge Saxophonisten im Jazz wie im Rock überaus groß. Gab es für sie wirklich keine Alternative?
Die Anzeichen mehrten sich, daß eine Begegnung von Jazz und Rock bevorstand. So im Quartett des Vibraphonisten Gary Burton mit dem Gitarristen Larry Coryell (Sch 207). Burton entwickelte auch eine neue Schule des Vibraphonspiels, bei der grundsätzlich mit vier Schlegeln, statt wie bisher mit zwei, gearbeitet wird. Ebenso fanden sich auch Rockelemente bei Cannonball Adderley, etwa in seiner LP *Mercy, Mercy, Mercy* , wo im Titelstück Joe Zawinul zudem ein E-Klavier verwendete, ein Instrument, das im späteren Rockjazz eine Rolle spielte (Sch 208).
Die Duettaufnahmen von Lee Konitz (Sch 209) wiesen in eine Richtung, die später als eine Art Gegenbewegung zu sehr lauten Formen von Jazz das Solospiel ohne jede Begleitung bevorzugte.
In Osteuropa jenseits des Eisernen Vorhangs waren vor allem die Festivals in Warschau, Prag und Bled (später Ljubljana) zu Treffpunkten ost- und auch westeuropäischer Musiker geworden, die sonst kaum eine Möglichkeit hatten, einander kennenzulernen und bei Sessions zusammenzuspielen.

1968

Europa besaß schon damals einige bedeutende Pianisten, darunter Martial Solal (Frankreich) und Tete Montoliu (Spanien), der in »Piano for Nuria« vom 2. Februar zusammen mit Peter Trunk und dem amerikanischen Schlagzeuger Al Heath seine große Klasse bewies (Sch 210).
Vom August bis Oktober gingen zwölf Musiker als »German All Stars« auf eine Tournee für das Goethe-Institut durch Mittel- und Südamerika. Mit einem vielseitigen Programm, das auch die neuen Entwicklungen in gewisser Weise berücksichtigte, trugen sie bei dem durchweg begeister-

Niels-Henning Ørsted Pedersen

ten Publikum zu einer Erweiterung der vorwiegend konventionell geprägten Vorstellung von deutscher Musik bei. Später folgte eine weitere Tournee durch Asien (Sch 211).
Während der Berliner Jazztage fand das 1. Total Music Meeting der FMP (Free Music Production) als eine Art Gegenfestival statt. Erst viel später kam es zu einer Zusammenarbeit beider Institutionen. Die FMP, von Free-Jazz-Musikern gegründet, gab auch eine Schallplattenreihe heraus, die ebenso wie ihre regelmäßigen Veranstaltungen internationale Bedeutung erlangte.
Phil Woods hatte sich in Europa niedergelassen und seine »European Rhythm Machine« gegründet, ein Quartett mit George Gruntz (später Gordon Beck/England), mit dem französischen Bassisten Henri Texier und Daniel Humair. Die vier spielten mitreißenden Be Bop (Sch 212).
Es spricht nicht für die großen amerikanischen Schallplattenfirmen, daß sie sich nie um das Thad Jones/Mel Lewis Orchestra kümmerten (aber solche Versäumnisse gab es vor allem damals eine ganze Menge). So kamen die Platten dieses Spitzenorchesters bei kleinen Firmen heraus, wie etwa die LP aus dem Village Vanguard vom 4. Dezember (Sch 213). Ein Meisterwerk ist das Arrangement über den »St. Louis Blues« von Bob Brookmeyer, der sich immer mehr zu einem der großen Jazzarrangeure entwickelte. Die Band spielte es mit hinreißendem Feuer.
Von anderer Art war die Musik der Big Band, die Buddy Rich 1966 gegen alle Ratschläge – es war keine günstige Zeit für Big Bands – gegründet hatte. Er dominierte mit seiner unerhörten Technik und seinem drive, er verlangte viel Disziplin von seinen zum Teil sehr jungen Musikern, und das in der Zeit der nach schrankenloser Freiheit rufenden Flower-Power-Bewegung – und er gewann. Mit der Einbeziehung von Rockelementen war er sogar beispielgebend (Sch 214).
Nach der Invasion der Tschechoslowakei durch die UdSSR emigrierten die Bassisten Jiri (George) Mraz und Miroslav Vitous sowie der Pianist Jan Hammer in die USA, wo sie beachtliche Karrieren durchliefen.

1969

Ein zweiwöchiges Gastspiel im Februar im Londoner Ronnie Scott's Club vor einem begeisterten Publikum war ein Höhepunkt in der Geschichte der Kenny Clarke/Francis Boland Big Band. Besonders sei hier der englische Altsaxophonist Derek Humble genannt, der den Saxophonsatz, ein Herzstück des Orchesters, in glanzvoller Form führte (Sch 215).

Die Kombination einiger Bläser mit Erfahrung in Big Bands mit einer Rock-Rhyhthmusgruppe ergab eine neue Art von Rockjazz-Ensemble,[64] deren bekanntestes die Gruppe Blood, Sweat and Tears war (Sch 216).

Interessant ist, wie der Pianist Ran Blake in seinem Soloalbum »The Blue Potato« sich dem damaligen Trend zur Überfülle entzog (Sch 217). Seine zum Teil sehr kurzen Stücke – fünf davon sind weniger als drei Minuten lang – leben von einer Konzentration, die an Monk und außerhalb des Jazz an Webern erinnert, und von einem Klangbewußtsein, das Anschlag und Pedal ungemein subtil einsetzt.

Der Jazz in der DDR hatte vor allem in den 50er Jahren mit Schwierigkeiten zu kämpfen. In den 60er Jahren kam es zu einer schrittweisen Verbesserung. Auf der LP *Jazz mit dem Studio 4* spielt ein Sextett unter der Leitung des Altsaxophonisten Ernst-Ludwig Petrowsky, des schon damals bekanntesten ostdeutschen Jazzmusikers, ziemlich frei improvisierte Musik in einer überzeugenden Weise (Sch 218). Dieser Richtung widmeten sich später immer mehr der besten Jazzmusiker in der DDR (Conny Bauer [tb], Uli Gumpert [p], Günter »Baby« Sommer [dm] u. a. m.).

Schon bei *In a Silent Way* vom Februar hatte sich angekündigt, was dann bei *Bitches Brew*, im August aufgenommen, klar wurde: Miles Davis hatte eine weitere Phase seiner musikalischen Entwicklung begonnen, zugleich die letzte. Mit verschiedenen Besetzungen, in denen elektrisch verstärkte Instrumente eine ziemliche Rolle spielten, verwirklichte er seine neue Vorstellung einer Verschmelzung von Jazz verschiedener Art und Rock, leichter zu hören als zu beschreiben (Sch 219). Er hatte sich dazu Musiker wie Joe Zawinul und Chick Corea (beide e-p) und den englischen Gitarristen John McLaughlin geholt. Für diese Form von Jazz, der bald weitere Varianten folgten, bürgerte sich der Begriff »Fusion« ein (mitunter auch »Crossover«). Vieles ging über alle erkennbaren Grenzen des Jazz hinaus; wir wollen uns im folgenden auf das konzentrieren, was sich ohne terminologische Gratwanderung noch zum Jazz zählen läßt.

Wie den Free Jazz, zu dem es Berührungspunkte gibt, durchwehte auch diese neue Musik ein besonderes Gefühl von Freiheit. Allerdings gerieten viele Gruppen, wie auch der Rock selbst, immer wieder in den Sog des großen Geldes und unter den Druck von Plattenfirmen. Immer mehr elektronische Ausrüstung aller Art und zusätzliche Instrumente brachten immer höhere Kosten für Erwerb, Transport sowie Auf- und Abbau, die Musik wurde immer lauter, die Erwartungen des Publikums auf eine Show besonderer Art immer größer. Zudem erfordern Verschmelzungen von Elementen verschiedener Musikformen viel Erfahrung, Phantasie und Fingerspitzengefühl. Daher ist Fusion Jazz inzwischen ein Sammelbegriff für die unterschiedlichsten Inhalte und Qualitäten geworden.

Die Aufnahmen, die Dollar Brand am 22. Oktober im Jazzhus Montmartre in Kopenhagen machte, zeigen ihn als einen originellen Musiker mit eigenen Ideen. Vor allem ein $^{5}/_{4}$-Takt-Stück mit einem gleichbleibenden Ostinato und darübergelegten, sich immer mehr verdichtenden Improvisationen wäre hier zu nennen (Sch 220).

Eine Reihe von Musikern aus dem Kreis der AACM, dazu weitere Free-Jazz-Musiker aus verschiedenen Ländern, kamen nach Paris und nahmen für die Firma BYG Material für rund 20 LPs auf.

Extrapolation brachte John McLaughlin mit dem englischen Bariton- und Sopransaxophonisten John Surman zusammen, der für das Bariton als schulebildend bezeichnet werden kann. Eine kraftvolle, spannungsreiche Musik und eines der besten europäischen Alben jener Zeit (Sch 221).

1970

»The World's Greatest Jazzband«, 1968 gegründet, war eine hervorragende Dixielandband mit sechs Bläsern (!), darunter Bud Freeman, und einem unglücklichen Namen, der höchstens zu begreifen ist, wenn man unter Jazz nur diese eine Form versteht; dann allerdings hätte er wohl gepaßt. Auf ihrer LP aus dem Roosevelt Grill in New York Mitte April spielen die Musiker so unbekümmert und zwingend, daß es eine wahre Freude ist (Sch 222).

Lester Bowie, im Hintergrund Malachi Favors (Art Ensemble of Chicago)

Dexter Gordon, der seit 1962 in Kopenhagen lebte, war ein Be-Bop-Spieler geblieben, dessen mächtiger Ton mit jedem Jahr noch an Kraft und Ausdruck zu gewinnen schien. In »The Panther« vom 7. Juli gab er, wie auf so vielen anderen seiner Platten, eine Lektion: Jazz pur (Sch 223).
Schon die Aufnahmen zu *People in Sorrow* vom 7. Juli 1969 hatten gezeigt, daß das zur AACM gehörende Art Ensemble of Chicago (Lester Bowie [tp], Roscoe Mitchell [as/ss/fl], Joseph Jarman [as/ss/fl/oboe/bassoon], Malachi Favors [b] – Don Moye [dm] kam erst später dazu) eine neue Gruppe von Bedeutung war; tatsächlich wurde sie eine der wichtigsten Jazzgruppen zumindest der 70er Jahre. Die Musiker spielten außer den genannten Instrumenten noch eine Vielzahl von Perkussionsinstrumenten in einer sehr subtilen Art; ihre Musik war in erster Linie Gruppenmusik. Behutsamkeit im Umgang mit dem musikalischen Material war ein Merkmal ihrer Arbeit; hinzu kam eine eigentümliche Art von ironischem Humor. Sie traten in orientalischen Gewändern auf, zum Teil geschminkt; Lester Bowie dagegen stets in einem weißen Arztmantel. Diese optische Komponente ist zum Verständnis ihrer Musik wichtig, daher geben alle ihre Schallplatten nur einen unvollkommenen Eindruck von ihrer Kunst. Die Filmmusik zu *Les Stances à Sophie* vom 22. Juli 1970 mit Don Moye und Fontella Bass (voc, p) bestätigte den Eindruck eines geschlossenen Ensembles von hohem Anspruch. Bemerkenswert hier die Variationen über ein Thema von Monteverdi (Sch 224).

1971

The Complete Braxton war so etwas wie eine Visitenkarte des Saxophonisten, Klarinettisten und Komponisten Anthony Braxton, der ebenfalls aus der AACM kam (Sch 225. Verschiedene Besetzungen, darunter ein Quartett aus vier Sopransaxophonen und ein Quintett aus fünf Tuben, spielen seine Musik, deren kompositorische Grundlagen nach seinen Worten auch von Neuer Musik beeinflußt wurden. Er liebt außergewöhnliche Instrumente und Besetzungen und ist wohl mehr Denker als emotionsbetonter Musiker. In erster Linie Komponist, war er auch später ständig mit neuen Werken beschäftigt und hat das Spektrum seiner Arbeit in Richtung auf große Ensembles noch erweitert.

Mit ihrer frei improvisierten *Music From Two Basses* vom 15. Februar zeigten der Engländer David Holland und Barre Phillips, welche Klangmöglichkeiten in zwei Kontrabässen stecken (Sch 226). Dieses intensive Suchen nach neuen Wegen führte viele Musiker zu neuen Spieltechniken. Manches war aus der Neuen Musik schon bekannt, bekam aber hier durch die spontanen Impulse während des Improvisierens eine neue Wertigkeit.

Sechs Tage später spielte David Holland in Paris als Mitglied der Gruppe Circle mit Anthony Braxton, Chick Corea und dem Schlagzeuger Barry Altschul ein Konzert, das diesem Ensemble einen hohen Rang in Jazz der 70er Jahre zuweist (Sch 227). Im Spannungsfeld zwischen Be Bop und Free Jazz kamen die vier Musiker zu einem überwältigenden Grad an Übereinstimmung ihrer Fähigkeiten und Ideen.

Am 6. Juli starb Louis Armstrong im Alter von 69 Jahren. Noch Wochen zuvor war er aufgetreten – freundlich und kommunikativ wie immer. Was er wohl zu all dem gesagt haben mochte, was sich gerade in den letzten zehn Jahren im Jazz und darum herum ereignet hatte?

Das Trio Peter Brötzmann, Fred van Hove (p/Belgien) und Han Bennink (dm/Holland) spielte wilde, bisweilen orgiastische freie Improvisationen, stimuliert durch das aufwühlende Schlagzeugspiel von Bennink auf zum Teil selbstgebauten Instrumenten. Albert Mangelsdorff hatte es da als Gast bei einem Konzert Ende August in Berlin nicht leicht, aber es gelang ihm doch, sich einzubringen (Sch 228).

Im November entstand *Facing You*, Keith Jarretts erste Solo-LP, der später eine ganze Reihe weiterer folgte (Sch 229). Jarretts Klavierspiel, nuancenreich und geschmackvoll, basiert auf einer eigentümlich gleitenden Phrasierung, was die Annäherung an europäische Klaviermusik der Jahrhundertwende erleichtert, aber mitunter rhythmische Unschärfe zur Folge hat. Seine späteren Solokonzert-Aufnahmen sind sehr unterschiedlich; eine Tendenz zur Weitschweifigkeit ist nicht zu überhören.

Joe Zawinul und Wayne Shorter gründeten die Gruppe Weather Report, die zu den bedeutendsten Fusion-Jazz-Ensembles gehörte; sie bestand bis 1986. Im selben Jahr entstand das Mahavishnu Orchestra mit John McLaughlin, der vorher außer mit Miles Davis auch mit Tony Williams' Lifetime gespielt hatte. *The Inner Mounting Flame* (Sch 230) enthält Musik, die aus freien und rockigen Teilen besteht, wobei Billy Cobhams aufgeregtes, bisweilen hektisches Schlagzeugspiel in den schnellen Stücken den übrigen Musikern seinen Rhythmus regelrecht aufzwingt und obendrein vieles zudeckt. Am besten sind deshalb die langsamen Titel. *The Blackwell Guide to Recorded Jazz* (Oxford 1991) merkt zu dieser Platte an: »... one of the most authentic – and most dated – of 1970's fusion albums« (S. 424).

1972

Escalator Over The Hill, von Carla Bley und dem Dichter Paul Haynes, Anfang Januar fertiggestellt, ist ein bemerkenswertes längeres, komplexes Werk, das auf drei LPs veröffentlicht wurde (Sch 231).

Ebenfalls im Januar erfolgten die letzten Aufnahmen zu *I Sing The Body Electric* von Weather Report mit Gästen, darunter dem brasilianische Perkussionisten Dom Um Romao und dem Gitarristen Ralph Towner (Sch 232). Der Verschmelzungsgrad ist hoch, elektronische Klänge werden behutsam eingesetzt, eine Trennung in Melodieinstrumente und Rhythmusgruppe ist nur vereinzelt zu erkennen. Die impressionistischen Klangbilder haben freilich kaum Höhepunkte.

Sahara, die dritte interessante Veröffentlichung dieses Monats, enthält Musik des McCoy Tyner Quartets mit Sonny Fortune (as, ss, fl) In der Tradition des John Coltrane Quartets zehn Jahre zuvor entwickelt Tyner am Klavier seine auf Quartakkorden aufgebauten Strukturen, an denen man ihn sofort erkennt: Musik mit einer ständigen Tendenz zur Ekstase (Sch 233).

Meisterhaft gespielt (und hervorragend aufgenommen) ist die Live-LP des Duos Jim Hall/Ron Carter vom 4. August. Jim Hall war Schritt für Schritt in die Position eines der größten Jazzgitarristen hineingewachsen; seine Art, mit Akkordfragmenten zu arbeiten, ist wohl überhaupt bisher unerreicht. Der Bassist Ron Carter mit seinem tiefgründigen Ton war ein idealer Partner (Sch 234).

Albert Mangelsdorff (tb) hatte eine Spielweise entwickelt, bei der er einen Ton spielte und zugleich einen anderen dazu sang; dadurch entstehen zusätzliche Kombinationstöne, und es ist auf diese Weise mög-

lich, auf der Posaune mehrstimmig zu spielen. Dieses Konzept, das ein ständiges Üben erfordert, verwirklichte er schon auf seiner ersten Solo-LP *Trombirds* mit bemerkenswerten Ergebnissen (Sch 235). Angeregt wurde er dazu durch das Studium von Vogelstimmen, daher der Titel der Platte. Mangelsdorff spielte in den folgenden Jahren mit bewundernswerter Konsequenz bei vielen Auftritten allein, ohne jede Begleitung.

Die Duoplatte *Crystal Silence* (Sch 236) von Chick Corea und Gary Burton vom 6. November trägt ihren Namen zu Recht. Kristallklar ist der Klang beider Instrumente – fast zu klar. Kein Hauch durchweht diese Musik.

An die Duette, die Duke Ellington mit Jimmy Blanton 1940 aufgenommen hatte, erinnert seine Duo-LP mit Ray Brown vom 5. Dezember, sicher dem geeignetsten Partner für ein solches Projekt (Sch 237). Neben einem der Stücke von damals und einigen weiteren Standards gibt es eine frei improvisierte »Fragmented Suite for Piano and Bass«, ein erstaunliches Dokument des Einfühlungsvermögens dieser beiden großen Musiker in eine ihnen sehr ungewohnte Situation.

Eine der besten und zugleich ungewöhnlichsten Gruppen der 70er Jahre war Oregon, mit Ralph Towner (akustische Gitarre), Paul McCandless (Oboe), Glen Moore (Kontrabaß) und Colin Walcott (Tablas[65]). Vergegenwärtigt man sich diese Besetzung, so hat man eigentlich schon eine gute Vorstellung, wie ihre Musik klingt: hochkünstlerischer, rein akustischer Fusion Jazz mit einem außerordentlich hohen Verschmelzungsgrad, sicher auch eine Folge ihrer Beständigkeit – das Ensemble arbeitete von 1971 bis 1984 in unveränderter Besetzung (Sch 238).

Eine Einladung nach England bedeutete für den 64jährigen Stéphane Grappelli den Beginn einer neuen, glanzvollen Karriere, die ihn in alle Teile der Welt führte.

1973

Mit *Return to Forever*, aufgenommen Anfang Februar, schwenkte Chick Corea um in Richtung Fusion Jazz. Durch die Mitwirkung des bedeutenden brasilianischen Perkussionisten Airto Moreira stark lateinamerikanisch geprägt, spielte die Gruppe sehr melodische Musik. Der gleichbleibende und unpersönliche Klang des E-Klaviers wirkt allerdings auf die Dauer monoton (Sch 239). Nicht zuletzt dank Airto Moreira wurde der Einfluß brasilianischer Musik in den USA noch stärker und trat neben den der karibischen Musik. Auch Gil Evans wandte sich dem Fusion Jazz zu, so in »Svengali« (Sch 240). Allerdings ergeben die rockigen Rhythmen zusammen mit seiner Harmonik eine Mischung, die zwar funktioniert, aber auf Kosten der Subtilität. Und so hat man Mühe, den großen Arrangeur von früher noch zu erkennen.

Der deutsche Posaunist und Arrangeur Peter Herbolzheimer hatte seine Rhythm Combination & Brass, eine international besetzte Big Band mit vollem Blech, aber nur einem Saxophon, 1969 gegründet. »Wide Open«, im August aufgenommen, enthält Musik, die man als Latin-Rock-Jazz bezeichnen kann, souverän arrangiert – von Dieter Reith, Horst Mühlbradt, dem Holländer Jerry van Rooyen und vor allem vom Leiter selbst – und bestechend gespielt (Sch 241). Die Peter Herbolzheimer Big Band – mit vollem Saxophonsatz – hat sich inzwischen zu einem der besten europäischen Jazzorchester entwickelt.

»Basie Jam« vom 10. Dezember ist ein schönes Beispiel für eine Studiosession, wie sie Norman Granz in Anklang an JATP für sein Label PABLO veranstaltete. Die vier inspirierten Bläser (Harry Edison [tp], Zoot Sims und Eddie »Lockjaw« Davis [ts], J. J. Johnson [tb]) werden von der swingenden Rhythmusgruppe mit Count Basie kraftvoll unterstützt (Sch 242).

In Herbie Hancocks *Sextant* dominierten Synthesizerklänge und -rhythmen so sehr, daß die übrigen Instrumente wie Begleiter wirkten, die die Wahl zwischen Anpassung und Schweigen hatten (Sch 243).

Die Gruppe Supersax hatte sich die reizvolle Aufgabe gestellt, Themen und Improvisationen von Charlie Parker im fünfstimmigen Saxophonsatz zu spielen. Sie tat dies mit Bravour – die Feinheiten der Artikulation, die bei Parker eine große Rolle spielen, gingen freilich verloren (Sch 244).

Mit der Duo-LP mit Ella Fitzgerald etablierte sich Joe Pass endgültig als einer der großen Gitarristen. Seine feinfühlige und harmonisch ausgefeilte Begleitung war für die große Sängerin ideal (Sch 245).

Dem russischen Trompeter Valery Ponomarev war es gelungen, mit gefälschten Papieren in den Westen zu kommen. Er spielte von 1976 bis 1980 bei Art Blakeys Jazz Messengers. Sein Nachfolger war der 18jährige Wynton Marsalis, dem wir noch begegnen werden.

Jo Jones machte hochinteressante Soloaufnahmen für eine Doppel-LP, bei denen er nicht nur seine eigene Spielweise erläuterte, sondern auch die einer ganzen Reihe seiner bekannten und weniger bekannten Kollegen. Ein wertvolles Dokument (Sch 246).

1974

Am 24. Mai starb Duke Ellington im Alter von 75 Jahren. Inzwischen ist die Bewertung seines umfassenden Werkes immer mehr gestiegen. Leider wurde bisher nur ein kleiner Teil seiner Arbeiten in Noten veröffentlicht. Ein Projekt einer weiter gehenden Editionsreihe ist geplant.
Unter dem Namen »Great Guitars« traten Herb Ellis, Barney Kessel und Charlie Byrd plus Baß und Schlagzeug am 28. Juli beim Concord Festival in Kalifornien auf. Ihr Spaß am Spielen und ihr Aufeinander-Eingehen ergab bemerkenserte Aufnahmen (Sch 247). Die drei setzten diese Zusammenarbeit bis in die 80er Jahre fort.
Woody Shaw war einer der brillantesten unter den jüngeren Trompetern. Er hatte eine eigene, kraftvolle und harmonisch ausgeprägte Spielweise entwickelt und schrieb auch schöne Themen. *The Moontrane* vom Dezember gehört wohl zu seinen besten Platten (Sch 248).
In Nizza fand die erste Grande Parade du Jazz statt, ein Festival, bei dem ca. 200 Musiker mehrere Tage hindurch in den römischen Arenen von Cimiez im Freien mit ihren eigenen Gruppen oder bei Sessions auf drei Simultanbühnen spielten.
Auch die amerikanische Schallplattenindustrie spürte die wirtschaftliche Rezession stark.

1975

Die englische Gruppe S.O.S., bestehend aus den drei Saxophonisten Alan Skidmore, Mike Osborne und John Surman, war ein heute leider schon wieder vergessener, bemerkenswerter Vorläufer späterer Saxophonensembles ohne Rhythmusgruppe (Sch 249). Eine solche Besetzung erfordert viel Kraft und Konzentration – die drei hatten beides und dazu genügend Ideen.

Miles Davis setzte aus Gesundheitsgründen bis 1980 aus. Seine Musik war seit *Bitches Brew* im Gegensatz zu früher auf eine sehr unterschiedliche Resonanz gestoßen. Nehmen wir als Beispiel *Agartha* vom 1. Februar dieses Jahres (Sch 250). Die Musik hat drive und Kraft, doch die elektronischen Klänge geben ihr etwas Prätentiöses und mitunter auch Aufdringliches, das Davis' Musik früher nicht hatte – weil sie es nicht brauchte. Weshalb brauchte sie es jetzt? Sein Trompetenspiel geht im übrigen in dem Klang-Rhythmus-Gemisch fast unter. Wenn das Absicht war, aus welchem Grund?

Eine wichtige Rolle in der Geschichte der Big Band nimmt das 1972 gegründete Orchester der japanischen Pianistin Toshiko Akiyoshi, die seit 1956 in den USA lebte, und des Tenorsaxophonisten Lew Tabackin ein (Sch 251). Beeinflußt wohl mehr von Gil Evans als von Thad Jones, weisen ihre Themen und Arrangements sehr individuelle Züge auf, zu denen die häufige Uminstrumentierung des Saxophonsatzes gehört.

Es wäre beim ersten Anhören naheliegend, aber nicht korrekt, den japanischen Pianisten Yosuke Yamashita einfach als den Vertreter der Cecil-Taylor-Schule in seinem Land zu bezeichnen. Auf seiner Solo-LP *Breathtake* vom Juli werden mancherlei Einflüsse deutlich, die Yamashita zu einer persönlichen Aussage zusammenfaßt (Sch 252). Er gehört zu einer Reihe interessanter jüngerer japanischer Musiker, die neben dem großen Publikum, das der Jazz in Japan mittlerweile hat, die wachsende Bedeutung dieses Landes unterstreichen.

Mit Recht läßt sich sagen, daß die Band des holländischen Saxophonisten Willem Breuker im neueren Jazz ihresgleichen sucht. Mit acht Bläsern und einer Rhythmusgruppe spielte er auf seiner Live-LP vom 5. November eine schwer zu beschreibende, oszillierende Mischung aus viel Free Jazz, etwas Be Bop, Blasmusik und Wer-weiß-was-noch, die ebenso gekonnt geschrieben und gespielt wie witzig war (Sch 253).

1976

Die Rückkehr Dexter Gordons in die USA kann als Symptom eines neuen Interesses am Be Bop im Ursprungsland des Jazz betrachtet werden. Hier ging es aber nicht allein um ein »Wiedererwachen« früherer Formen, sondern auch um Weiterentwicklungen durch Einbeziehung von

Elementen aus Rock, Soul, Funk und Free Jazz in den verschiedensten Mischungsgraden. Dies führte zu einer noch größeren Vielfalt an Formen im Jazz und ebenso auch zu einer Vergrößerung des Grenzbereichs zu anderen Musikarten, was andererseits einem Neuling das Verständnis von Tradition und Zusammenhängen nicht gerade erleichterte.
Daß Dexter Gordon wieder in seinem Geburtsland lebte, kann aber nicht etwa als Zeichen für eine Abkehr amerikanischer Musiker von Europa gewertet werden. Ganz im Gegenteil: Die Reisen amerikanischer Gruppen und Solisten nach Europa – ebenso auch in andere Teile der Welt – nahmen immer mehr zu, und die Zusammenarbeit von Musikern aus den verschiedensten Ländern wurde nachgerade zu einem alltäglichen Ereignis. Umgekehrt studierten zahlreiche junge Musiker in den USA. Der Informationsfluß von Land zu Land wurde größer; eine interessante Rolle spielte hier zum Beispiel die in Polen erscheinende englischsprachige Zeitschrift *Jazz Forum*, in der Meldungen und Berichte aus vielen Teilen der Welt zu finden waren, über die man sonst, was den Jazz betraf, kaum etwas erfuhr.
Ein Beispiel für ein internationales Starensemble mit wechselnder Besetzung war die George Gruntz Big Band. Stilistische Vielfalt, ungewöhnliche Instrumentierungen und einfallsreiche Arrangements zeichnen die Aufnahmen vom 14. März dieses Jahres aus (Sch 254).
In »Force« vom 10. September gab es ein interessantes Zusammentreffen von Max Roach und Archie Shepp. Die beiden Begründer so unterschiedlicher Schulen trafen sich aber nicht etwa »in der Mitte«, dazu war das Spiel Max Roachs zu zwingend (Sch 255).
Mit seinem Nonett schien Lee Konitz an das Miles Davis Capitol Orchestra anzuknüpfen, doch ging es ihm nicht um ein neues Konzept, sondern einfach um gute Musik, und dieses Ziel erreichte er auf überzeugende Art und Weise (Sch 256).
Neue Maßstäbe für den E-Baß setzte Jaco Pastorius (Sch 257). Vor allem sein Solostück »Portrait of Tracy« fasziniert durch die Einbeziehung von Mehrstimmigkeit und Flageoletts und durch eine Tongebung, die manchmal an ein ganz neues Instrument denken läßt.
Pastorius spielte auch als neues Mitglied der Gruppe Weather Report (er blieb dort bis 1982) eine wichtige Rolle. *Heavy Weather* (Sch 258) ist ein gutes Beispiel für den hohen Grad an Integration elektronischer und nichtelektronischer Klänge, den diese Gruppe inzwischen erreicht hatte,

freilich auch für eine gewisse Härte, die ihre Musik früher nicht besaß. Joe Zawinuls »Birdland« auf dieser Platte wurde später fast ein standard.[65]

1977

Sein heller, singender Ton und seine von Jazz und Rock geprägte Rhythmik und Melodik machten den Gitarristen Pat Metheny schon in jungen Jahren zu einem vielbeachteten Vorbild. In *Watercolors* (Sch 259) spielte er mit Lyle Mays (p), Eberhard Weber (b) und Danny Gottlieb (dm) perfekt ausgewogene Musik – vielleicht zu ausgewogen?
Beim Jazzfestival in Montreux (Schweiz), das sich zu einem der größten Festivals der Welt entwickelt hatte, wurden gleich eine ganze Reihe von LPs aufgenommen. Als Beispiel sei *Oscar Peterson and the Bassists* angeführt, wo Peterson mit Ray Brown *und* Niels-Henning Ørsted Pedersen spielte, ohne Schlagzeug, dessen Fehlen bei einer solchen Besetzung auch nie nachteilig empfunden wird: swingende virtuose Musik ohne Innovationszwänge (Sch 260).
Eine musikalisch interessante und zugleich witzige Platte nahm der Pianist Dick Hyman im Oktober auf. Nachdem er das Thema von Thad Jones' »A Child is Born« gespielt hat, gestaltet er in elf Sequenzen das Stück so, wie es einige der großen Jazzpianisten gespielt hätten. Sogar eine Ragtimefassung à la Scott Joplin ist als Auftakt mit dabei. Die Täuschung gelingt perfekt; das stilistische Einfühlungsvermögen Hymans ist bewundernswert. Er ändert sogar von Fassung zu Fassung seinen Anschlag deutlich. Danach folgt noch seine eigene Version (Sch 261).
Während einer Jazz-Kreuzfahrt machte das Schiff auch Station in Havanna (Kuba). Stan Getz und Dizzy Gillespie trafen dort auf die Gruppe Irakere, deren Mischung aus Latin, Jazz und Rock sie begeisterte. Das war der Beginn einer internationalen Karriere dieser Band, die zur Entwicklung und Ausbreitung der Salsamusik mit beitrug. Salsa entstand in den 70er Jahren in den USA zunächst vor allem bei den dort lebenden Kubanern und Puertoricanern;[67] diese Musik hatte später für die lateinamerikanische Bevölkerung der USA eine ähnliche Bedeutung wie etwa die Soul Music für die schwarze Bevölkerung.

1978

Zu den bemerkenswertesten neuen Tenorsaxophonisten gehörte Benny Wallace, der in *The Fourteen Bar Blues* vom 23. Januar sein Konzept, das zwischen so weit voneinander entfernten Polen wie Coleman Hawkins und Eric Dolphy eine Brücke schlägt, mit Verve und Ideenreichtum vertrat (Sch 262).
Die überlegene und hochmusikalische Weise, in der das Art Ensemble of Chicago mit seinem Material umging, wird in *Nice Guys* vom Mai dieses Jahres besonders deutlich (Sch 263). Gleich das erste Stück (»Ja«) ist wie eine Visitenkarte der Gruppe. Alles wirkt wie aus einem Guß, Ernst und Ironie überlagern einander, das Spielerische wird nicht einem Kampf – mit sich, der Welt, dem Publikum, dem Geld – geopfert.
Ihre Auftritte bei den Festivals in New York und Montreux brachten der Gruppe Irakere – mit Arturo Sandoval (tp) und Paquito d'Rivera (as), die beide später mit eigenen Gruppen arbeiteten – viel Lob ein. Die schneidenden Bläsersätze über afrokubanischer Perkussion, dazu E-Klavier, E-Baß, E-Gitarre und Gesang ergaben ein explosives Gemisch (Sch 264).
Die 1968 in Toronto gegründete Big Band des kanadischen Posaunisten und Arrangeurs Rob McConnell hatte sich zu einem Weltklasseorchester entwickelt. Ihre LP mit dem Gesangsquartett Singers Unlimited brachte sie mit einer der besten Vokalgruppen jener Zeit zusammen, allerdings nicht in persona: die Aufnahmen beider Ensembles wurden im Abstand eines Monats an verschiedenen Orten gemacht und Ende des Jahres abgemischt – um so erstaunlicher das Ergebnis (Sch 265).
Eine witzige Idee lag der Anachronic Jazz Band aus Paris zugrunde: Be-Bop-Themen verschiedener Art stilistisch weit zurückzuverlegen. Die neun Musiker, unter ihnen der vorzügliche Pianist Philippe Baudoin, bewältigten diese Aufgabe mit Geschmack und Können (Sch 266). Wer hätte je gedacht, Coltranes »Giant Steps« einmal in der Art von King Oliver's Creole Jazz Band zu hören?
Die LP *Heavy Metal Be-Bop* der Brecker Brothers (Randy Brecker [tp], Michael Brecker [ts]) verweist auf ein Problem, das sich auch bei ähnlichen

Stephane Grappelli

Mischungen von Jazz und Rock zeigt: die Musiker setzen spieltechnische Perfektion an die erste Stelle (Sch 267).

1979

Wie der fast 71jährige Stéphane Grappelli auf *Young Django* mit seinen »Enkeln« Philip Catherine und Larry Coryell (g) sowie Niels-Henning Ørsted-Pedersen (b) musizierte, als ob er 40 Jahre jünger wäre, das muß man gehört haben! Längst war er aus dem mächtigen Schatten Django Reinhardts herausgetreten (Sch 268).
Die LP *Special Edition* von Jack DeJohnette mit David Murray (ts, b-cl), Arthur Blythe (as) und Peter Warren (b) zeigt, wie groß und fruchtbar das Gebiet zwischen Be Bop und Free Jazz ist (Sch 269). Ab 1980 nannte Jack DeJohnette seine Gruppe nach dem Titel dieser Platte und machte weitere ausgezeichnete Aufnahmen.
1975 hatte Wolfgang Dauner das United Jazz + Rock Ensemble gegründet, ein international besetztes, zehnköpfiges Solistenensemble, das die im Bandnamen verankerte Konzeption überzeugend verwirklichte (Sch 270).
Das Ganelin Trio (Vyacheslav Ganelin [p], Vladimir Chekasin [ss, fl], Vladimir Tarasov [dm]) gehörte sicherlich zu den besten Gruppen der UdSSR. Alle drei sind gebürtige Russen. Ganelin war siebenjährig mit seinen Eltern nach Vilnius (Litauen) gekommen; 1969 zog Tarasov dorthin, einige Jahre später auch Chekasin. Die intensive ständige Zusammenarbeit der drei führte zu einer großräumig angelegten, immer spannenden Musik mit sehr viel Improvisation, die an keinerlei Vorbilder erinnert. 1987 emigrierte Ganelin nach Israel (Sch 271).
In den 70er Jahren erlebte der Trompeter Chet Baker nach einer langen Zeit voller Drogenprobleme und künstlerischer Unbeständigkeit ein erstaunliches Comeback. Sein Spiel war von einer melodischen Fülle und einer ergreifenden Aussagekraft, die durchaus einen Vergleich mit Miles Davis erlaubt. Eine seiner schönsten Platten ist *The Touch of Your Lips* vom 21. Juni, mit Niels-Henning Ørsted-Pedersen und dem Gitarristen Doug Raney, dem Sohn Jimmy Raneys[67] (Sch 272).
Der Altsaxophonist Art Pepper, ebenfalls ein Drogenopfer, war zur Jazzszene zurückgekehrt. Er spielte zerbrechlicher und empfindsamer als frü-

her. Was er bei einem Konzert im Juli in Japan aus dem alten Schlager »Besame Mucho« machte, läßt sich kaum beschreiben (Sch 273).
Eine verdienstvolle Dokumentation wichtiger Gruppen und Musiker der DDR legte die Westberliner Schallplattenfirma FMP vor. Neun Gruppen hatten vom 10. bis 12. August in der Akademie der Künste ihre Musik vorgestellt. Die Besucher dieser Konzerte erhielten einen beeindruckenden Überblick über den Teil der DDR-Jazzszene, der mit dem Begriff »Zeitgenössischer Jazz« bezeichnet wurde – ein Ausdruck, dem so freilich ein gewisser elitärer Aspekt anhaftet (Sch 274).

1980

Zwischen Traditionen des Be Bop und heftigen Ausbrüchen bewegte sich das David Murray Oktett bei seinen Aufnahmen im Juli (Sch 275) mit einer Starbesetzung jüngerer Musiker, darunter Henry Threadgill (as), George Lewis (tb) und Anthony Davis (p).
David Murray war auch ein Gründungsmitglied des 1977 entstandenen World Saxophone Quartet – zusammen mit Julius Hemphill (as, ss, fl), Oliver Lake (as, ts, ss, fl) und Hamiet Bluiett (bs, cl) –, das die Möglichkeiten eines unbegleiteten Saxophonquartetts mit Besetzungsvarianten ausgiebig erforschte (Sch 276). Auch das Rova Saxophone Quartet und später das 29th Street Saxophone Quartet sowie weitere Gruppen in Europa arbeiteten in dieser Richtung.
Ohne Zweifel gehörte das George Adams/Don Pullen Quartet zu den besten Gruppen jener Jahre. Die Betonung liegt dabei auf dem Wort Gruppe, denn George Adams (ts), Don Pullen (p), Cameron Brown (b) und Danny Richmond (dm) waren wirklich bis in Nuancen aufeinander eingespielt, was man damals und auch später bei vielen anderen Ensembles sehr vermißte. Dazu kam ein hoher Grad an Emotion, die aber nie außer Kontrolle geriet. George Adams war zudem ein hervorragender Saxophonist, der die klanglichen Möglichkeiten seines Instruments mit souverän beherrschten Techniken erweiterte, und Don Pullen näherte sich durch seine mit dem Handrücken gespielten Cluster bisweilen Cecil Taylor (Sch 277).
Ende der 70er Jahre hatte der Schweizer Pianist und Komponist Matthias Rüegg in Wien das Vienna Art Orchestra gegründet, das – in der

Besetzung zwischen Combo und Big Band – im Spannungsfeld zwischen Jazz und europäischer Konzertmusik einen wichtigen Platz einnimmt. Rüeggs phantasievolle Kompositionsweise, die immer wieder Grenzen überspringt, ohne dabei in Beliebigkeit zu landen, läßt sich anhand einer Reihe sehr bemerkenswerter Platten gut studieren. In *Concerto Piccolo*,[69] aufgenommen Ende Oktober beim Züricher Festival, reicht die Spannweite seiner Bezugspunkte von Charles Mingus über Variationen eines schweizerischen Volksliedes bis zu einem Ernst Jandl gewidmeten Stück (Sch 278).

1981

Immer wieder tauchen neue junge Musiker auf. An gutem Nachwuchs hat es im Jazz bis heute noch nie gefehlt; die immer zahlreicheren und besseren Ausbildungsmöglichkeiten tun ein übriges. Aus Platzgründen müssen wir uns hier auf wenige Namen beschränken.

Ein besonderer Fall ist der französische Pianist Michel Petrucciani. Infolge einer Knochenkrankheit schwerbehindert, zeigte der 19jährige auf seiner LP vom April doch alles, was zu einem exzellenten Pianisten gehört (Sch 279). Unglaublich, daß bei einer so schwerwiegenden körperlichen Beeinträchtigung – er kann nicht gehen und muß getragen werden – ein so gelöstes Musizieren möglich ist.

In *Album of the Year* stellt Art Blakey den 18jährigen Trompeter Wynton Marsalis vor, schon damals ein perfekter Musiker, der später auch Aufnahmen mit klassischer Musik machte. Es stellt sich bei ihm freilich die Frage, ob er nicht überhaupt eher zum Interpreten als zum improvisierenden Musiker geboren ist (Sch 280).

Von den Kritikern vielfach übersehen, erwies sich die Big Band des französischen Pianisten Martial Solal als Spitzenensemble in Konzept und Ausführung (Sch 281). Wie sein technisch brillantes und sehr originelles Klavierspiel bot auch sein Orchester, für das er alle Themen und Arrangements selbst schrieb, verschachtelte, phantasievolle, immer überraschende Musik. Sehr überzeugend auch die Einbeziehung einer Gitarre (Christian Escoudé). Solals Bedeutung für den Jazz bedarf schon lange einer Neubewertung.

Das Zusammentreffen von Oscar Peterson und Milt Jackson, dazu Ray

Brown und Grady Tate (dm), bei *Ain't But a Few of Us Left* (Sch 282) ergab ganz einfach swingende, spannende Musik.
Zu den wichtigsten jüngeren Gitarristen gehört John Scofield. Der vielseitige Musiker spielte auf *Shinola* zusammen mit Steve Swallow und Adam Nussbaum (dm) dynamisch und konzentriert, wobei Swallow viel Gelegenheit hatte, sein großes Können als E-Bassist zu zeigen (Sch 283).

1982

Immer häufiger wurden Ensembles aufgestellt, um bestimmte Projekte zu verwirklichen oder um einen großen Musiker zu ehren. So war es auch bei der Gruppe Sphere, in der sich zwei Mitglieder früherer Combos Thelonious Monks, nämlich Charlie Rouse (ts) und Ben Riley (dm), mit Kenny Barron (p) und Buster Williams (b) zusammenschlossen, um zunächst nur Stücke von Monk zu spielen. In *Four in One* vom 17. Februar, ihrer ersten LP, gelang ihnen dies auch mit großer Überzeugungskraft (Sch 284). Erst nach der Aufnahmesitzung erfuhren die Musiker, daß Monk, der seit 1974 kaum mehr öffentlich aufgetreten war, zwei Stunden vor Beginn der Aufnahmen gestorben war.
Daß der Schweizer Bassist Isla Eckinger, ein Weltklassemusiker, auch ganz vorzüglich Posaune und Vibraphon spielte, hatten wohl nur die gewußt, die ihn schon lange kannten. In seiner Gruppe Hot Mallets, die sich sehr gekonnt im Gebiet zwischen Swing und frühem Be Bop bewegte, konnte man ihn auf seinen »Nebeninstrumenten« kennenlernen (Sch 285). Die Band war auch dadurch bemerkenswert, daß sie ohne Schlagzeug arbeitete, aber bei einer so ausgezeichneten Rhythmusgruppe mit dem Genfer Pianisten Henri Chaix im Mittelpunkt fiel das kaum auf.
In Japan kamen die ersten CDs auf den Markt.

1983

Am 12. Februar starb Eubie Blake, der letzte der ersten Generation der Ragtime- und Stridepianisten, fünf Tage nach seinem 100. Geburtstag. Noch in den 70er Jahren war er regelmäßig aufgetreten.

Zu den eifrigsten jungen Musikern gehörte der Altsaxophonist John Zorn. Er arbeitete in seiner Musik mit einer Ästhetik, die von Video-Clips und Comics entlehnt ist. Dort mag sie ihre Berechtigung haben – aber in der Musik? Das Spiel mit Bauklötzen aus den verschiedensten Baukästen führt hier leicht zu einer Zerstückelung der Wahrnehmung. So ist eben unsere Welt heute? Kunst ist aber mehr als Beschreibung, sonst bleibt sie Reportage. Sie ist immer auch Überwindung gewesen; das ist sogar ihre eigentliche Aufgabe. So weit kommt John Zorn aber nicht. Nehmen wir als Beispiel *Locus Solus* vom Februar dieses Jahres. Die CD enthält 38 Stücke, die insgesamt nicht ganz 69 Minuten dauern. Nicht eines davon ist zwingend gestaltet – die Trümmer bleiben Trümmer (Sch 286).

Überaus gelungen ist die Duoplatte *The Viking* von Niels-Henning Ørsted Pedersen und Philip Catherine vom 23. Mai. Weshalb sollte diese Musik weniger zeitgemäß sein als die von John Zorn? Auch sie wurde in New York aufgenommen, und sicher sind die beiden Europäer nicht mit geschlossenen Augen durch die Stadt gelaufen. Musik machen – wie auch immer – bedeutet gestalten. Pedersen und Catherine können das überzeugend (Sch 287).

Der Tenorsaxophonist Scott Hamilton und der Kornettist Warren Vaché fielen in den 70er Jahren in New York dadurch auf, daß sie als junge Musiker weder Be Bop, Free Jazz noch Fusion Jazz spielten, sondern Swing, unter anderem mit Benny Goodman. Hamilton, zu dessen Vorbildern nicht Parker und Coltrane gehören, sondern Hawkins und Webster, zeigte auf *The Second Set*, im Juni in Japan aufgenommen, daß er seine Lernphase bereits hinter sich hatte (Sch 288). Man spürt: er spielt die Art von Jazz, die ihm liegt, und zwar sehr gut.

Ebenfalls im Juni entstand ein Mitschnitt der Gruppe von Paquito d'Rivera mit dem brasilianischen Trompeter Claudio Roditi (Sch 289). Viel näher am Jazz als Irakere besitzt diese Band den mitreißenden drive und die optimistische Ausstrahlung, wie sie früher das Cannonball Adderley Quintet hatte.

Ein interessantes kompositorisches Konzept verfolgte Henry Threadgill mit seinem Sextett (Sch 290). Eine eigenartige Staccatorhythmik und eine Harmonik, die immer wieder unerwartete Wendungen nimmt, bildeten die Basis dieser mit drei Bläsern, Cello, Baß und zwei Schlagzeugern besetzten Gruppe (also eigentlich ein Septett).

1984

Daß die Salsamusik auch in Europa Fuß gefaßt hat, zeigen u. a. die ausgezeichneten Ensembles von Rudi Fuesers in München und Birger Sulsbrück in Kopenhagen. Der Posaunist Rudi Fuesers stellte eine 15köpfige Band von Musikern aus den USA, Puerto Rico, Panama und Costa Rica zusammen, die alle in der Bundesrepublik lebten, unter ihnen der Trompeter Benny Bailey, der seit 1953, mit einer Unterbrechung 1959–61, in Europa wohnte und ein gesuchter Lead-Trompeter[70] wie auch Solist war. Die Band zeigte in *Calorcito* alle Qualitäten eines Spitzenensembles. Nicht vergessen werden dürfen hier freilich die erstklassigen Arrangements von Luis Garcia (Sch 291).

Daß Frank Sinatra schon immer (auch) ein großer Jazzsängern war, wurde leider oft vergessen. Seine Aufnahmen vom April mit einem Orchester unter der Leitung von Quincy Jones bot wieder einmal Gelegenheit, seine Qualitäten zu bewundern (Sch 292). Wie viele Sänger gab es auf der Welt, alle Musikformen eingeschlossen, die ihr Metier so locker und zugleich so konzentriert beherrschten wie dieser 69jährige?

Nicht nur einige junge Musiker – unter ihnen Wynton Marsalis und sein Bruder, der Tenorsaxophonist Branford Marsalis – machten mit einem Mal wieder auf New Orleans, die Geburtsstadt des Jazz, aufmerksam, sondern auch die Dirty Dozen Brass Band mit ihrem phänomenalen Sousaphonspieler[71] Kirk Joseph, die die Tradition dieser Musikgruppen durch Einbeziehung von Latin- und Rockelementen weiterführte. Folgerichtig spielten sie auch andere Stücke. Ihr Programm von *My Feet Can't Fail Me Now* reichte von »St. James Infirmary«, dem einzigen alten Titel, über »Caravan« aus dem Ellington-Repertoire und Monks »Blue Monk« bis zu Eigenkompositionen (Sch 293).

Die LP *I Hate To Sing* der Carla Bley Band bewies, daß das für den Jazz früher so wichtige komische Element noch nicht verschwunden war. Vom Sänger, der nur höchst widerwillig auftritt (»I Hate To Sing«) bis zum holprigen Klavierschüler (»The Piano Lesson«) gibt es hier so viel Witziges, daß man schon bis zu Spike Jones, dem Großmeister der musikalischen Komik, zurückgehen muß, um ein ähnliches Konzentrat zu finden. Dazu geht Carla Bley als Komponistin souverän mit Stilen, Schulen und Spielweisen um (Sch 294).

1985

Versuche, mit einer reinen Streicherbesetzung wirklichen Jazz zu spielen, gab es bisher kaum. Da ist die überzeugende Art des Black Swan Quartets, mit dieser Aufgabe fertig zu werden, um so verblüffender. Die Besetzung Geige, zwei Celli und Baß ist allerdings schon von vornherein aussichtsreich, weil sie das für den Jazz wichtige und typische tiefe Fundament liefert (Sch 295).
Unter dem Namen *First Brass* nahmen einige europäische Musiker eine Platte auf, die ihresgleichen sucht. Allan Botschinsky (tp, flh) aus Dänemark, Derek Watkins (tp, flh) aus England, Bart van Lier (tb, Euphonium[72] und Erik van Lier (tb, tu), beide aus Belgien, spielten mit Hilfe von Playbacks ohne Rhythmusgruppe witzig arrangierte Big-Band-Stücke ein. Eine gelungene Kombination von Musikalität und Präzision. Manchmal möchte man nicht glauben, daß hier nur vier Musiker beteiligt sind (Sch 296).
In den Jahren zuvor hatte Ornette Coleman mit seiner Gruppe Prime Time, mit zwei Gitarren, ein bis zwei Bässen und Schlagzeugen, eine Mischung aus Free Jazz und Rock/Funk (Free Funk) gespielt, aufregend beim ersten Hören, dann aber rasch ermüdend. Die LP *Song X* mit dem Gitarristen Pat Metheny wirkt teilweise wie eine Fortsetzung dieses Konzepts. In einigen Stücken bilden die Melodielinien der beiden über einem Dickicht aus Rhythmen einen reizvollen Gegensatz, aber dieses Dikkicht steht ihrem Spiel auch immer wieder entgegen und dürfte manche Einfälle schon im Keime erstickt und andere gekappt haben. Am gelungensten erscheint das Titelstück der Platte, bei dem nur Coleman und Metheny spielen (Sch 297).

1986

Einiges von dem, was seit den 70er Jahren im Jazz geschah, ist selbst unter Fachleuten immer noch umstritten. Dazu dürfte auch die Doppel-LP *Rossini* des englischen Pianisten, Tubisten und Komponisten Mike Westbrook gehören. Die witzige-freche Art, in der er Themen aus verschiedenen Opern Rossinis verarbeitet – allerdings weit entfernt von der verwässernden »Verjazzung« der Musik Bachs durch Jacques Loussier – ist nicht jedermanns Sache (Sch 298).

Der Tenorsaxophonist und Arrangeur Ernie Wilkins leitete seit 1980 in Kopenhagen seine Almost Big Band, so genannt wegen ihrer »Sparbesetzung« (nach heutiger Vorstellung) mit drei Trompeten, zwei Posaunen und vier Saxophonen. Das vorzügliche Ensemble aus dänischen und amerikanischen Musikern mit den ausgezeichneten Arrangements des früheren Basie-Musikers spielte auf *On The Roll* vom November gleich als erstes einen passenden Titel: »Almost Basie« (Sch 299).

Miles Davis bewegte sich nach seiner mehrjährigen Pause nach wie vor im Bereich zwischen Jazz, Rock und Funk. Am erfreulichsten: er spielte selbst wieder mehr und längere Soli, die Kraft und Sicherheit ausstrahlen. Im Gegensatz zu früher können ihm freilich seine Mitmusiker nicht das Wasser reichen. Ohne ihn wäre etwa *Tutu* eine Platte unter vielen, mehr nicht (Sch 300).

Eine Art Wiederentdeckung erlebte die Tuba. Auch in der Gruppe »8 Bold Souls« unter der Leitung des Saxophonisten und Komponisten Edward Wilkerson jr. spielte sie eine tragende Rolle. Die sechs Stücke, sämtlich von Wilkerson, sind rhythmisch und klanglich spannend und ausdrucksvoll gespielt (Sch 301).

1987

Es ist bisher kaum vorgekommen, daß ein Schlagzeuger alle Themen und Arrangements einer LP schreibt. Der junge Marvin »Smitty« Smith stellte die sehr hörenswerten Ergebnisse seiner Arbeit in *Keeper of the Drums* vom März dieses Jahres mit einem präzisen und kraftvollen Septett vor (Sch 302).

In seinem Modern Art Septet mit sechs Bläsern und Kontrabaß verwirklichte der Schweizer Tenorsaxophonist und Komponist Daniel Schnyder ein Konzept, das ebenso von George Russell wie von Gil Evans beeinflußt scheint (Sch 303).

Die Big Band des Schlagzeugers Frank Capp und des Pianisten Nat Pierce war ein ausgezeichnetes Ensemble; ihre Live-Aufnahmen vom Juni zeigen sie in bestechender Spiellaune. Und in dem mitreißenden »Never Make Your Move Too Soon« bewies Ernestine Anderson, die schon An-

fang der 50er Jahre mit Lionel Hampton gearbeitet hatte, daß sie zu den besten lebenden Jazzsängerinnen gehört (Sch 304).
Eine Combo mit Tenorsaxophon, Geige, Mandoline, Baß und Schlagzeug, die Stücke von Thelonious Monk und Duke Ellington spielt? Der überaus vielseitige Bassist Buell Neidlinger, der von 1955 bis 1961 mit Cecil Taylor zusammengearbeitet hatte und später Mitglied verschiedener Symphonieorchester gewesen war, zeigte in seinen Aufnahmen vom Juni, wie gut das gehen konnte (Sch 305).
Immer wieder haben seit den 60er Jahren Klarinettisten versucht, die stark geschwundene Bedeutung ihres Instruments im Jazz aufzuwerten. Es scheint, daß dies nur einem wirklich gelungen ist: dem Franzosen Louis Sclavis. Er ist nicht nur ein hervorragender Musiker, sondern jede seiner Platten enthält auch ein ausgefeiltes Gruppenkonzept (Sch 306).
Zu den namhaftesten Tubaspielern gehörte neben Howard Johnson Bob Stewart, der in *First Line* vom November nicht nur sein Instrument mit Bravour vertritt, sondern auch sehr geschickt einen Baß ersetzt. Das Programm dieser seiner ersten LP unter eigenem Namen entspricht seinen vielfältigen Erfahrungen als Musiker (Sch 307).
Ende des Jahres wurde als wichtige Förderungsmaßnahme für den Nachwuchs der Bundesrepublik das Bundesjazzorchester gegründet und Peter Herbolzheimer die Leitung anvertraut. Entsprechende Ensembles, sozusagen als »Vorstufe«, hatte es schon in einigen Bundesländern gegeben. Das erste Landesjugend-Jazzorchester hatte Glen Buschmann 1975 in Nordrhein-Westfalen ins Leben gerufen.

1988

Im Februar wurden drei interessante Platten aufgenommen. Eine Bläsergruppe unter der Leitung des Trompeters Herb Robertson – fünf Bläser, darunter Bob Stewart, und ein Schlagzeuger – spielten fünf Stücke von Bud Powell und eine Eigenkomposition Robertsons ein. Auch hier ist die erstaunliche Technik und die Musikalität des Tubisten ein wesentlicher Faktor, ebenso auch das gelöste Spiel des Schlagzeugers Joey Baron

Cecil Taylor

(Sch 308). Die Big Band von Julius Hemphill – mit Hörnern zusätzlich zu Trompeten, Posaunen und Saxophonen, dazu in der Rhythmusgruppe zwei Gitarren – spielte Themen und Arrangements ihres Leiters: eine im positiven Sinne unruhige Musik (Sch 309). Der englische Pianist Stan Tracy und sein Landsmann, Tenorsaxophonist Don Weller, machten zusammen mit zwei australischen Musikern Aufnahmen. Tracys eigenwilliges Klavierspiel lehnt sich enger an Monk an, als dies bei irgendeinem anderen Pianisten der Fall ist, und doch erkennt man Tracy sofort; er gehört zu den bemerkenswertesten Musikern seines Instruments außerhalb der USA. Don Weller spielt kraftvoll und zupackend; erstaunlich, wieviel gute Tenorsaxophonisten es in England gibt (Sch 310).

Zwischen dem 17. Juni und dem 17. Juli war Cecil Taylor der Mittelpunkt eines Festivals in Berlin, bei dem er als Solist und in den verschiedensten Kombinationen mit europäischen Musikern auftrat; außerdem führte er mehrere Workshops durch. Eine umfängliche Dokumentation dieses denkwürdigen Ereignisses besteht aus nicht weniger als elf CDs (herausgebracht von FMP).

Auch Mel Tormé gehört zu den bedeutenden Jazzsängern, und wer ihn etwa nur für einen Schlagersänger hält, täuscht sich sehr. Er sollte sich seine Live-Aufnahmen mit dem zwölfköpfigen Ensemble des Pianisten und Arrangeurs Marty Paich vom Dezember in Japan anhören (Sch 311). Dort kann er ihn mit Texten wie auch als Scatsänger erleben und in »Cotton Tail« schließlich noch als Schlagzeuger. Auch als Arrangeur hat Tormé gearbeitet (nicht auf dieser Platte).

1989

Immer wieder seit 1945 hatte Dizzy Gillespie eine Big Band geleitet. Auch in diesem Jahr arbeitete er von neuem mit einem 15köpfigen Ensemble – ohne eigentlichen Saxophonsatz, dafür mit zusätzlichen Perkussionisten –, mit dem er seiner alten Liebe, der afrokubanischen Musik, Reverenz erwies. Die Aufnahmen aus der Londoner Royal Festival Hall vom 10. Juni sind geprägt von großer Spielfreude und einer Reihe guter Soli (Sch 312). Daß auch Seemuscheln Musikinstrumente sein können, bewies in einem Stück der Posaunist Steve Turre; schließlich blies er sogar auf zweien gleichzeitig!

Das Trio von Joachim Kühn (Klavier), dem jüngeren Bruder Rolf Kühns, dem französischen Bassisten Jean-François Jenny-Clarke und dem Schweizer Schlagzeuger Daniel Humair ist ein Beispiel von unzähligen für die heute selbstverständliche Zusammenarbeit von Jazzmusikern aus verschiedenen Ländern. Bei ihrem Konzert im Théâtre de la Ville in Paris am 27. November zeigen sie Phantasie und Gestaltungsvermögen, dazu ein hohes Maß an Integration und Aufeinander-Hören. Besonders besticht Daniel Humairs immer hochmusikalisches Spiel (Sch 313).
Die Knitting Factory in New York stellt bevorzugt experimentelle Gruppen vor. Eine LP mit Live-Aufnahmen von sieben Gruppen und zwei Solisten gibt einen kleinen Einblick in die verdienstvolle Arbeit dieses Clubs (Sch 314).
Im Rahmen der Feiern zum 200. Jahrestag der Französischen Revolution erhielten amerikanische Jazzmusiker, darunter Dizzy Gillespie und Stan Getz, in Paris französische Auszeichnungen. Wann wird einmal einem amerikanischen Jazzmusiker in Deutschland Gleiches widerfahren?

1990

Es ist sehr selten vorgekommen, daß die Mitglieder einer Gruppe, die Jazzgeschichte gemacht und sich dann aufgelöst hat, Jahrzehnte später erneut zusammenarbeiten. Dies geschah jetzt gleich zweimal: Das Jimmy Giuffre Trio mit Paul Bley und Steve Swallow gab es wieder, und Oscar Peterson spielte erneut mit Ray Brown und Herb Ellis, dazu noch Bobby Durham (dm). In *The Life Of a Trio: Sunday* vom Dezember des vorhergehenden Jahres nützen die drei Musiker die Möglichkeiten verschiedener Besetzungen viel mehr aus als früher, und durch Steve Swallows fünfsaitigen E-Baß, der in der Höhe wie eine Gitarre klingt, ist eigentlich noch ein Instrument mehr dabei. Die Musik dieses Trios ist in unserem heutigen musikalischen Kosmos voller Eitelkeit und Pomp genauso spannend und wichtig wie damals (Sch 315). Bei Peterson dominiert häufig Ray Brown, und seine Dialoge mit Peterson sind so reizvoll wie früher; es sind eigentlich auch dann solche, wenn Brown »nur« walking bass spielt (Sch 316).
Stellvertretend für die vielen neuen Musiker und Musikerinnen sei Jessica Williams genannt (Sch 317). Sie ist ein Beispiel für die wenn auch

langsam, so doch ständig wachsende Zahl ausgezeichneter junger Musikerinnen im Jazz. Dazu gehören u. a. die Pianistinnen Michèle Rosewoman, Geri Allen und Renée Rosnes und die Schlagzeugerinnen Terri Lyne Carrington und Claire Arenius (zur Rolle der Frau im Jazz allgemein siehe L 52).
In Dänemark wurde unter der Federführung des Danish Jazz Center erstmals der JAZZPAR Prize vergeben, und zwar an Muhal Richard Abrams. Dies ist bisher der höchstdotierte Kunstpreis für Jazz in der Welt. Die Preissumme beträgt 200 000 Dänische Kronen (rund 52 000 DM). Zum Preis kommen noch Konzerte und Aufnahmen hinzu. Weitere Preisträger waren 1991 David Murray und 1992 Lee Konitz.

1991

Innerhalb weniger Monate starben vier bedeutende Musiker: am 13. März Bud Freeman, zwei Tage später Jimmy McPartland, sein Chicagoer Weggefährte aus den 20er Jahren, am 6. Juni Stan Getz und am 28. September Miles Davis.
Zu den letzten Aufnahmen von Stan Getz gehören seine Duos mit Kenny Barron aus dem Kopenhagener Jazzhus Montmartre Anfang März. Beide – vor allem aber Getz – erzählen Geschichten; bei Getz hat man zudem noch das beklemmende Gefühl, er ahnte, daß er nicht mehr lange leben würde. An dieser für den Jazz immer so charakteristischen Fähigkeit des Geschichtenerzählens werden auch in Zukunft alle Jazzmusiker gemessen werden (Sch 318).
Im April nahm die Sängerin Pascal von Wroblewski mit Axel Donner (p) und Thomas Klemm (ts, fl), alle aus der früheren DDR, im Berliner Flöz eine Live-LP auf, die ihre große Begabung zeigt (Sch 319).
In *Lush Life* vom Anfang September spielte Joe Henderson, dessen Laufbahn als Tenorsaxophonist 30 Jahre früher begann, mit einem Quintett, dem auch Wynton Marsalis angehörte, ausschließlich Themen von Billy Strayhorn. Verschiedene Besetzungen bis hinunter zu einer unbegleiteten Tenorsaxophonfassung des Titelstücks bieten ein breites Spektrum an Ausdrucksmöglichkeiten. Henderson ist ein sensibler und nachdenklicher Musiker, dem ein solches Projekt sehr liegt (Sch 320).

Ausblick

Wir haben im vorigen Kapitel Schwerpunkte der Jazzgeschichte kennengelernt, gewissermaßen Skelett, Nervenzentrum, wichtige Organe und Blutbahnen. Dahinter stehen unendlich viele Begegnungen, Proben, Auftritte, Aufnahmen, Reisen... Freude und Ärger... Freundschaften und Streitigkeiten... Erfüllungen und Enttäuschungen... Triumphe und Niederlagen... ein Kosmos im kleinen, bewohnt von Menschen, die eine bestimmte Idee verwirklichten, Musik zu machen, eine Idee, die einen Sieg des Individuums in der modernen Kultur darstellt, und doch eine Gemeinschaftsleistung.

Natürlich gab es auch im Jazz, wie in jeder Musik, Routine, Langeweile und Leerlauf. Aber das Beste im Jazz gehört zum Besten der Musik des 20. Jahrhunderts.

Der Leser wird gemerkt haben, daß eine Definition dieser Musik in einem oder auch in mehreren Sätzen so wenig brauchbar ist, als wollte man klassische Musik auf diese Weise beschreiben. Um zu wissen, was Jazz ist – oder klassische Musik –, muß man schon ein bißchen mehr Zeit aufwenden.

Natürlich war die öffentliche Resonanz auf den Jazz zu allen Zeiten sehr unterschiedlich. Aber das wäre ein Thema für ein anderes Buch, ebenso wie Besucher- und Verkaufszahlen, Gagen u. a. m. Hier ging es um das Wichtigste: um die Musik.

Musik ist – vor allem anderen – Musik, also Klangformung und Zeitgestaltung. Sie meint für den Musiker wie für den Liebhaber immer in erster Linie sich selbst.

Betrachtungsweisen, die den Jazz nicht in seiner Ganzheit akzeptieren wollen, sind nach wie vor häufig anzutreffen. Für den einen zählen nur schwarze Musiker, für den anderen nur Amerikaner, für den dritten nur ein bestimmter Stil, für den vierten nur das Neueste, für den fünften nur der »alte« Jazz usw. Schade – da haben wir nun eine Musik mit Weltgeltung und universellen Ausmaßen, eine Musik, die Gefühl *und* Verstand anspricht und beschäftigt, eine Musik *ohne* Rassenschranken und soziale Barrieren, eine Musik der Selbstverwirklichung in vielfälti-

gen Formen und Möglichkeiten, und dann wollen das viele nicht wahrhaben.
Eines ist sicher: Die Improvisation – nicht nur im Jazz – ist nicht mehr aufzuhalten. Sie wird immer mehr zu einer Selbstverständlichkeit in unserem Musikleben werden. Nicht nur die GEMA wird sich darauf einstellen müssen, sondern zum Beispiel auch alle Ausbildungsstätten für Musiker und Musiklehrer. Dort wird schon in absehbarer Zeit Improvisation nicht nur zum Pflichtprogramm (mit Prüfung) der Ausbildung gehören, sondern bereits in der Aufnahmeprüfung von den künftigen Studenten in angemessener Form erwartet werden.

Wie könnte es weitergehen?

Wir müssen die Antwort trennen in: Interpretation, neue Formen der Interpretation, neue Schulen/Stile.

- Die Interpretation früherer Jazzformen ist legitim. Oberstes Kriterium ist die Qualität, mit der sie verwirklicht wird.
- Neue Formen der Interpretation früherer Jazzformen sind möglich und kommen auch immer wieder vor. Andere Besetzungen, andere Spielweisen, neue Arrangements, neue Improvisationen sind einige der Hauptmittel.
- Keine der zuletzt beschriebenen Entwicklungen des Jazz scheint an einem Ende angelangt zu sein; sie werden also weitergehen. Was kommt noch dazu? Ich denke, daß (weitgehend) auskomponierte Stücke in Zukunft eine immer größere Rolle spielen werden. Ihre Jazzmäßigkeit erhalten sie durch Rhythmen und Klänge sowie durch andere Komponenten.

Dieses Buch ist eine komprimierte Beschreibung der wesentlichen Merkmale des Jazz und eine Zusammenfassung dessen, was in seiner Entwicklungsgeschichte bis heute geschehen ist. Aber erst durch das Hören der Musik läßt sich Jazz in seinem eigentlichen Wesen wirklich erfahren. Dazu wünsche ich allen Lesern viel Spaß.

Anhang

Anmerkungen

Einleitung

1 Der Begriff »Klassische Musik« wird in diesem Buch als Sammelbezeichnung für die europäische Konzertmusik des 17. bis Anfang des 20. Jahrhunderts verwendet.
2 Die Musik Schönbergs, Bergs und Weberns und ihrer Nachfolger. »Neue Musik« ist dafür, wie leicht einzusehen ist, eine unglückliche Bezeichnung.

Jazz und...

1 Niemand führt übrigens die Bezeichnung Kunst so oft im Munde wie die bildenden Künstler, die sich damit immer wieder Vorteile in der Öffentlichkeit verschaffen.
2 Hans Petsch: *Der Jazzbazillus*, in: Zeitschrift f. Musik, Aug. 1940, S. 457, zitiert nach: L 11, S. 390.
3 Hans-Jürgen Schaal: *Adorno und der Jazz*, in: Jazz-Podium, Nov. 1983, S. 17

Die Arbeit des Jazzmusikers

1 Die Bezeichnung Dixieland wird hier als Oberbegriff verwendet (S. 88).
2 Früher wurden unter *standards* oder *popular songs* alle (populären) Themen aus dem Musical-, Show- und Tanzmusikbereich verstanden.
3 Wir sprechen hier nur von denen, die Jazz praktizieren.
4 Pianisten müssen ein zweites Instrument wählen, das aber unter Umständen kein Akkordeon sein darf.
5 Süddeutsche Zeitung, 7. 11. 1991, S. 15.
6 Eine gute Einführung gibt L 13 (enthält auch ein Verzeichnis von Diskographien).
7 Ekkehard Jost: *Jazz ... und der Rundfunk*, in: Jazz-Podium, April 1988, S. 8.
8 Joe Viera: *Selbstzensur durch Einschaltquoten*, in: Jazz Zeitung München, Nov. 1991, S. 22.
9 Abspielgeräte mit einem Bildschirm, die in Restaurants und Bars standen.
10 Die GEMA hat als Mitglieder nur Komponisten, Arrangeure, Textdichter und Verleger (obwohl die letzteren gar keine Urheber sind!).
11 Abendzeitung/München, 26. 5. 1988 – ein Beispiel von vielen.

Elemente des Jazz

1 Joe Viera: *Ist Jazz lernbar – ist Jazz lehrbar?* in: Musik und Bildung, 5/1991.
2 Bei ca. 80 Millionen Einwohnern im heutigen Deutschland klingt doch jede Stimme anders, obgleich alle dieselbe Sprache sprechen. Natürlich gibt es auch immer wieder Ähnlichkeiten, mit und ohne Absicht – ebenso auch im Jazz.
3 Akkorde mit großer Terz und kleiner Sept.
4 Probieren Sie die Akkorde selbst an einem Klavier aus. Es ist ganz leicht, auch für jemanden, der kein Pianist ist.
5 Daher sind viele jüngere Kinder überfordert, wenn sie eine Melodie singen oder spielen sollen. Die Folge ist zumeist, daß eine der beiden Komponenten vernachlässigt wird – fast immer der Rhythmus.
6 »The blues should be a healing music« (Clarence »Goldsmith« Brown in: Down Beat, April 1992, S. 26.

Geschichte

1 Unter Schwarzafrika wird zusammenfassend Afrika südlich der Sahara verstanden. Wenn wir im folgenden von Afrika sprechen, ist stets Schwarzafrika gemeint.
2 Natürlich könnte die Aufteilung »...bildend« und »...formend« auch auf Schulen angewendet werden und ferner der Begriff Schule auch auf Ensembles.
3 Sein »Maple Leaf Rag« (1899) ist *das* klassische Werk des Ragtime.

4 Gelochte Papierrollen zur Steuerung mechanischer Klaviere (player pianos).

5 Die Anfänge von Ragtime und Blues und vor allem diejenigen des Jazz wurden früher gerne, aus einer Neigung zum »Archaischen« (je älter, desto echter) weit in das 19. Jahrhundert vorverlegt. Dafür fehlen aber die Beweise.

6 Daß er später den Beinamen »Father of the Blues« erhielt, paßt ebensowenig zu den Tatsachen wie der Beiname »King of Jazz«, den Paul Whiteman bekam.

7 Dieses Wort bezeichnete ursprünglich einfach die Nachkommen spanischer und französischer Einwanderer, wurde aber später immer mehr auf diejenigen Nachkommen übertragen, die aus Verbindungen mit Schwarzen hervorgegangen waren (Creoles of Color).

8 Es gibt sie noch heute. In letzter Zeit wurden sogar neue mit anderem Repertoire und veränderter Spielweise gegründet.

9 Es soll noch heute Musiklehrer geben, die einen Teil der knappen Zeit, die sie dem Jazz widmen, damit verbringen, das Wort Jazz zu erklären, anstatt ihren Schülern möglichst viele gute Aufnahmen vorzuspielen.

10 Die Trennung in rein weiße und rein schwarze Bands erfolgte bis in die 40er Jahre hinein in den USA aus wirtschaftlichen Gründen. Eine gemischte Band hätte kaum irgendwo ein Engagement bekommen. Die Musiker aber kannten sich von den Schallplatten her, trafen sich und knüpften Kontakte. Vereinzelt machten auch schon in den 20er Jahren gemischte Gruppen Aufnahmen.

11 Zwei Aufnahmen, die Ende Januar von einer anderen Firma gemacht worden waren, verschwanden in deren Archiv.

12 Die Bedeutung Storyvilles für die Entstehung des Jazz ist vielfach weit überschätzt worden.

13 Dieses Pro und Contra schwarz/weiß war in erster Linie eine Sache von Hörern und Kritikern; die Musiker haben sich daran viel weniger beteiligt.

14 Dafür wurde früher oft der irreführende Ausdruck »Klassischer Blues« verwendet. Die Bezeichnung »Vaudeville Blues«, die keine Wertung einschließt, ist viel sinnvoller.

15 Keine der Bluessängerinnen namens Smith ist mit einer der anderen verwandt.

16 Wegen der Abkürzungen siehe S. 30.

17 Das früher immer genannte Geburtsdatum (4. Juli 1900) hat sich inzwischen als falsch herausgestellt; das richtige Datum ist der 4. August 1901.

18 Eine inzwischen nur noch äußerst selten verwendete Form des Saxophons, die zwischen Alt- und Tenorsaxophon liegt.

19 Alle Stimmen laufen im gleichen Rhythmus.

20 Begleitfiguren, von Bläsern gespielt.

21 Dieses, früher von vielen für *das* Jazzinstrument gehalten, spielte im Jazz erst ab Ende der 20er Jahre eine größere Rolle. Mit den Anfängen des Jazz hatte es überhaupt nichts zu tun.

22 1925 wurden erstmals Aufnahmen mit Mikrophon gemacht; vorher gab es die wesentlich primitivere Trichtermethode.

23 Chorus als Folge von breaks.

24 Solche »Wettkämpfe« (cutting contests) zwischen Bands oder auch einzelnen Musikern waren auch später bei den Musikern beliebt. Es waren künstlerische Auseinandersetzungen, von schierer Lebensfreude veranlaßt (Veranstalter hatten freilich auch ein Interesse daran), die man sich nicht falsch vorstellen darf. Bands oder Solisten spielten abwechselnd in einander herausfordernder Weise.

25 Er war der erste bedeutende Themenkomponist unter den Jazzmusikern, noch vor Duke Ellington.

26 Einer der Dämpfer für Blechblasinstrumente.

27 Dieser Ausdruck wurde damals auch schon für zehnköpfige Ensembles (und noch kleinere) verwendet.

28 Dabei schlagen die Saiten gegen das Griffbrett.

29 Eine normale Schellackplatte mit 25 cm Durchmesser hatte eine Spieldauer von ca. 3 Minuten.

30 Um Mißverständnissen vorzubeugen: Dies ist keine Wertung. Kid Ory mit seiner gröberen Spielweise paßte sicher besser zu Armstrongs Hot Five als Jack Teagarden.

31 Die Qualität der Arrangements ist für eine Big Band entscheidend wichtig, auch wenn sie über noch so viele gute Solisten verfügt. In der Regel werden mehrere Arrangeure beschäftigt, damit die Band immer wieder mit frischen Ideen arbeiten kann; die verschiedenen Schreibweisen dürfen aber nicht so sehr differieren, daß

die Spielweise der Band keine klare Linie zeigt.

32 Mit dieser Besetzung aus weißen und schwarzen Musikern, die sehr populär wurde, trug Goodman auch zur allmählichen Überwindung der Rassenschranken in den USA bei. Der Beitrag, den weiße und schwarze Jazzmusiker hierzu leisteten, wird immer noch zu wenig gewürdigt.

33 Diese Bezeichnung erscheint angesichts seiner Bedeutung als Klarinettist und als weltbekannter Orchesterchef vertretbar. Allerdings hätten sie einige andere Musiker/Bandleader ebenso verdient.

34 Ich verwende diesen Begriff mit voller Absicht. Ihn nur auf Kompositionen bestimmter Musikrichtungen anzuwenden, ist eine unzulässige Einschränkung.

35 Das ist der ursprüngliche Titel des Stücks; inzwischen kennt man es nur noch unter »Lady Be Good«.

36 Auch für Count Basie, damals bereits 32 Jahre alt, waren es die ersten wichtigen Plattenaufnahmen.

37 Damals wohl der beste deutsche Jazzmusiker.

38 Er war aber nicht der erste; das war wohl der Posaunist und Gitarrist Eddie Durham, der schon 1935 mit einem Verstärker experimentierte (L17, S. 356)

39 Einzeltonspiel, im Gegensatz zum Akkordspiel.

40 Die heute allgemein übliche elektrische Verstärkung des Kontrabasses begann erst um 1970 mit der Entwicklung geeigneter Verstärker.

41 Inzwischen aufgetauchte, noch ältere Privataufnahmen sollen hier wegen ihrer sehr schlechten Tonqualität unberücksichtigt bleiben.

42 Wer spielte übrigens Rhythmusgitarre während der Gitarrensoli? Playback wäre damals noch völlig ungewöhnlich gewesen. Ich tippe auf einen vierten Musiker, aber keine Diskographie gibt hier Auskunft.

43 Auch in anderen Clubs in New York gab es damals häufige Sessions, so in Monroe's Uptown House.

44 DECCA und CAPITOL gaben im September 1943 den gewerkschaftlichen Forderungen nach, COLUMBIA und RCA VICTOR (die beiden größten Schallplattenfirmen) erst im November 1944. Es gab zwar einige neue kleine Firmen, die Aufnahmen machen konnten, doch interessierte sich keine von ihnen für die jüngsten Entwicklungen des Jazz.

45 Die Herkunft dieses Namens ist nicht mehr eindeutig zu ermitteln. Ich verwende die ursprüngliche Schreibweise, bei der die beiden Worte getrennt geschrieben werden.

46 Wegen der Bedeutung Eddie Condons, der auch bei diesen Aufnahmen dabei war, als Musiker, Organisator, Bandleader, Clubbesitzer (sein Club in New York existierte von 1945 von 1967), Buchautor und Original hat sich dafür auch der Name Condon Dixieland eingebürgert.

47 Damit sollen Dixieland und Swing nicht abgewertet werden; es geht hier nur um eine sachliche Feststellung.

48 Bezeichnend ist, daß Jazzmusiker und -arrangeure sich nur wenig mit der Schönbergschen Zwölftonmusik beschäftigt haben. Sie war ihnen zu eng, zu dogmatisch. Ihr Interesse galt vor allem Debussy, Milhaud, Strawinsky und Bartók, später auch Penderecki, Cage u. a.

49 Persönliche Mitteilung von Charles Delaunay 1971.

50 Nur noch einmal, ein Jahr später, war die Band öffentlich zu hören.

51 Es stimmt nicht, wie manche Autoren geschrieben haben, daß es auf den Harmonien von »Body and Soul« aufgebaut ist.

52 1953 begann der Tenorsaxophonist Frank Weiss, die Flöte bei Soli zu verwenden.

53 Einleitungen

54 Schlußteile

55 Die Aufnahmen vom 24. August 1952 unter dem Namen Milt Jackson Quartet lassen kaum etwas von der folgenden Entwicklung ahnen.

56 Leider hat auch dieser Begriff in jüngerer Zeit wieder eine andere Bedeutung bekommen, als Sammelbezeichnung für alle Formen von Swing und (älterem) Be Bop.

57 Er ist auch der Autor einer bemerkenswerten theoretischen Arbeit mit dem Titel »Lydian Chromatic Concept of Tonal Organization«.

58 Erstaunlich, daß es von diesem großen Musiker noch keine Biographie gibt. Auch Max Roach und Milt Jackson sind bisher übersehen worden.

59 Die Geschichte des Saxophons im Jazz ist bisher noch nicht geschrieben worden. Bei der enormen Fülle des Materials würde es ein sehr umfangreicher Band werden.

60 Zu den Zuhörern gehörte übrigens auch einmal der russische Komponist Dmitri Schostakowitsch.
61 Von jetzt an müssen wir wegen der ständig steigenden Zahl guter Jazzmusiker auf die Nennung weiterer Namen verzichten
62 Das alte Spiritual »When The Saints Go Marching In« war bei Traditional Bands in aller Welt ein solcher Hit geworden, daß sich die Musiker das Stück, da es andauernd verlangt wurde, extra honorieren ließen.
63 Den Interpreten hat es im Jazz von Anfang an gegeben. Wer Absprachen befolgt, gleich welcher Art oder welchen Umfangs, interpretiert. Das wird oft übersehen.
64 Damals sprach man in erster Linie von Jazzrock, aber der Ausdruck Rockjazz ist, da es sich um eine Art von Jazz handelt, sprachlich richtiger.
65 Indische Trommel, die mit einzelnen Fingern gespielt wird.
66 Zawinul scheint es allerdings entgangen zu sein, daß schon 1949 Gene Roland ein Stück mit dem gleichen Titel geschrieben hatte.
67 Manche verlegen den Beginn der Salsamusik viel weiter zurück, doch ist der Einfluß neuerer Musikformen viel zu stark, um eine solche Auffassung zu stützen.
68 Einer der seltenen Fälle, in denen der Sohn eines großen Jazzmusikers mit dem gleichen Instrument Karriere machte.
69 Rüegg ist es offenbar entgangen, daß Glen Buschmann schon in den 50er Jahren ein Stück des gleichen Titels komponiert hatte.
70 Erster Trompeter in einer Big Band.
71 Baßtuba mit kreisförmig gewundenem Rohr und sehr großem Trichter.
72 Baritonhorn

Schallplattenverzeichnis

Der Leser kann davon ausgehen, daß nur noch CDs hergestellt werden. Sofern die im Textteil besprochenen Aufnahmen auf einer CD erschienen sind, ist diese angegeben, andernfalls wird als Anhaltspunkt die LP genannt (mit * markiert), auf der die Stücke früher einmal veröffentlicht wurden, und zwar die Originalfirma, dazu eventuell weitere Firmen, die dieselbe LP veröffentlicht haben. Auf die Nennung von Plattennummern wurde in diesen Fällen verzichtet. Die mit # bezeichneten Aufnahmen gibt es zwar noch auf LP, aber nicht als Einzelplatten, sondern nur in der sehr umfangreichen Ausgabe von MOSAIC, vgl. Seite 42. Bei den LPs wird der Leser im übrigen gebeten, von Zeit zu Zeit in einem guten Fachgeschäft nachzufragen, ob sie inzwischen als CDs erschienen sind.

1 Original Dixieland Jazz Band
RCA PD 90026

2 West Coast Jazz, Vol. 2
*ARCADIA

3 James P. Johnson 1917–1920
*BIOGRAPH

4 Tin Roof Blues: New Orleans Rhythm Kings
MILESTONE MCD 47020

5 The Empress: Bessie Smith
COLUMBIA 468767-2

6 The Complete King Oliver's Creole Jazz Band 1923
MUSIC MASTER MM 30295 CD

7 Bix Beiderbecke and the Chicago Cornets
MILESTONE MCD 47019

8 *The Fletcher Henderson Story
*CBS

9 Louis Armstrong: Hot Five/Hot Seven, Vol. 1 + 2
CBS 460821-2 + 463052-2

10 The Bix Beiderbecke Legend, Vol. 1 + 2
RCA ND 86845

11 The Complete Jelly Roll Morton
RCA ND 82361

12 Duke Ellington and his Orchestra 1924–1927
CLASSICS 539

13 Stringing the Blues: Eddie Lang & Joe Venuti
BBC CD 644 (Diese Platte enthält allerdings nicht den im Text genannten Titel, der bisher noch nicht auf CD wiederveröffentlicht wurde)

14 Bix Beiderbecke & Frankie Trumbauer
ELECTROLA MFP 6046

15 A Jazz Piano Anthology: From Ragtime to Free Jazz
*CBS

16 Scrapbook of British Jazz
*ACE OF CLUBS

17 Honky Tonk Train
STORY OF BLUES CD 3506

18 That Toddlin' Town Chicago
*EMI

19 Louis Armstrong: Hot Five
CBS 465 189-2

20 Jimmy Noone: Apex Club Blues
AFFINITY AFS 1027-3

21 Louis Armstrong
CLASSICS 557

22 Fats Waller: First Recordings
* BLUE ACE

23 Luis Russell and his Louisiana Swing Orchestra
*COLUMBIA

24 Duke's Best: Duke Ellington
*MCA/DECCA

25 Charleston Chasers (mit Jack Teagarden)
*COLUMBIA

26 Reflections in Ellington
* EVERYBODY'S

27 Benny Moten's Kansas City Orchestra
RCA ND 83 139

28 Spike Hughes and his All American Orchestra
*ACE OF CLUBS

29 The Eternal Ellington
*PHONTASTIC

30 Billy Holiday and her Orchestra 1933–1937
CLASSICS 582

31 Benny Goodman 1934
*SUNBEAM

32 Jimmy Lunceford and his Orchestra 1934–1935
CLASSICS 505

33 Chick Webb, Vol. 1
*MCA

34 Quintette du Hot Club de France
*PATHE

35 Mills Blue Rhythm Band 1934–1936: Keep the rhythm going
*RCA VICTOR

36 This is Tommy Dorsey
*RCA VICTOR

37 The Complete Goodman, Vol. 1 – 1935
RCA ND 85 631

38 Duke Ellington
* am. BRUNSWICK

39 Count Basie and his Orchestra 1936–1938
CLASSICS 503

40 Teddy Wilson and his Orchestra 1936–1937
CLASSICS 521

41 Coleman Hawkins: The Complete Recordings 1929–1941
AFFINITY AFS 1026-6

42 The Best of Bunny Berigan, Vol. 1: 1934–1938
PRO ARTE CCD 554

43 Cootie and the Boys from Harlem
*TAX

44 Bob Crosby
*MCA/DECCA

45 Benny Goodman: 1938 Carnegie Hall Concert
CBS 450 983-2

46 The Complete Lionel Hampton 1937–1941
MUSIC MASTERS MM 30 437

47 Slim Gaillard
TAX CD 1-2/2-2

48 This is Artie Shaw
RCA ND 86 274

49 Sidney Bechet 1924 to 1938
BBC CD 700

50 Dansk Guldalder, Vol. 1–2
*EMT

51 Spirituals to Swing I+II
VANGUARD VCD 2 47/48
ebenso MUSIC MASTERS MM 34 007

52 Pete Johnson
*B.W. 1003

53 The Metronome All Stars: The Esquire All Stars
RCA ND 86 757

54 Billie Holiday: Fine and Mellow
#LONDON/COMMODORE/MOSAIC

55 Muggsy Spanier: The Great 16
*RCA

56 Charlie Barnet
*RCA

57 Charlie Christian with the Benny Goodman Sextet and Orchestra
*CBS

58 Coleman Hawkins: Body and Soul
RCA ND 85 717

59 The Works of Duke Ellington, Vol. 9
*RCA

60 Duke Ellington: Solos, Duets and Trios
RCA ND 82 178

61 Armstrong & Bechet 1940
MCA MCAD 42 328

62 Charlie Parker: First Recordings
*ONYX

63 Nat King Cole: From the very beginning
*MCA

64 Bechet One Man Band
RCA ND 86 590

65 Jazz Immortals – Charlie Christian, Dizzy Gillespie, Thelonious Monk
JAZZ ANTHOLOGY CD 550 012

66 Lionel Hampton: Steppin' out
*MCA

67 Bunk Johnson & His Superior Jazz Band
*GOOD TIME JAZZ

68 Helmy's Swing: Helmut Zacharias
*EMI

69 Charlie Parker: The Complete »Birth of the Bebop«
STASH ST-CD-535

70 Wild Bill Davison and his Commodores: That's a plenty
#LONDON/COMMODORE/MOSAIC

71 Classic Tenors: Coleman Hawkins and Lester Young
*MUSIDISC

72 Coleman Hawkins: The Chocolate Dandies and Leonard Feathers All Stars
#LONDON/COMMODORE/MOSAIC

73 Metropolitan Opera House Jam Session
JAZZ ANTHOLOGY CD-550212, ebenso LASERLIGHT 15723

74 Kid Ory's Creole Jazz Band
*FOLKLYRIC

75 Jazz at the Philharmonic: The Historic Recordings
*VERVE

76 Coleman Hawkins: The Hawk flies
*MILESTONE

77 Midnight at V-Disc
*PUMPKIN

78 Dizzy Gillespie: The Small Groups 1945–1946
*PHOENIX

79 Benny Goodman Small Groups with Teddy Wilson and Mel Powell
*CBS

80 Woody Herman: Here's Herman!
*COLUMBIA

81 Town Hall Concert 1945
#MOSAIC

82 Boyd Raeburn: Jewells
*SAVOY

83 Benny Goodman/Woody Herman spielen Mozart/Milhaud/Strawinsky
*CBS

84 Charlie Parker on Dial, Vol. 3
*SPOTLITE

85 Charlie Parker: The Savoy Recordings
SAVOY SV 0103

86 Louis Armstrong: Boston Concert
*MCA/DECCA

87 Stardust: A Lionel Hampton Jam Session
MCA/DECCA

88 The complete Blue Note Recordings of Thelonious Monk
*MOSAIC

89 Woody Herman: Four Brothers
*CBS

90 The Greatest of Dizzy Gillespie
*RCA

91 Duke Ellington 1947
*COLUMBIA

92 Ake Stan Hasselgards Orkester
*CUPOL

93 Miles Davis: The Complete Birth of the Cool
CAPITOL CDP 792862-2

94 Woody Herman: Early Autumn
*CAPITOL

95 The Complete Blue Note Recordings of Sidney Bechet
MOSAIC MD4-110

96 George Shearing 1949
*MGM

97 Lennie Tristano/Buddy de Franco: Crosscurrents
*CAPITOL

98 A Charlie Ventura Concert
*DECCA

99 Count Basie Septet 1950/51
*RCA

100 Red Norvo Trio: Move
SAVOY SV 0168

101 Parker/Powell/Navarro: Rare Broadcast Performance
*JAZZ ANTHOLOGY

102 The Complete Bud Powell Blue Note Recordings (1949 –1958)
MOSAIC MR5-116 (auch jetzt noch nur auf LP erhältlich)

103 Louis Armstrong: Pasadena Concert
*MCA/DECCA

104 George Wettlings Dixielanders
*COLUMBIA

105 Lee Konitz: Ezz-thetic!
*PRESTIGE

106 The Best of Humph 1949–1956
DORMOUSE DM 21 CD

107 Shorty Rogers 1951
*CAPITOL

108 The Complete Recordings of the Stan Getz Quintet with Jimmy Raney
MOSAIC MD3-131

109 The Original Gerry Mulligan Quartet with Chet Baker
MOSAIC MD3-102

110 Lester Young/Oscar Peterson Trio: The President plays
VERVE 831670-2

111 Modern Jazz Quartet
OJCCD 057-2

112 Jazz History, Vol. 6: Oscar Peterson
*VERVE

113 The Greatest Jazz Concert Ever: Jazz at Massey Hall, Vol. 1+2
OJCCD 044-2 + 111-2

114 Laurindo Almeida/Bud Shank: Brazilliance, Vol. 1
WORLD PACIFIC CDP 963392-2

115 Lee Konitz & Hans Koller
*VOGUE

116 Art Tatum Soli 1953
PABLO 7PACD 4404-2

117 Art Blakey: A Night at Birdland, Vol. 1+2
BLUE NOTE CDP 746519-2 + 746520-2

118 Dave Brubeck: Jazz goes to College
CBS 465682-2

119 Miles Davis: Walkin'
OJCCD 213-2

120 Gerry Mulligan: Paris Concert
*PACIFIC JAZZ

121 Louis Armstrong plays W. C. Handy
CBS SONY 450981-2

122 Clifford Brown and Max Roach
EMARCY 838306-2

123 Shelly Manne: The 2 and the 3
*CONTEMPORARY

124 Austrian All Stars
*ELITE SPECIAL

125 Miles Davis: Bag's Groove
OJCCD 245-2

126 Kai Winding and J. J. Johnson
*AFFINITY

127 The Jimmy Giuffre Four: Tangents in Jazz
*CAPITOL

128 The Gerry Mulligan Sextet
*JAZZTONE

129 Erroll Garner: Concert by the Sea
CBS 451042-2

130 The Jazz Messengers at the Cafe Bohemia, Vol. 1 + 2
BLUE NOTE CKP 746521-2 + 746522-2

131 Charles Mingus Quintet plus Max Roach at the Bohemia, Vol. 1+2
OJCCD 045-2 + 440-2

132 The unique Thelonious Monk
OJCCD 064-2

133 George Russell Smalltet: Jazz Workshop
RCA ND 86467

134 a) Workin' with the Miles Davis Quintet
OJCCD 296-2
b) Steamin' with the Miles Davis Quintet
OJCCD 391-2
c) Relaxin' with the Miles Davis Quintet
OJCCD 190-2
d) Cookin' with the Miles Davis Quintet
OJCCD 128-2

135 Session at Riverside / Session at Midnight
DORMOUSE DMI CDX 01

136 Ellington at Newport
CBS 450986-2

137 The Oscar Peterson Trio at the Stratford Shakespearean Festival
ENOCH'S MUSIC 57271023 CK

138 For Musicians only
VERVE 837435-2

139 The Jimmy Giuffre Three
ATLANTIC 790981-2

140 Sonny Rollins: Tenor Madness
OJCCD 124-2

141 Max Roach: Jazz in 3/4 Time
EMARCY 826456-2

142 Thelonious Monk: Brilliant Corners
OJCCD 026-2

143 Miles Davis: Miles Ahead
CBS 460606-2

144 Thelonious Monk & John Coltrane
OJCCD 039-2

145 Gerry Mulligan meets Paul Desmond
*VERVE

146 Bobby Hackett/Jack Teagarden All Stars: Jazz Ultimate
DORMOUSE DMI CDX 02

147 Coleman Hawkins encounters Ben Webster
VERVE 823120-2

148 Getz & J. J. »Live«
VERVE 831272-2

149 The atomic Mr. Basie
EMI CDP 793273-2

150 Sonny Rollins: A Night at the Village Vanguard, Vol. 1+2
BLUE NOTE CDP 746517-2 + 746518-2

151 Miles Davis: Ascenseur pour l'échafaud
FONTANA 836305-2

152 Jimmy Smith: The Sermon
BLUE NOTE 746097-2

153 Miles Davis: Milestones
CBS 460827-2

154 Lambert, Hendricks & Ross: Sing along with Basie
ROULETTE CDP 795332-2

155 Art Blakey: Moanin'
BLUE NOTE 746516-2

156 Charles Mingus: Blues and Roots
ATLANTIC 781336-2

157 Miles Davis: Kind of Blue
CBS 460603-2

158 John Coltrane: Giant Steps
ATLANTIC 781337-2

159 Ornette Coleman: The Shape of Jazz to come
ATLANTIC 781339-2

160 The World of Cecil Taylor
CANDID CCD 79006

161 The Cannonball Adderley Quintet in San Francisco
OJCCD 035-2

162 Terry Gibbs Dream Band: Flying Home
CONTEMPORARY 7654-2

163 Bill Evans: Portrait in Jazz
OJCCD 088-2

164 The incredible Jazz Guitar of Wes Montgomery
OJCCD 036-2

165 Eric Dolphy: Outward Bound
OJCCD 022-2

166 Max Roach: Freedom Now Suite
CANDID CCD 79002

167 Gerry Mulligan and the Concert Jazz Band
VERVE 838933-2

168 Ornette Coleman: Free Jazz
ATLANTIC 1364-2

169 Gunther Schuller: Jazz Abstractions
jap. ATLANTIC ANCY 1093

170 Joe Harriott: Free Form
*JAZZLAND

171 George Russell Sextet: Outer Thoughts
*MILESTONE

172 Bill Evans: The Village Vanguard Sessions Vol. 1–3
OJCCD 037-2, 140-2 + 210-2

173 Ellington/Basie: First Time!
CBS 450509-2

174 Roland Kirk: We free Kings
MERCURY 826455-2

175 John Coltrane: Live at the Village Vanguard
IMPULSE 254627-2

176 Benny Carter: Further Definitions
IMPULSE MCAD 5651

177 Jimmy Giuffre Three: 1961
ECM 849644-2

178 Stan Getz and Charlie Byrd: Jazz Samba
VERVE 810061-2

179 Bill Evans & Jim Hall: Undercurrent
UNITED ARTISTS 790583-2

180 Don Ellis: Essence
*PACIFIC

181 Paul Bley: Footloose
SAVOY SV 0140

182 Rolf Kühn feat. Klaus Doldinger
*BRUNSWICK

183 Ornette Coleman: Town Hall Concert
ESP 1006-2

184 Albert Mangelsdorff: Tension
*CBS: L+R RECORDS

185 Woody Herman 1963
*CBS

186 Grachan Moncur III.: Evolution
*BLUE NOTE

187 Lee Morgan: The Sidewinder
BLUE NOTE CDP 746137-2

188 Herbie Hancock: Empyrean Isles
BLUE NOTE CDP 784175-2

189 Tony Scott: Music for Zen Meditation
VERVE 817209-2

190 Albert Ayler: Vibrations
FREEDOM FCD 741000

191 Wolfgang Dauner: Dream Talk
*CBS: L+R RECORDS

192 Mingus at Monterrey
*MINGUS/FANTASY

193 Miles in Berlin 1964
*CBS

194 John Coltrane: A Love Supreme
IMPULSE 250564-2

195 The New Wave in Jazz
*IMPULSE

196 Bob James: Explosions
EPS 1009-2

197 John Coltrane: Ascension
IMPULSE 254745-2

198 An evening with Ornette Coleman
*POLYDOR

199 The Heliocentric World of Sun Ra, Vol. 1+2
ESP 1014-2 + 1017-2

200 Archie Shepp: Live in San Francisco
*EMI

201 Pee Wee Russell: Ask me now
IMPULSE

202 Cecil Taylor: Unit Structures
jap. BLUE NOTE CP 32-9542

203 Charles Lloyd: Forest Flower
*ATLANTIC

204 Globe Unity Orchestra: Globe Unity
*SABA

205 Duke Ellington: Far East Suite
RCA ND 87640

206 Jean-Luc Ponty: Sunday Walk
*SABA

207 Gary Burton Quartet: Duster
*RCA

208 Cannonball Adderley: Mercy, Mercy, Mercy
*CAPITOL

209 The Lee Konitz Duets
OJCCD 466-2

210 Tete Montoliu: Piano for Nuria

211 The German All Stars in Südamerika
*CBS

212 Phil Woods: Alive and well in Paris
*PATHE

213 Thad Jones/Mel Lewis Orchestra: Monday Night
*SOLID STATE

214 Buddy Rich Big Band: Mercy, Mercy
*LIBERTY

215 Kenny Clarke/Francy Boland Big Band: Second Set
*SESSION

216 Blood Sweat and Tears
*CBS

217 Ran Blake: The Blue Potato
*MILESTONE

128 Jazz mit dem Studio 4
*AMIGA

219 Miles Davis: Bitches Brew
CBS 66236-2

220 Dollar Brand: African Piano
ECM 835020-2

221 John McLaughlin: Extrapolation
POLYDOR 841 598-2

222 The World's Greatest Jazzband live
ATLANTIC 790 982-2

223 Dexter Gordon: The Panther
*PRESTIGE

224 Art Ensemble of Chicago 1969/1970
JAZZTIME 252 713-2

225 Anthony Braxton: The Complete Braxton
*FREEDOM

226 Davis Holland/Barre Phillips: Music form two Basses
*ECM

227 Circle: Paris Concert
ECM 1018/19-2

228 Brötzmann/van Hove/Bennink plus Albert Mangelsdorff
*FMP

229 Keith Jarrett: Facing You
ECM 1017-2

230 Mahavishnu Orchestra: The Inner Mounting Flame
am. CBS CK-31 067

231 Carla Bley: Escalator over the Hill
JCOA 839 310-2

232 Weather Report: I sing the body electric
CBS 468207 2

233 McCoy Tyner: Sahara
OJCCD 311-2

234 Jim Hall/Ron Carter: Alone Together
OJCCD 467-2

235 Albert Mangelsdorff: Trombirds
*MPS

236 Chick Corea: Crystal Silence
ECM 1021-2

237 Duke Ellington and Ray Brown: This one's for Blanton
PABLO PACD 231 07 21-2

238 Oregon: Distant Hills
VANGUARD VSD 79 341

239 Return to forever
ECM 1022-2

240 Gil Evans: Svengali
*ATLANTIC

241 Peter Herbolzheimer Rhythm Combination and Brass: Wide Open
*MPS

242 Basie Jam
PABLO PACD 231 07 18-2

243 Herbie Hancock: Sextand
*CBS

244 Supersax plays Bird
jap. CAPITOL CJ 32-5008

245 Ella Fitzgerald/Joe Pass: Take love easy
PABLO PACD 231 07 02-2

246 Jo Jones: The Drums
*JAZZ ODYSSEY

247 Great Guitars
*CONCORD

248 Woody Shaw: The Moontrane
*MUSE

249 S. O. S.
*OGUN

250 Miles Davis: Agharta
CBS 467 897-2

251 Toshiko Akiyoshi/Lew Tabackin Big Band: Long Yellow Road
jap. RCA/KING K28Y 62/9

252 Yosuke Yamashita: Breathtake
*FRASCO

253 Willem Breuker Kollektief live in Berlin
*BVHAAST

254 George Gruntz: The Band
*MPS

255 Max Roach/Archie Shepp: Force
UNITELEDIS

256 The Lee Konitz Nonet
*ROULETTE

257 Jaco Pastorius
*EPIC

258 Weather Report: Heavy Weather
CBS 462 525-2

259 Pat Metheny: Water Colors
ECM 1097-2

260 Oscar Peterson and the Bassists
OJCCD 383-2

261 Dick Hyman: Theme & Variations on »A Child is born«
*CHIAROSCURO

262 Benny Wallace: The Fourteen Bar Blues
*ENJA

263 Art Ensemble of Chicago: Nice Guys
ECM 1126-2

264 Irakere
*COLUMBIA

265 The Singers Unlimited with Rob McConnell and the Boss Brass
*MPS

266 Anachronic Jazzband Vol. 2
*OPEN

267 Brecker Brothers: Heavy Metal Bebop
*ARISTA

268 Stephane Grappelli: Young Django
*MPS

269 Jack DeJohnette: Special Edition
ECM 1152-2

270 United Jazz + Rock Ensemble: The break even point
*MOOD

271 Ganelin Trio: Live in East Germany
*LEO

272 Chet Baker: The touch of your lips
STEEPLECHASE SCCD 31 122

273 Art Pepper live in Tokyo: Besame mucho
*JVC

274 Jazz aus der DDR: Snapshot Jazz now
*FMP

275 David Murray Octet: Ming
BLACK SAINT BSR CD 0045

276 World Saxophone Quartet: Revue
BLACK SAINT BSR CD 0056

277 George Adams/Don Pullen Quartet: Earth Beams
TIMELESS CD SJP 147

278 Vienna Art Orchestra: Concerto Piccolo
hat ART CD 6038

279 Michel Petrucciani
OWL 032-2

280 Art Blakey: Album of the Year
TIMELESS CD SJP 155

281 Martial Solal Big Band
*GAUMONT MUSIQUE

282 Milt Jackson: Ain't but a few of us left
PABLO

283 John Scofield: Shinola
ENJA 4004-2

284 Sphere: Four in one
*ELEKTRA MUSICIAN

285 Hot Mallets
*JETON

286 John Zorn: Locus Solus
EVA WWXC 2035

287 Niels-Henning Ørsted-Pedersen/Philip Catherine
PABLO PACD 2310894-2

288 Scott Hamilton Quintet: Second Set
*CONCORD CCD 4254

289 Paquito d'Rivera: Live at Keystone Corner
*COLUMBIA

290 Henry Threadgill Sextet: Just the facts and pass the bucket
*ABOUT TIME

291 Conexion Latina: Calorcito
ENJA 4072-2

292 Frank Sinatra with Quincy Jones and Orchestra: L. A. is my Lady
*QWEST

293 Dirty Dozen Brass Band: My feet can't fail me now
CONCORD CCD 43005

294 Carla Bley: I hate to sing
WATT 12,5 CD

295 Black Swan Quartet
*MINOR MUSIC

296 First Brass
MA MUSIC N 158-3

297 Pat Metheny/Ornette Coleman: Song X
GEFFEN 923096-2

298 Mike Westbrook: Rossini
hat ART CD 6002

299 Ernie Wilkins' Almost Big Band: On the roll
*STEEPLECHASE

300 Miles Davis: Tutu
WARNER BROS. 759925490-2

301 8 Bold Souls
ARABESQUE AJ 0103

302 Marvin »Smitty« Smith: Keeper of the drums
CONCORD CCD 4325

303 Daniel Schnyder & the Modern Art Septet: Secret Cosmos
*ENJA

304 Frank Capp/Nat Pierce Juggernaut feat. Ernestine Anderson: Live at the Alley Cat
CONCORD CCD 4336

305 Buell Neidlinger's String Jazz: Locomotive
SOUL NOTE SNCD 1161

306 Louis Sclavis: Chine
IDA 012 CD

307 Bob Stewart: First Line
*JMT

308 Herb Robertson Brass Ensemble: Shades of Bud Powell
JMT 834420-2

309 Julius Hemphill Big Band
*ELEKTRA MUSICIAN

310 Stan Tracy & Don Weller play Duke, Monk and Bird
*EMANEM

311 Mel Tormé and the Marty Paich Dek-tette
CONCORD 4360

312 Dizzy Gillespie and the United Nations Orchestra: Live at the Royal Festival Hall
ENJA 6044-2

313 Joachim Kühn/J. F. Jenny-Clarke/Daniel Humair: Live 1989
CMP CD 43

314 Live at the Knitting Factory, Vol. 2
ENEMY EMCD 112

315 Paul Bley/Jimmy Giuffre/Steve Swallow: The Life of a Trio: Sunday
OWL 060-2

316 Oscar Peterson Trio live at the Blue Note
TELARC CD-83304

317 Jessica Williams: ...and then, there's this!
TIMELESS CD SJP 345

318 Stan Getz/Kenny Barron: People Time
EMARCY 510134-2

319 Wroblewski/Donner/Klemm
BLUESONG 0175013

320 Joe Henderson: Lush Life
VERVE 511-779-2

Literaturverzeichnis

Jazz und...

1 Marshall & Jean Stearns: *Jazz Dance*. New York 1968
2 Orrin Keepnews & Bill Grauer jr.: *A Pic turial History of Jazz*. London 1968
3 William P. Gottlieb: *The Golden Age of Jazz*. New York 1979
4 Frank Driggs & Harry Lewine: *Black Beauty, White Heat*. New York 1982
5 J.E. Berendt/W. Claxton: *Jazzlife*. Offenburg 1961
6 Herman Leonard: *The eye of jazz*. London 1989 (Originalausgabe in französisch).
7 Milt Hinton: *Bass Line*. Philadelphia 1988
8 K. Abé: *Jazz Giants – A visual retrospective*. New York 1988
9 G. Marsh/F. Cromey/G. Collingham: *Blue Note – The Album Cover Art*. San Francisco 1991
10 Niklaus Troxler: *Jazzplakate*. Schaftlach 1991
11 Joseph Wulf: *Musik im 3. Reich*. Frankfurt / Berlin / Wien 1966

Die Arbeit des Jazzmusikers

12 Joe Viera: *Arrangement und Improvisation*. Wien 1971/1984
13 Brian Rust: *Guide to Discography*. West port 1980
14 André Hodeir: *Jazz – Its evolution and essence*. New York 1956 (Originalausgabe in französisch).
15 André Hodeir: *Toward Jazz*. New York 1962 (Originalausgabe in französisch)
16 Gunther Schuller: *Early Jazz*. New York 1968
17 Gunther Schuller: *The Swing Era*. New York 1989

Elemente des Jazz

18 Joe Viera: *Grundlagen der Jazzrhythmik*. Wien 1970/1982
19 Joe Viera: *Der Free Jazz – Formen und Modelle*. Wien 1974
20 Joe Viera: *Grundlagen der Jazzharmonik*. Wien 1970/1983

Geschichte

Afroamerikanische Musik

21 Gerhard Kubik: *Zum Verstehen afrikanischer Musik*. Leipzig 1988

Vorformen des Jazz

22 Eillen Southern: *The Music of Black Americans*. New York – London 1971/1983
23 J.E. Hasse (Hsg.): *Ragtime – Its history, composers and music*. New York 1985
24 Paul Oliver: *The Story of the Blues*. Radnor 1969/1983

Jazz

25 Henry A. Kmen: *Music in New Orleans*. Baton Rouge 1966
26 John Chilton: *Who's Who in Jazz*. London 1972/1985
27 John Chilton: *Sidney Bechet – The Wizard of Jazz*. London 1987
28 Humphrey Lyttelton: *The best of jazz – Basin Street to Harlem*. New York 1978/1980
29 Sudhalter/Evans/Dean-Myatt: *Bix – Man and legend*. London 1974
30 James L. Collier: *Benny Goodman and the Swing Era*. New York 1989
31 John Chilton: *The Sound of the Hawk*. London 1990
32 Rex Stewart: *Jazz Masters of the 30's*. New York 1972
33 James L. Collier: *Duke Ellington*. New York 1987
34 Gunther Schuller: *Musings*. New York 1986
35 Eddie Condon: *We called it music*. New York 1947/1988
36 Versch. Autoren: *That's Jazz – Der Sound des 20. Jahrhunderts* (Ausstellungskatalog. Darmstadt 1988
37 Michael H. Kater: *Different Drummers – Jazz in the culture of Nazi Germany*. New York 1992
38 Heiner Mückenberger: *Meet Me Where They Play The Blues · Jack Teagarden und seine Musik*. Gauting-Buchendorf 1986
39 Arnold Shaw: *52nd St. – The street of jazz*. New York 1971/1977
40 Jom Godbolt: *A history of jazz in Britain 1919–50*. London 1984
41 Jim Godbolt: *A history of jazz in Britain 1950–70*. London 1989

42 Frank Büchmann-Møller: *You just fight for your life – The story of Lester Young*. New York 1990
43 Frank Büchmann-Møller: *You got to be original, man! –The music of Lester Young*. New York 1990
44 Will Friedwald: *Jazz Singing*. New York 1990
45 Gary Giddins: *Celebrating Bird – The triumph of Charlie Parker*. New York 1987
46 Mike Hennessey: *Klook – The story of Kenny Clarke*. London 1990
47 Robert Gordon: *Jazz West Coast*. London 1986
48 Peter Niklas Wilson: *Sonny Rollins – Sein Leben, seine Musik, seine Schallplatten*. Schaftlach 1991
49 Ekkehard Jost: *Free Jazz – Stilkritische Untersuchungen zum Jazz der 60er Jahre*. Mainz 1975
50 Martin Williams: *Jazz Changes*. New York 1992
51 Whitney Balliett: *Such Sweet Thunder*. New York 1966
52 Linda Dahl: *Stormy Weather – The music and lifes of a century of jazzwomen*. New York 1984

Weitere Empfehlungen:

Gary Giddins: *Riding on a blue note – Jazz and American Pop*. New York 1981
Gary Giddins: *Rhythm-a-ning – Jazz tradition and innovation in the 80's*. New York 1985
Bert Noglik: *Jazz-Werkstatt International*. Berlin 1981
Gene Lees: *Meet me at Jim and Andy's – Jazz musicians and their world*. New York 1988
John Litweiler: *Das Prinzip Freiheit – Jazz nach 1958*. Schaftlach 1988 (Originalausgabe in englisch).
Manfred Scheffner: *Bielefelder Katalog Jazz*. Stuttgart (erscheint jedes Jahr)

Videoverzeichnis

V 1 Round About Midnight (Warner Bros)
V 2 The Sound of Jazz (KAY Productions)
V 3 Jazz on a Summer's Day (Castle Hendring)

Weitere Empfehlungen:

Piano Legends (KAY Productions)
Trumpet Kings (KAY Productions)
Count Basie / Lionel Hampton (Big Bands) (Storyville)
Count Basie / Cab Calloway / George Shearing (Small Jazz Groups) (Storyville)
The Last of the Blue Devils (KAY Productions)
Thelonious Monk/American Composer (NTV Entertainment)

Bezugsquelle für Literatur und Videos:
Norbert Ruecker, Postfach 14,
D-6384 Schmitten

Bildnachweis

Hugh Bell: 20
William Gottlieb: 106
Collection Chan Parker: 59
Filmaufnahme aus *Stars of Jazz* (1956): 100
Hyou Vielz: 174
Unbekannter Bildautor: 90
Josef Werkmeister: 2, 9, 76, 126, 134, 150, 171, 178, 187, 196

Register

All That Jazz
JPC liefert fast jede auf diesem Planeten erschienene Jazz-CD. Preiswürdig und direkt ins Haus. Auskunft über 45.353 CDs und Music-Videos gibt unser neuer „Jazz & Pop"-Katalog. Jeden Monat informiert der JPC-Courier umsonst über alles Neue. Inklusive vieler Sonderangebote. Anfordern bei:
jpc
Lübecker Straße 9
4504 Georgsmarienhütte
☎ 05401/ 85 12 22
Fax: 05401/ 85 12 33

Jeroen de Valk
Chet Baker
224 S., 67 Abb.
Hardcover DM 48,–
ISBN 3-923657-34-X

Seine Vita war der Stoff, aus dem Jazz-Legenden gestrickt sind. Mit dem Auf und Ab seiner Existenz kann nicht einmal die Prosa der Beat Generation-Literaten konkurrieren. Das intensiv recherchierte Buch vermittelt ein ebenso ungeschöntes wie von morbiden Mythen entkleidetes Bild eines großen Musikers des Cool Jazz.

Rainer Nolden
Count Basie

192 S., 127 Abb.
Paperback DM 36,–
ISBN 3-923657-30-7

Hannes Giese
Art Blakey

224 Seiten, 150 Abb.
Paperback DM 36,–
ISBN 3-923657-13-7

Peter Niklas Wilson
Ornette Coleman

192 Seiten, 93 Abb.
Paperback, DM 36,–
ISBN 3-923657-24-2

Gerd Filtgen
Michael Außerbauer

John Coltrane
224 Seiten, 137 Abb.
Paperback, DM 36,–
ISBN 3-923657-02-1
2. Auflage

Peter Wießmüller
Miles Davis

224 Seiten, 123 Abb.
Paperback, DM 36,–
ISBN 3-923657-04-8
2. Auflage

Hans Ruland
Duke Ellington

192 Seiten, 112 Abb.
Paperback, DM 36,–
ISBN 3-923657-03-X

Hanns Petrik
Bill Evans

192 Seiten, 133 Abb.
Paperback, DM 36,–
ISBN 3-923657-23-4

Rainer Nolden
Ella Fitzgerald

256 Seiten, 123 Abb.
Paperback, DM 36,–
ISBN 3-923657-15-3

Jürgen Wölfer
Dizzy Gillespie

200 Seiten, 116 Abb.
Paperback, DM 36,–
ISBN 3-923657-16-1

Uwe Andresen
Keith Jarrett

192 Seiten, 118 Abb.
Paperback, DM 36,–
ISBN 3-923657-09-9

Fortsetzung nächste Seite ➔